I0819864

Radislav Lapushin

•

«Dew on the Grass»

The Poetics of Inbetweenness in Chekhov

New York
Peter Lang
2010

Радислав Лапушин

Роса на траве

Слово у Чехова

Academic Studies Press
Библиороссика
Бостон / Санкт-Петербург
2021

УДК 82.02
ББК 83.3 (2Рос=Рус) 1
Л24

Перевод с английского Радислава Лапушина

Серийное оформление и оформление обложки Ивана Граве

Лапушин Р.

Л24 Роса на траве: слово у Чехова / Радислав Лапушин ; [пер. с англ. Р. Лапушина]. — Санкт-Петербург: Academic Studies Press / Библиороссика, 2021. — 256 с. — (Серия «Современная западная русистика» = «Contemporary Western Rusistika»).

ISBN 978-1-6446955-3-1 (Academic Studies Press)
ISBN 978-5-6045354-6-2 (Библиороссика)

В книге Радислава Лапушина исследуется поэтическое начало прозы и драматургии Чехова. Центральное место в ней принадлежит понятию «промежуточности», которое характеризует основные особенности чеховского стиля. Автор предлагает оригинальный подход, позволяющий по-новому интерпретировать как отдельные произведения писателя, так и все его творчество в целом. Книга предназначена для специалистов в области литературоведения, студентов и всех, кто интересуется Чеховым.

УДК 82.02
ББК 83.3 (2Рос=Рус) 1

ISBN 978-1-6446955-3-1
ISBN 978-5-6045354-6-2

Памяти Александра Павловича Чудакова
и Анны Лизы Кроун

Придет время, когда поймут как следует и то, что это был не только «несравненный» художник, не только изумительный мастер слова, но и несравненный поэт...

Иван Бунин. О Чехове

Предисловие к русскому изданию

«...Он питался Пушкиным, вдыхал Пушкина, — у пушкинского читателя увеличиваются легкие в объеме» [Набоков 1999–2000, 4: 280]. «Стихи Пастернака почитать — горло прочистить, дыханье укрепить, обновить легкие...» [Мандельштам 1993–1999, 2: 302]. Странно начинать разговор о Чехове цитатами о Пушкине и Пастернаке. Но я бы не смог точней передать ощущение — буквальное, физическое, — которое и вызвало эту книгу к жизни.

К тому времени я уже защитил диссертацию по Чехову (МГУ, 1993), напечатал посвященную ему книжку (1998), вдоволь наездился по чеховским конференциям (Ялта, Москва, Мелихово, Таганрог, снова Ялта...). Мне казалось, что я знаю Чехова.

Не помню точно, как это произошло. Скорее всего, я просто снял зачем-то с полки один из «зеленых» томов, как делал это множество раз. Смотрел на знакомый текст — и не узнавал его. Нет, на уровне сюжета и героев все было хорошо известно и привычно. Но сквозь этот уровень проступало что-то еще: поэтическая ткань повествования, трепетная, колеблющаяся, волшебно преображающая даже самую незначительную деталь. Понимаю, как наивно это звучит. Конечно, замечал и раньше... Разумеется, штудировал прекрасные работы, посвященные этому аспекту чеховской прозы. Что-то и сам говорил об этом вскользь. Но так бывает: знаешь — и не знаешь, видишь — и не видишь.

Чувство было такое, как будто прежде я читал Чехова в переводе — и вот только теперь, «когда голова стала седой» («Дама с собачкой»), дотянулся до подлинника. По странной причуде судьбы это произошло в иноязычной среде, по другую сторону океана, когда я снова стал аспирантом, на сей раз Чикагского университета.

Какое это было счастье — заново открывать Чехова, «прочищать горло» и «укреплять дыхание» его строчками, которые заучивались и повторялись сами, словно строчки любимых стихотворений! И как в одном из этих стихотворений, я «шатался по городу и репетировал», то есть повторял без всякого толку и контекста: «тонкий, звенящий стон»... «облака, облегавшие небо»... «о, как одиноко в поле ночью»... И десятки других чеховских строчек тут же отзывались из памяти, слышались в голосах проходящих мимо людей, в шуршании листьев и шуме дождя.

Так, постепенно, обозначался и вырастал в моем сознании главный герой этой книги — слово Чехова, живое и живительное.

Вместо введения
Поэзия прозы

Но забыли мы, что осиянно
Только слово средь земных тревог.
Николай Гумилев

«Неприятный звук старых рельсов»: концепция промежуточности

Начнем с разговора, который, по свидетельству И. А. Бунина, состоялся между ним и Чеховым во время ночной поездки в Ореанду:

> И когда мы оставили экипаж и тихо пошли под ними (кипарисами. — *Р. Л.*), мимо голубовато-бледных в лунном свете развалин дворца, Чехов внезапно сказал мне:
>
> — Знаете, сколько лет еще будут читать меня? Семь.
>
> — Почему семь? — спросил я.
>
> — Ну, семь с половиной.
>
> — Нет, — сказал я. — Поэзия живет долго, и чем дальше, тем сильнее.
>
> Он ничего не ответил, но когда мы сели где-то на скамью, с которой снова открылся вид на блестящее в месячном свете море, он скинул пенсне и, поглядев на меня добрыми и усталыми глазами, сказал:
>
> — Поэтами, милостивый государь, считаются только те, которые употребляют такие слова, как «серебристая даль», «аккорд» или «на бой, на бой, в борьбу со тьмой!» [Бунин 1988: 165].

С точки зрения Бунина, как раз поэтичность чеховской прозы должна послужить залогом ее долговечности.

Разумеется, поколения читателей и критиков, которые вслед за Буниным видели в Чехове «одного из самых величайших и деликатнейших русских поэтов» [Бунин 1988: 161], делали это не на основании таких слов, как «серебряная даль» или «аккорд».

П. М. Бицилли пишет «о тончайшем комбинировании (у Чехова. — *Р. Л.*) ритмообразующих элементов прозы и поэзии, в сочетании столь совершенном, что его можно подметить лишь путем внимательнейшего анализа» [Бицилли 2000: 265]. Примером такого «внимательнейшего» анализа служат работы Нильса Оке Нильссона [Nilsson 1968: 84–104] и М. М. Гиршмана [Гиршман 2002]. В эссе с характерным названием «Как Чехов писал стихи» переводчик О. П. Сорока говорит о Чехове как о «поэте-ритмисте», разделяя для наглядности прозу писателя на «строфы и строки» [Сорока 2016][1]. «Мелодический принцип для Чехова — один из важнейших в словесном отборе», — отмечает А. П. Чудаков [Чудаков 1973: 94–95]. Вольф Шмид убедительно показывает ощутимость и семантическую значимость «звуковых повторов» в прозе писателя [Шмид 1998: 243–262][2].

При разговоре о поэтическом у Чехова нельзя упустить из виду поглощение фабулы развитием тем и мотивов («техника блоков»[3], микросюжеты[4]). Тот же Чудаков отмечает, что чеховский «тип композиции ближе всего к лирическому стихотворению с его повторением, варьированием тем и мотивов, игрой образов-символов» [Чудаков 1972: 133]. Он же вводит понятие «обыденного символизма» как основы чеховской «поэзии»: благодаря этому феномену самые обыденные образы (спящие овцы в «Сча-

---

1 «У зрелого Чехова в каждой вещи своя музыка», — пишет Сорока [Сорока 2016: 767]. О «музыкальности» прозы Чехова см. [Фортунатов 1971].

2 См. также [Кожевникова 2011: 334–348].

3 См. [Nilsson 1968: 62–70]; см. также [Фортунатов 1975: 67–109].

4 Этот термин последовательно используется З. С. Паперным при анализе драматургии Чехова. См. [Паперный 1982].

стье» (1887), зонтик в повести «Три года» (1895), чайка) обретают статус поэтических символов [Чудаков 2014: 233][5].

Прибавим сюда недавнюю тенденцию к «экскавации глубинных символических планов значения в чеховском словесном искусстве» [Finke 2005: 141], благодаря которой поэтическое часто обнаруживает себя как мифопоэтическое. В результате сквозь очертания чеховских провинциальных городов, городков и уездов начинают проглядывать древние архетипические модели, а чеховские «хмурые люди» — чиновники, помещики, студенты, учителя, жалкие мужья и несчастные жены, которые, казалось бы, безнадежно погрязли в бытовом и рутинном, — переосмысливаются в качестве проекций мифологических богов, библейских патриархов и христианских святых.

Образ Чехова как собеседника античных трагиков, Данте и Шекспира, чья образность окликает классические мифы и язык Библии, кажется надежно утвердившимся в чеховедении.

Мой подход перекликается с этими мифопоэтическими прочтениями и одновременно отличается от них. Он разделяет с ними убежденность в том, что «как в поэзии, у Чехова нет случайных слов» [de Sherbinin 1997: 144] и что «краткость чеховских текстов и компактный стиль его письма идут рука об руку с повышенным удельным весом отдельного слова» [Сендерович 1995: 12].

Соответственно, читать прозу Чехова необходимо так, как мы читали бы поэзию, «отыскивая смысл в сложных взаимоотношениях между языком, образностью, структурой и поэтическими приемами» [Jackson 1993: 3].

Я не согласен, однако, что последнее и главное слово о смысле произведения принадлежит некоему глубинному уровню, спря-

---

5 См. другие работы, посвященные различным аспектам поэтического в творчестве Чехова в целом и отдельных произведениях: [Дерман 1959: 106–130; Дерман 2010: 245–271; Катаев 2002; Паперный 1986: 85–97; Flath 1999; Ginzburg 2002; M. Senderovich 1977; Winner 1984]. Среди работ последнего времени отметим исследование О. В. Шалыгиной, где творчество Чехова рассматривается в контексте формирования «поэтической прозы» начала XX века [Шалыгина 2008].

танному «под поверхностью непосредственно изображенных событий» [S. Senderovich 1987: 2] и трактуемому как «символический второй план, который управляет всем текстом» [Сендерович 1995: 42][6].

На мой взгляд, подобное «управление» противоречит фундаментальному свойству чеховской поэтики, определяемому мною как *промежуточность* (inbetweenness), иначе говоря — неустанное динамическое колебание между противоположными текстовыми полюсами (семантическими, тематическими, метафизическими)[7]. Промежуточность у Чехова — часть его художественного замысла и осознанная эстетическая цель. Чтобы прояснить эту концепцию (вначале как стилистическую), обращусь к конкретному примеру.

В финале рассказа «Тиф» (1887) поручик Климов, лишь недавно оправившийся от смертельной болезни, подходит к окну. Он смотрит на «пасмурное весеннее небо» и прислушивается к «неприятному звуку старых рельсов, которые провозили мимо» (6: 136)[8]. Что означает этот «неприятный звук»?

---

6 См. также [S. Senderovich 1989; Finke 1995; Finke 2005: 155–169; de Sherbinin 1997; Zubarev 1997]. Вниманием к глубинному символическому плану отличаются работы Р. Л. Джексона; см. [Jackson 1987a; Jackson 1987б; Jackson 1994; Jackson 1997].

7 Этот динамический аспект отличает «промежуточность» от «двусмысленности», «неопределенности», «амбивалентности» — терминов, которые неоднократно применялись по отношению к Чехову. См. [Kramer 1970: 155–173; Долженков 1998: 21–51]. В исследовании, посвященном проблеме коммуникации у Чехова, А. Д. Степанов приходит к заключению, что «в произведениях Чехова, особенно поздних, заложена некая сопротивляемость интерпретации как процессу перевода и упорядочивания, они амбивалентны и парадоксальны в каждом атоме своей коммуникативной структуры и потому не допускают безусловных оценок происходящего» [Степанов 2005: 368].

8 Произведения Чехова цитируются по: *Чехов А. П.* Полн. собр. соч. и писем: в 30 т. Соч.: в 18 т. Письма: в 12 т. М.: Наука, 1974–1983. Серия писем обозначается П. Ссылки на это издание даются в круглых скобках. При первом упоминании произведения указывается год его публикации. Курсив в текстах Чехова, кроме специально оговоренных случаев, мой.

С одной стороны, перед нами реалистическая деталь, цель которой — создать ощущение достоверности, «документальности» происходящего. Рельсы — это просто рельсы: вероятно, они были только-только заменены на новые и так совпало, что их провозят мимо окна как раз в то время, когда к нему приблизился герой. С другой стороны, очевидно, что ограничивать эту деталь миметической функцией было бы столь же опрометчиво, сколь и игнорировать ее жизнеподобие. Единичность образа, его соотнесенность с «пасмурным весенним небом», сильное положение в концовке рассказа явно указывают на то, что «старые рельсы» несут семантическую нагрузку, смещающую их к полюсу символизации.

Здесь мы оказываемся на новой развилке.

Звук рельсов метонимически отсылает к железной дороге, иначе говоря — к образам, ассоциирующимся с путешествием больного протагониста на поезде в первой половине рассказа: его бред, «металлические голоса», которые он слышит, чувство «кошмарной тоски» и отвращения, испытываемого по отношению ко всем проявлениям жизни, «тяжелая, кошмарная лень», буквально парализующая героя. В финале рассказа эта кошмарная реальность осталась в прошлом. Но так ли это? «Неприятный» звук рельсов — не просто напоминание о недавней болезни; это еще и свидетельство ее непреходящего, экзистенциального характера («недуг бытия», по формуле Баратынского).

С другой стороны, метафорически «старые рельсы» соотносятся с «обыденной скукой», к которой герой возвращается в самом последнем предложении рассказа, — состоянием, одинаково далеким и от «невыносимого кошмара» болезни, и от «бесконечного счастья и жизненной радости» выздоровления. Такое прочтение может быть поддержано контекстом творчества Чехова в целом, где возвращение к состоянию летаргической обыденности после пережитых потрясений достаточно характерно: вспомним, например, финалы таких рассказов, как «Страх» (1892), «Володя большой и Володя маленький» (1893), или «Дяди Вани» (1897).

Каждую из предложенных интерпретаций можно развернуть; ни одна не должна быть исключена. Образ «старых рельсов» колеблется между прямым и переносным значениями. В рамках последнего читатель также оказывается на развилке смыслов, в динамическом состоянии промежуточности.

Подобные примеры, как будет видно из дальнейшего, у Чехова скорее норма, чем исключение. Если обобщения позволительны на столь ранней стадии анализа, то можно сказать, что Чехов создает особую языковую среду, в которой его слово реализует скрытые потенциалы и начинает колебаться между оттенками значений, прямым и переносным смыслами. Слово становится не только многослойным, но и многовекторным, ведя читателя в нескольких направлениях одновременно и обретая свойства, связываемые с поэзией.

«Слово в стихе имеет тысячу неожиданных смысловых оттенков, стих дает новое измерение слову», — сформулировал Ю. Н. Тынянов [Тынянов 1977: 169]. В сходном духе характеризует поэтическое слово Мандельштам:

> Любое слово является пучком, и смысл торчит из него в разные стороны, а не устремляется в одну официальную точку. <…> Поэзия тем и отличается от автоматической речи, что будит нас и встряхивает на середине слова. Тогда оно оказывается гораздо длиннее, чем мы думали, и мы припоминаем, что говорить — значит всегда находиться в дороге [Мандельштам 1993–1999, 3: 226].

Применимы ли, однако, приведенные цитаты к языку прозы Чехова? Несмотря на свойства этой прозы, сближающие ее с поэзией, поэтическая природа чеховского слова представляется далеко не очевидной. Можно отмахнуться, как от заведомого преувеличения, от оценки Д. С. Мирского: «…его русский язык, бесцветный и лишенный индивидуальности. <…> Ни один русский писатель такого масштаба не писал таким безжизненным и безличным языком» [Мирский 1992: 569][9]. Но и восхищавший-

---

[9] URL: studfile.net/preview/5787425/page:58 (дата обращения: 20.10.2020).

ся Чеховым Набоков («именно его книги я взял бы с собой в путешествие на другую планету») говорит о «мешанине из ужасных прозаизмов, избитых эпитетов, повторов» [Набоков 2008: 342]. В другом месте: «Словарь его беден, сочетания слов почти банальны» [Набоков 1996: 327]. Не так давно на страницах «Нью-Йоркера» Лариса Волохонская, переводившая вместе со своим мужем, Ричардом Пивером, главных русских классиков, высказала схожий «упрек»: «Его тон кажется очень простым и обыкновенным, почти банальным, и в то же время его очень трудно уловить. Он соскальзывает в тривиальности, почти что клише» [Remnick 2005: 107].

Как будет показано, все эти «прозаизмы», «избитые эпитеты» и «клише» не подрывают поэтической природы чеховского слова. Наоборот, они становятся ее залогом и предопределяют уникальность поэтического у Чехова, сколь бы парадоксальным это ни казалось. Выделяя слово в качестве единицы анализа, я опираюсь, в частности, на важное положение из работы Яна Мейера, которая так и называется — «Слово у Чехова»: «Говоря схематически, чеховское словесное искусство начинается с рассказа как целого и постепенно движется вглубь до тех пор, пока не высвобождается энергия отдельного слова» [Meijer 1978: 135]. Показательно, что Мейер описывает чеховское слово в терминах, близких к тем, какими характеризуется слово поэтическое. У позднего Чехова, согласно Мейеру, «различие между маркированным и немаркированным словом практически исчезает» [Meijer 1978: 135] и «само слово становится полем напряжения между различными оттенками значений» [Meijer 1978: 129]. Чехов «высвободил слово» [Meijer 1978: 135][10]. Это, конечно, особенная свобода. Она не уменьшает, а, наоборот, увеличивает интенсивность и сложность взаимодействия между «высвободившимися» элемента-

---

[10] Ср. заключение Шмида о «двойной функциональности слова, которое в качестве прозрачного денотативного знака, каким оно остается, обозначает событие — и как самодовлеющий артефакт, каким оно становится у Чехова, открывает новые, образные, смысловые возможности» [Шмид 1998: 261–262]. О принципиальной полисемии чеховского слова на примере рассказа «Спать хочется» см. [Sadetsky 1997].

ми — параллель к тыняновской «тесноте стихового ряда» [Тынянов 1924][11].

В центре нашего внимания будет находиться *драма* чеховского слова — прозрачного и неуловимого, укорененного в своем «ряду» и кочующего по тексту, цельного и разрывающегося между различными, иногда взаимоисключающими, оттенками смысла.

«На скамье, недалеко от церкви»: «Дама с собачкой»

Время вглядеться пристальней в конкретный текст.

Мое внимание привлек периферийный, казалось бы, образ «росы на траве»[12], возникающий в диалоге между Анной Сергеевной и Гуровым, которые сидели «на скамье, недалеко от церкви» — в той самой Ореанде, где произойдет несколько лет спустя разговор между Чеховым и Буниным.

Вспомнился ли Бунину этот короткий диалог, когда он говорил о поэзии чеховской прозы?

> — Роса на траве, — сказала Анна Сергеевна после молчания.
> — Да. Пора домой («Дама с собачкой», 1899 (10: 134)).

Характерная для зрелого Чехова простота, предельная краткость. Роса здесь — не «веселый блеск изумруда», «лучистые алмазы» (И. С. Тургенев) или, например, «серебряные слезы» (А. А. Фет), а просто «роса», не утяжеленная эпитетами и как бы не подсвеченная эмоционально. Интересно, что у самого Чехова в «Мечтах» (1886) есть развернутое сопоставление росы со слезами, а в «Счастье» свет солнца, отражающийся в «росистой траве», принимается цветами за «собственную улыбку». Можно

---

[11] См. использование этого термина по отношению к чеховской прозе [Nilsson 1982: 106].

[12] Образ «росы на траве» коротко обсуждается в [Winner 1966: 222–223] и [Чудаков 1986: 242]. См. также анализ «лирических структур» рассказа [Winner 1984].

возразить, что в приведенных примерах, в отличие от «Дамы с собачкой», мы имеем дело с речью повествователя, а не героя, да и в более поздней «Невесте» (1903), например, роса вполне старомодно сравнивается с алмазами.

Однако стоит обратить внимание на тщательное, скорее поэтическое, чем прозаическое, оформление диалога: интенсивность ударных *а*, сходство — но не буквальное повторение — созвучий (роса — сказала, да — домой), обеспечивающее плавный переход от героини к повествователю, а от него — к герою. Улавливается ритмическая закономерность: более короткие слова с мужскими окончаниями — в речи обоих персонажей, женские и дактилические окончания — в партии повествователя. Все это делает границу между автономными голосами ощутимой и вместе с тем проницаемой.

Таким образом, с одной стороны, перед нами прямая речь двух героев и ремарка повествователя, а с другой — неделимый речевой поток, целостное высказывание, своего рода стихотворение в прозе. И в этом речевом потоке, как в поэтическом тексте, слово приобретает множество смысловых оттенков.

Аскетизм «нагой» росы не предполагает отказа от поэтического, и краткость оборачивается приращением смысла. Если в «Мечтах» роса — это «слезы», а в «Счастье» — «улыбка», то в позднем рассказе, никак не маркированная, она отсвечивает и радостью, и страданием одновременно, а с другой стороны, колеблется между полюсами прямого и переносного значений, допуская в границах этого поля многочисленные внутритекстовые и внетекстовые ассоциации, разнонаправленные интерпретационные возможности.

Роса, устойчиво ассоциирующаяся со слезами, вызывает в памяти предшествующую сцену в ялтинской гостинице: обратим внимание на грамматическое сходство конструкций «слезы на глазах» и «роса на траве» (и по контрасту с «росой на траве» упомянем знаменитую «селянку на сковородке», выделенную постановкой в конец абзаца). Одновременно, в силу той же ассоциации, упоминание росы предвосхищает будущие слезы героини в московской гостинице: почему бы тогда не услышать в нем невольное пророчество или — с тем же успехом — вольное приятие своей судьбы?

По принципу прозрачности роса может быть зарифмована с зеркалом, в котором как будто впервые увидит себя Гуров в последней главе рассказа. Кстати, непритязательное «Пора домой» в реплике героя также приобретает неожиданный — пророческий и одновременно горько-иронический — смысл в контексте целого: в финале герои действительно мучительно размышляют о том, как обрести общий дом, быть вместе, однако единственным «домом» для них по-прежнему остается гостиничный номер.

Но не только слезы, а и «каренинский», чувственный блеск в глазах Анны Сергеевны (сцена на молу: «глаза у нее блестели») тоже естественно зарифмовывается с росой, так же, конечно, как свойственная героине «чистота порядочной, наивной, мало жившей женщины».

Ряд текстовых ассоциаций может быть продолжен (например, роса — влага цветов — море; роса на траве — иней на деревьях). Как видим, именно немаркированность «нагой» росы предопределяет многообразие этих связей, которые ведут читателя в разных направлениях, не доставляя, впрочем, ни к одному из потенциальных пунктов назначения.

Чтобы сориентироваться в этом многообразии, можно описать образный мир рассказа через систему значимых для него оппозиций, например: природное — социальное, холод — тепло, свет — темнота, столица — провинция, юг — север, верх — низ и т. д.[13] И тогда выясняются некоторые закономерности, имеющие, как будет видно, отношение к творчеству Чехова в целом. Во-первых, сохраняя определенную значимость, каждая из подобных оппозиций обнаруживает (как внутри себя, так и путем сцепления с другими оппозициями) свою непрямолинейность, непосле-

---

13 Некоторые из этих оппозиций становились предметом исследования. См., например, [Катаев 1978: 250–268; Доманский 2001: 16–23]. Целостный анализ рассказа через взаимосвязанные «цепочки оппозиций» дан в [van der Eng 1978: 59–94].

довательность, текучесть. Во-вторых, ни одна из этих оппозиций не может рассматриваться изолированно, в отрыве от прочих; только увиденные в своей взаимообусловленности, наложенные друг на друга, они создают то, что можно назвать *системой поэтических координат* данного произведения, или, иными словами, тот образ «непостигаемого бытия»[14], который открывается за страницами любого чеховского текста.

Вот, например, оппозиция «тепло — холод». Есть теплота, окрашенная в положительные, сострадательно-мягкие тона: «вода сиреневого цвета, такого мягкого и теплого», «теплота» плеч Анны Сергеевны, чувствуемая Гуровым, кладущим на них руки (параллель с «теплотой» моря, по которому от «луны шла золотая полоса»), сострадание, испытываемое Гуровым к жизни героини, «еще такой теплой и красивой». Связка «теплое и красивое» в описании Анны Сергеевны контрастно соотносится с «красивым и холодным» при характеристике «хищных» женщин: сравнение кружев на их белье с рыбьей чешуей в какой-то мере буквализирует эту холодность. Но есть и благодатный холод, связанный с оппозицией «юг — север»: описание московских морозов, первого снега, а в рамках самого юга — прохлады наступающей осени и рассветной свежести.

Не поддается однозначной интерпретации и метафизический холод — «полное равнодушие к жизни и смерти каждого из нас», в котором каким-то таинственным образом «кроется, быть может, залог нашего вечного спасения». Здесь — пересечение с мотивом тайны, парадоксальности, неисповедимости жизни, принципиально важным для рассказа и по-разному проявляющимся на разных уровнях, захватывая в свою орбиту обоих героев, окружающий мир, природу: «странно» освещено море, «странно и некстати», с точки зрения Гурова, относится к своему «падению» Анна Сергеевна, «таинственной» кажется обычная «подробность» — появление сторожа, «странным» кажется герою, что он «так постарел за последние годы», «и было непонятно, для чего

---

14 Определение взято из сохранившегося фрагмента чеховской пьесы о царе Соломоне (17: 194).

он женат, а она замужем». При этом противостоит теплу не только холод, а еще и интенсификация самого тепла — жар и связанная с ним духота. И здесь, с одной стороны, реальная ялтинская жара, а с другой — жар внутреннего состояния героини, ненавязчиво коррелирующие друг с другом: «любопытство меня жгло», «ходила, как в угаре».

Похожая неопределенность отличает оппозицию «свет — темнота». Здесь мы встречаем ту же текучесть и перекличку образов. Вот ассоциирующаяся с героиней «одинокая свеча», которая «едва освещала» ее лицо сразу после «падения» (сцена в ялтинской гостинице), а рядом — «фонарик», что «сонно мерцал» на — тоже одинокой — барже после того, как пара покинула гостиницу. «Мертвый вид» города, на фоне которого возникает «фонарик», только усиливает противостояние слабого источника света (не фонарь, а фонарик) общей темноте. В то же время фонарик мерцает «сонно», будто настраивая читателя на мотив «вечного сна, какой ожидает нас» из следующей за этим сцены в Ореанде. Возникает ассоциативная цепочка, ведущая от отдельного образа к универсальной концепции: одинокая свеча — сонно мерцающий фонарик — вечный сон, «какой ожидает нас». Конечно, и этот «вечный сон», соединяющий в себе статику и динамику, отчаяние и надежду, также не поддается однозначному истолкованию, и неоднозначность — ретроспективно — распространяется на поэтические образы свечи и фонарика.

Кроме того, как и в случае с мотивом холода, позднее в тексте мотив темноты возникает в переносном значении. Вспомним размышления Гурова из последней главы: «И по себе он судил о других, не верил тому, что видел, и всегда предполагал, что у каждого человека под покровом тайны, как под покровом ночи, проходит его настоящая, самая интересная жизнь» (10: 141). Таким образом, «ночь» (и соответственно, темнота) выступает защитным «покровом» того, что составляет «зерно» и сущность жизни: согласно протагонисту, «каждое личное существование держится на тайне». Тот же «покров» возвращает к сцене в Ореанде, где «залог нашего вечного спасения» *кроется* «в полном равнодушии к жизни и смерти каждого из нас». С другой стороны, «покров тайны» окликает «таинственную» и «красивую» деталь из сцены в Ореанде: «Подошел какой-то человек — должно быть, сторож, — посмотрел на них и ушел» (в своей поэтизации обыденного эта деталь предвосхищает «таинственную плесень на стене» из стихотворения Анны Ахматовой[15]). Важно, что положительный потенциал тайны (покрова) и ее поэтизация поставлены под сомнение в заключительной сцене, на сей раз через перспективу героини: «...они видятся только *тайно*, *скрываются* от людей, как воры!» (10: 142).

Роса появляется сразу же после парохода, «освещенного утренней зарей, уже без огней», — торжество природного начала, не нуждающегося в добавлении искусственного освещения. Оппозиция естественно-природного и рукотворного — или, в несколько других терминах, природного и социального — также играет важную роль. Но опять, как в случае с практически любой оппозицией у Чехова, благодаря внутренним рифмам становится возможным сблизить, сопоположить «далековатые» образы, понятия, идеи или, наоборот, развести родственные, однородные, однокоренные.

Например, «добродушное выражение», появляющееся у старых лип и берез, когда они покрываются инеем (образ, останавливающий внимание благодаря всегда неожиданной у Чехова персонификации), способно напомнить о «добродушных» женщинах из гуровского прошлого, а с другой стороны, по контрасту, о тех, «у которых вдруг промелькало на лице хищное *выражение*». Сопоставление мерцающее, неброское, можно его и не заметить. Но вот еще одно такого же рода соответствие между двумя мирами: в сцене на молу Анна Сергеевна «нюхала цветы, не глядя на Гурова». Когда Гуров в первый раз поцеловал героиню, «его обдало запахом и влагой цветов» (10: 131). Затем, в гостинице, после «падения», в описании самой Анны Сергеевны просвечивает память о цветах, как бы дорассказывается их история: «У нее опустились, завяли черты и по сторонам лица печально висели длинные волосы» (10: 132). Ассоциация закреплена в конце

---

15 «Мне ни к чему одические рати...» (1940).

рассказа: «Он почувствовал сострадание к этой жизни, еще такой теплой и красивой, но, вероятно, уже близкой к тому, чтобы начать блекнуть и вянуть, как его жизнь» (10: 142). Соотносится с миром цветов и «тонкая, слабая шея» Анны Сергеевны в воспоминаниях Гурова после первой встречи с героиней.

В описании ночной Ялты море, которое «еще шумело и билось о берег» на фоне безжизненного пространства[16] («не было ни души, город со своими кипарисами имел совсем мертвый вид»), предвосхищает сцену в театре, где Гуров, «у которого сильно билось сердце, думал: "О Господи! И к чему эти люди, этот оркестр..."» (10: 140). С другой стороны, в описании театра присутствуют важные элементы пейзажа из сцены в Ореанде, трансформированные при перенесении в искусственную обстановку, но не утратившие связи с «первоисточником»: «...туман повыше люстры, шумно беспокоилась галерка»[17].

Публика в театре города С. — не та же ли это ялтинская толпа, в которой Анна Сергеевна потеряла лорнетку? Так же «серая от пыли» чернильница со всадником, «у которого была поднята рука со шляпой», отсылает к сцене ожидания парохода: «...вихрем носилась пыль, срывало шляпы»[18]. Поэтическая смелость подобных соотнесений может быть сравнима только с «деликатностью» их воплощения: разбросанные повсюду, они не бросаются в глаза; скорее обозначены, чем подчеркнуты; подсказаны разветвленной системой образов, а не высказаны напрямую.

Так создается единое «резонантное» пространство[19], где цикады в Ореанде перекрикиваются с кузнечиками возле железнодорожного полотна, а «звоном колоколов» в Москве отзывается «второй звонок» поезда, увозящего героиню в С. В звуковой до-

---

[16] О значении образа моря в рассказе см. [Разумова 2001: 411–421].

[17] См. [Разумова 2001: 419].

[18] См. [Тюпа 1989: 51].

[19] Понятие «резонантного» пространства предложено В. Н. Топоровым в статье, рассматривающей проблему «автоинтертекстуальности» на примере творчества Пастернака [Топоров 1998]. В. Б. Катаев применяет это понятие к «Трем сестрам» [Катаев 2002: 123–124].

рожке рассказа накладываются друг на друга «однообразный, глухой шум моря» и «ласковый шорох» одежды Анны Сергеевны. Через такие переклички, каждая из которых может быть развернута в короткое стихотворение, размывается демаркационная полоса между морем и сушей, наплывают друг на друга разведенные в пространстве и времени миры, обнаруживают взаимозависимость и внутреннее родство несопоставимые феномены, а повествование о двух героях становится поэтической медитацией на «вечные темы» (жизнь и смерть, парадоксы любви, неумолимость времени).

С этой точки зрения весь рассказ, подобно короткому диалогу о росе, может быть увиден в перспективе цельного лирического высказывания, в одном ряду не только, например, с «Анной Карениной», но и с пушкинским «Пора, мой друг, пора...», «Последней любовью» Тютчева. Рассказ Чехова — это роман, перемолотый на жерновах лирического стихотворения.

Л. Я. Гинзбург так характеризует специфику лирической поэзии:

> Проза и стихотворный эпос предлагают иллюзию физического времени и локализованного пространства, в котором размещаются вещи, движутся персонажи, совершаются события. Но в чистой лирической поэзии лирическое событие как бы продолжает бесконечно совершаться в условном бесконечно затянувшемся настоящем. Лирическим же пространством является авторское сознание, сознание поэта. Оно вмещает лирическое событие, и в нем свободно движутся и скрещиваются ряды представлений, в том числе самые непредсказуемые и отдаленные; отвлеченное встречается с конкретным, субъективность с действительностью, прямое значение с символическим [Гинзбург 1982: 26].

Чеховский рассказ соединяет два этих мира и способа изображения. Оставаясь прозой, настоянной на реализме XIX века, творчество писателя не отменяет, хотя и существенно переосмысливает характерные для такой прозы представления о герое, сюжете, конфликте. В то же время в своем отношении к слову Чехов заступает на территорию лирической поэзии, предвосхищая в том числе поэзию модернизма с ее поэтикой ассоциаций, пропущенных звеньев и колеблющихся смыслов.

Реальность у Чехова предстает сразу в двух планах. В одном из них — назовем его миметическим — соблюдена иллюзия достоверности, выдержан масштаб, четко обозначены границы: Москва, Ялта, С., море, железная дорога и т. д. В другом — будем называть его поэтическим — изолированные и разнородные элементы, не считаясь с законами жизнеподобия, предстают в тесном и достаточно причудливом (можно сказать, сновидческом) переплетении. Соответственно, одновременно с привычными персонажами появляются те, кого можно было бы назвать лирическими *микропротагонистами*, как, например, одинокая свеча или фонарик на барже, которые обретают — пусть только на мгновение — собственное существование и субъектность. Точно так же, наряду с «реальными» событиями, можно разглядеть множество лирических *микрособытий*, обнаруживающих себя через взаимодействие поэтических образов и мотивов. Секрет Чехова — в том, как ему удается сплавлять два этих плана изображения в органическое целое.

Кроме «сопряжения далековатых идей», можно наблюдать обратный процесс — расщепление в значении одного и того же слова (образа, эпитета), его омонимизацию в результате постановки в какой-то новый ряд[20]. Уже говорилось, что сострадание, которое Гуров почувствовал к Анне Сергеевне, к «этой жизни, еще такой теплой и красивой», напоминает — по контрасту — о «красивых, холодных женщинах», чья красота в конце концов вызывала у Гурова ненависть. Таким образом, красота, соединенная с теплом, оказывается антиподом красоты, соединенной с холодом. Но здесь, в свою очередь, подключаются различные коннотации, связанные с оппозицией «тепло — холод» и смягчающие прямолинейность этого противопоставления.

Серый забор с гвоздями, серое солдатское сукно, которым обтянут пол в гостинице, серая от пыли чернильница, дешевое серое — «точно больничное» — одеяло: интенсивность серого вытесняет остальные цвета, краски, сгущается, как неоднократно

---

[20] О переходящей в омонимию полисемии чеховского слова см. [Sadetsky 1997: 233–234]. Об омонимии чеховских «знаков» см. [Степанов 2005: 110–122].

отмечалось, до символического обобщения[21]. А с другой стороны — «красивые, серые глаза» Анны Сергеевны, «любимое серое платье»: мы видим, как преобразуется «серое» в связке с «красивым» и «любимым». Любимое серое платье и серое — «точно больничное» — одеяло: кажется, что это два разных цвета. Вместе с тем они с необходимостью предопределяют и окликают друг друга, как два рифмующихся слова, и такую рифму правильнее назвать не тавтологической, а омонимической[22].

Интересно в связи с этим феноменом «расщепления», как часто в общепризнанном шедевре литературы сталкиваются лбами однокоренные слова. В письме от 3 ноября 1897 года Чехов упрекает Авилову за то, что она допускает «в одной фразе почти рядом "стала" и "перестала"» (П 7: 94). Но как насчет — тоже в одной фразе и почти рядом — «он пристально *поглядел*» и «он пугливо *огляделся*» (10: 131), «*думал* о том, как, в сущности, если *вдуматься*», «на рассвете» и «на этом свете» (10: 134), «утомленная дорогой и *ожиданием, поджидала*» (10: 142)? Добавим сюда почти тавтологическое нанизывание синонимов, которое вряд ли может быть объяснено только стремлением к «музыкальности»: «поцелуй их был долгий, длительный» (Там же), «самое сложное и трудное» (10: 143).

Изменяясь, уточняя и разворачивая свои смыслы по ходу повествования, чеховское слово постоянно балансирует на границе между прямым и переносным значениями, житейской конкретностью и символической многозначностью. Например, после упоминания о том, что «няня ненадолго зажигала огонь», фраза «воспоминания разгорались всё сильнее» начинает отсвечивать этим, уже реальным, огнем. Через наложение прямого и переносного словоупотреблений развивается мотив тумана: «Ялта была едва видна сквозь утренний туман» (10: 133), «Анна Сергеевна,

---

[21] Дональд Рейфилд говорит об «апофеозе серого» в рассказе [Rayfield 1999: 211]. См. другие интерпретации семантики этого цвета в [Winner 1984: 617–618; de Sherbinin 2006: 185].

[22] О разнице между тавтологической и омонимической рифмами см. [Лотман 1994: 95–97].

казалось ему, покроется в памяти туманом» (10: 136), «раннее утро с туманом на горах» в воспоминаниях Гурова (Там же), «туман повыше люстры» в губернском театре (10: 139).

Можно, кажется, привести пример, где в результате столкновения прямого и переносного значений «обнажается» этот прием: «...под звуки плохого оркестра, дрянных обывательских скрипок...» (Там же). Понятно, что «обывательские» скрипки, да еще вырванные из оркестра, — не просто музыкальные инструменты. Но и «плохой оркестр» в таком соседстве — уже не просто оркестр. Полного разрыва с буквальным значением, однако, не происходит. Скорее в результате такого наложения размывается сама граница между прямым и переносным значениями. Вот почему столь часто у Чехова стертые фразеологизмы обретают буквальный смысл, а прямое словоупотребление наполняется символической многозначностью.

При этом очень важно, что процесс подобной диффузии не может быть предугадан как самими героями, так и читателем. Когда, например, в конце первой главы Гуров начинает «засыпать», у нас нет никаких оснований интерпретировать это иначе, чем простую констатацию факта. Но когда в конце следующей главы — после отъезда Анны Сергеевны — говорится, что «Гуров слушал крик кузнечиков и гудение телеграфных проволок с таким чувством, как будто только что проснулся» (10: 135), очевидно, что теперь это душевное пробуждение после — тоже душевной — спячки. В таком случае и момент погружения героя в сон получает ретроспективно возможность не только буквального, но и отчасти символического прочтения.

«Дайте я погляжу на вас еще... Погляжу еще раз», — говорит Анна Сергеевна Гурову перед отъездом. И можно ли в этот момент предположить, что «такие обычные» слова обретут в следующей главе силу заклинания, волшебного желания, воплотившегося в реальной жизни: «Она по вечерам глядела на него из книжного шкапа, из камина, из угла» (10: 136)?

Стершийся эпитет «бескрылая жизнь» неожиданно наполняется реальным содержанием в свете финального уподобления героев «двум перелетным птицам», которых «поймали и заставили жить в отдельных клетках» (10: 143). Образ «перелетных птиц», во многом итоговый для рассказа, оживляет определение «мимолетная связь» из первой главы («соблазнительная мысль о скорой, мимолетной связи, о романе с неизвестною женщиной»), как бы реализуя изначально заложенный в нем, но скрытый от героя смысловой потенциал. Та же «мимолетная связь» по-разному раскрывается, соотносясь, с одной стороны, с «вечным сном, какой ожидает нас», а с другой — с «вечным спасением» из размышлений Гурова в Ореанде. Впрочем, и эта оппозиция (мимолетное — вечное) выявляет скорее не контраст, но взаимопроницаемость противопоставленных элементов.

Напомним в качестве еще одного примера реплику Гурова, обращенную к чиновнику: «Если б вы знали, с какой очаровательной женщиной я познакомился в Ялте!» (10: 137). Эпитет «очаровательная» кажется достаточно невыразительным и бесцветным, что оправдано контекстом, в котором он возникает. В контексте целого, однако, то же слово предстает заряженным поэтической энергией и памятью, отсылая к сцене в Ореанде и к моменту возвращения героя в Москву: «успокоенный и очарованный в виду этой сказочной обстановки» (10: 134), «недавняя поездка и места, в которых он был, утеряли для него всё очарование» (10: 136). Самые простые и очевидные, «избитые», по выражению Набокова, эпитеты («мимолетная связь», «очаровательная женщина», «глубокое сострадание», «новая, прекрасная жизнь») в силу разнонаправленных сцеплений и связей способны предстать в поэтической сложности и первозданности.

Поэтому такой трудной оказывается однозначная — положительная или отрицательная — маркировка того или иного эпитета, образа. Вспомним убийственную однозначность определений, описывающих скрипки при первом их упоминании. Но чуть ниже этот образ предстает уже в ином освещении: «Оба молчали. Она сидела, он стоял, испуганный ее смущением, не решаясь сесть рядом. Запели настраиваемые скрипки и флейта, стало вдруг страшно, казалось, что из всех лож смотрят» (10: 139).

Будто предвосхищая образы поэзии И. Ф. Анненского и раннего В. В. Маяковского, музыкальные инструменты — пусть только в границах одного предложения — приобретают статус лирических протагонистов, а их «пение» может быть расслышано как внутренний голос самих героев.

Так же «узкая, мрачная лестница» в провинциальном театре, казалось бы, имеет однозначно негативное значение и выступает как антипод «широкого неба» из сцены в Ореанде. Но именно здесь происходит решительное для героев объяснение, кладущее начало их новой жизни. Здесь — впервые в повествовании — Гуров целует Анну Сергеевну без оглядки на людей. Сцепление негативных эпитетов с «лестницей» дает неожиданный результат. Связанная с оппозицией «верха» и «низа», лестница символизирует и неизбежный разрыв между ними, и шанс на преодоление этого разрыва[23]. Оказывается, «узость» лестницы способна восприниматься и как благодатная, не оставляющая возможности для увиливания, в духе «тесных врат и узкого пути», «ведущих в жизнь» (Мф. 7: 14) — «спасенья верный путь и тесные врата», если вспомнить финал пушкинского «Странника». Нужно ли добавлять, что подобная коннотация ни в коем случае не отменяет негативного потенциала «мрачной» лестницы? Скорее, если использовать образ из «Студента» (1894), противоположности оказываются связанными «непрерывною цепью», окликающими и предопределяющими друг друга.

Такое же многообразие возможных параллелей обнаружится при выходе за границы рассказа. Прозрачность росы — удобная метафора бесконечной открытости, емкости и одновременно неуловимости чеховского слова.

Выберем почти наугад:

> Когда росой обрызганный душистой
> Румяным вечером иль утра в час златой...
> [Лермонтов 1983: 28].

---

[23] Мотив лестницы показан как центральный для понимания рассказа в [de Sherbinin 2006].

«Таинственная сага», которую лепечет ручей, перекликается с «таинственной» деталью (появление ночного сторожа). «Лепетание» ключа погружает мысль лирического субъекта в «какой-то смутный сон», а «однообразный, глухой шум моря» в рассказе Чехова говорит «о сне, какой ожидает нас». Но, пожалуй, главное, что позволяет провести параллель между сценой в Ореанде и стихотворением М. Ю. Лермонтова, — соединение, с одной стороны, универсальности, а с другой — лирической субъективности и сиюминутности постижения мира. «Верх» и «низ», весь «этот свет» (море, горы, облака, широкое небо) сходятся в кругозоре Гурова так же естественно, как соединяются в его мыслях «высшие цели бытия» и «свое человеческое достоинство», а в стихотворении Лермонтова — счастье «на земле» и Бог «в небесах».

Откроем на статье «роса» словарь В. И. Даля — кажется, что и здесь в приведенных пословицах можно при желании отыскать разнонаправленные параллели к судьбе героев: «Росою, да через серебро умыться, бела будешь» (мотив очищения, возрождения к новой жизни, «белое» устойчиво ассоциируется с героиней), «Слезы роса: взойдет солнце и обсушит» (Анна Сергеевна плачет, но «еще немного, и решение будет найдено...»), «Без росы и трава не растет» (без слез, без страданий не может быть жизни, счастья), «Покуда солнце взойдет — роса глаза выест» (слишком долго приходится ждать новой жизни; намек на медлительность героя, а может, на то, что настоящая любовь пришла слишком поздно, а может быть, на слепоту в отношении собственных чувств, будущего и т. д.). Любитель психоаналитического подхода, вероятно, отметит эротическую символику «росы на траве».

Впрочем, устав от подобных разысканий, можно предположить, что трава у Чехова — это просто трава, а роса — это просто роса, не претендующая быть ничем другим, кроме достоверной и одновременно поэтической детали в изображении наступающего утра. Деталь, кстати говоря, не только уместная, но — в своей конкретности, заземленности — просто необходимая, по законам чеховского мира, на фоне только что описанной «сказочной обстановки» и несколько абстрактной философской медитации о «полном равнодушии к жизни и смерти каждого из нас».

Множественность прочтений, ни одно из которых не может считаться единственным и бесспорным, коренится в природе чеховского слова. Слово у Чехова колеблется между прямым и переносным значениями. Укорененное в своем контексте, оно остается мобильным и несвязанным, как бы кочующим по тексту, порождая при этом новые смыслы, непредсказуемые ассоциации и аллюзии. В каждой точке повествования чеховское слово (образ, мотив) оказывается на перекрестке смыслов, в положении промежуточности, откуда — для читателя, интерпретатора — открывается возможность путей в разных, иногда противоположных направлениях. Время, прошедшее после написания рассказа, только увеличило количество этих направлений, не отняв у чеховской «росы на траве» ее свежести и не исчерпав ее тайны.

В споре с Чеховым Бунин был прав: «Поэзия живет долго, и чем дальше, тем сильнее».

Приближаясь к дому: «Пустой случай»

Правомерный вопрос: насколько тенденции, обнаруженные выше, характерны для творчества Чехова в целом? «Дама с собачкой» — общепризнанный шедевр, и сцена в Ореанде имеет заслуженную репутацию одной из самых поэтичных. Проявляет ли чеховское слово те же свойства в менее значительных произведениях?

Чтобы ответить на этот вопрос, обратимся к рассказу «Пустой случай» (1886), не избалованному вниманием критики и читателей. Выбранный для анализа фрагмент не содержит особо запоминающихся образов и не отличается ощутимой «музыкальностью». Иначе говоря, поэтическая трансформация слова если и присутствует здесь, то не является очевидной.

Кроме того, для чистоты эксперимента условимся ограничить себя тем, что я буду называть близким, или малым, контекстом нескольких абзацев, рассматриваемых в основном отдельно от рассказа в целом (вот почему и сам фрагмент должен быть более развернутым, чем в случае «Дамы с собачкой»). В этом и состоит наша задача: выбрать «обыкновенный» фрагмент из «обыкновенного» рассказа и проследить, как действует в нем чеховское слово.

«Пустой случай» — повествование в первом лице. В приведенном фрагменте рассказчик посещает дом богатой помещицы Надежды Львовны Кандуриной, чтобы испросить разрешения на охоту в ее лесу:

> От ворот к дому нужно было идти рощей по длинной, ровной, как линейка, дороге, усаженной по обе стороны густой стриженой сиренью. Дом представлял из себя нечто тяжелое, безвкусное, похожее фасадом на театр. Он неуклюже высился из массы зелени и резал глаза, как большой булыжник, брошенный на бархатную траву. У парадного входа встретил меня тучный старик-лакей в зеленом фраке и больших серебряных очках; без всякого доклада, а только брезгливо оглядев мою запыленную фигуру, он проводил меня в покои. Когда я шел вверх по мягкой лестнице, то почему-то сильно пахло каучуком, наверху же в передней меня охватила атмосфера, присущая только архивам, барским хоромам и купеческим домам: кажется, что пахнет чем-то давно прошедшим, что когда-то жило и умерло, оставив в комнатах свою душу. От передней до гостиной я прошел комнаты три-четыре. Помнятся мне ярко-желтые, блестящие полы, люстры, окутанные в марлю, узкие полосатые ковры, которые тянулись не прямо от двери до двери, как обыкновенно, а вдоль стен, так что мне, не рискнувшему касаться своими грубыми болотными сапогами яркого пола, в каждой комнате приходилось описывать четырехугольник. В гостиной, где оставил меня лакей, стояла окутанная сумерками старинная дедовская мебель в белых чехлах. Глядела она сурово, по-стариковски, и, словно из уважения к ее покою, не слышно было ни одного звука.
>
> Даже часы молчали... Княжна Тараканова, казалось, уснула в золотой раме, а вода и крысы замерли по воле волшебства. Дневной свет, боясь нарушить общий покой, едва пробивался сквозь спущенные сторы и бледными, дремлющими полосами ложился на мягкие ковры.
>
> Прошло три минуты, и в гостиную бесшумно вошла большая старуха в черном и с повязанной щекой. Она поклонилась мне и подняла сторы. Тотчас же, охваченные ярким светом, ожили

> на картине крысы и вода, проснулась Тараканова, зажмурились мрачные старики-кресла.
>
> — Оне сию минуту-с... — вздохнула старуха, тоже жмурясь (5: 305–306).

Прежде всего обратим внимание на звуковую оркестровку. В первом же предложении, например, семь случаев ударного *о*, в четырех из которых этот звук появляется после *р*. Сочетания *о* и *р* становятся как бы дорожными знаками на пути рассказчика: «От во**ро**т к д**о**му нужно было идти **ро**щей по длинной, **ро**вной, как линейка, до**ро**ге, усаженной по **о**бе сто**р**оны густ**о**й ст**р**иженой си**р**енью».

Трудно не заметить, что и достаточно необычное сравнение дома с булыжником коренится в мощной, почти футуристической инструментовке: «...**больш**ой **б**улы**жн**ик, **брош**е**нн**ый **на** **бар**ха**тн**ую **тр**аву» (не менее ощутимо созвучие между словами «булыжник» и «неуклюже»).

Еще одна поэтическая особенность того же предложения — использование неточных рифм (рощей — ровной; линейка — сиренью), благодаря которому рифмующиеся слова семантически подсвечивают друг друга. В частности, природные элементы (не только «стриженая» сирень, но и роща) как бы абсорбируются миром правильных геометрических форм.

Говоря о геометрических формах, отметим также образы, возникающие затем в интерьере дома: например, «четырехугольник», который придется описывать повествователю в каждой комнате, чтобы не «касаться своими грубыми болотными сапогами яркого пола», или «золотую раму» картины на стене, в которой «уснула» княжна Тараканова.

Даже беглого взгляда достаточно, чтобы обнаружить, насколько подобные сближения далековатых и вроде бы не связанных друг с другом образов характерны для нашего фрагмента. Попробуем поэтому, как мы уже делали в случае «Дамы с собачкой», обозначить важные для него семантические оппозиции, например между природным и искусственным, внешним пространством и интерьером.

С одной стороны, перед нами внешний мир с сиренью, травой и закадровым присутствием дикой природы, вторгающейся благодаря приходу рассказчика («грубые болотные сапоги») в пространство дома. С другой — атмосфера дома, в котором все «окутано», «зачехлено» и спрятано от дневного света.

Сопоставление образов, принадлежащих к противопоставленным мирам, однако, свидетельствует о том, насколько, на самом деле, эти миры взаимопроницаемы. Например, «бархатная трава» снаружи дома соотносится с «мягкой лестницей» и «мягкими коврами» внутри, а цвет травы («масса зелени») оживает в «зеленом» фраке старика-лакея, встречающего рассказчика у парадного входа. Одновременно само по себе выражение «масса зелени» ассоциируется с ощущением тяжести, которое производит дом («нечто тяжелое»).

«Грубые болотные» сапоги повествователя очевидно контрастируют с «мягкими» коврами, но в то же время соотносятся с водой на картине — водой, угрожающей затопить княжну Тараканову и крыс. Княжна, которая, казалось, «уснула в золотой раме», гармонирует с «дремлющими» полосами дневного цвета, а эти полосы, в свою очередь, отсылают назад — к «узким, полосатым» коврам.

Границы между автономными мирами размываются и при переходе к оппозиции «одушевленное — неодушевленное». «Тучность» старика-лакея тоже как будто вырастает из общего ощущения «тяжести», производимого домом. Возраст лакея соответствует возрасту мебели (старинная дедовская мебель), а их внутреннее родство подчеркнуто грамматическим параллелизмом (тучный старик-лакей; мрачные старики-кресла).

Другой персонаж — «большая старуха в черном» — тоже отсылает к первоначальному описанию дома, который, как помним, сравнивался с «большим» булыжником (есть еще и «большие» серебряные очки старика-лакея). Щека старухи «повязана», и в поэтическом плане эта, казалось бы, необязательная деталь становится звеном в развертывании важного мотива, также получающего развитие посредством чередования прямого и переносного значений: «люстры, окутанные в марлю» — «окутанная сумерками старинная дедовская мебель в белых чехлах» (двойное зачехление!) — «мягкие ковры» — «спущенные сторы» — «повязанная щека». «Спущенные сторы», в свою очередь, ассоциируются с «зажмуренными» глазами старухи. Кажется, еще полшага — и можно будет сказать строкой Мандельштама: «Как ресницы, на окнах опущены темные шторы»[24].

Здесь же возникает еще одна параллель: «зажмурились мрачные старики-кресла», «вздохнула старуха, тоже жмурясь». Интересно, что в таком сопоставлении человек играет скорее пассивную роль: старуха всего лишь повторяет жест кресел. Это, разумеется, ни в коем случае не умаляет ее человечности. Старуха уподобляется креслам, но таким, которые сами являются стариками.

«Мрачные старики-кресла» — не просто предметы мебели. В списке действующих лиц рассказа они должны указываться на равных со старым лакеем и большой старухой. Последние же, в свою очередь, не будут выглядеть лишними в каталоге «старинной дедовской мебели», которая, как помним, описывается так: «Глядела она сурово, по-стариковски, и, словно из уважения к ее покою, не слышно было ни одного звука».

Легко ли в таком контексте отделить одушевленное от неодушевленного, реальное от воображаемого, использование слова в прямом значении от тропа?

Реальный ли, например, персонаж княжна Тараканова? И да и нет. Во всяком случае, повествователь представляет ее так, будто она — живой человек, помещенный в пространство картины: «Княжна Тараканова, казалось, уснула в золотой раме». Чуть дальше происходит еще одна трансформация; после того, как шторы подняты, золотая рама и аристократический титул больше не упоминаются и кажется, что речь теперь идет о самой обыкновенной женщине: «Тотчас же, охваченные ярким светом, ожили на картине крысы и вода, проснулась Тараканова, зажмурились мрачные старики-кресла». Предложение построено так, что граница между изображением на картине и гостиной стано-

---

[24] Из стихотворения «Золотистого меда струя из бутылки текла...» (1917).

вится умышленно проницаемой. Тараканова принадлежит обоим мирам — и ни одному из них полностью.

В целостном контексте рассказа это важно, потому что княжна Тараканова может рассматриваться здесь как двойник хозяйки дома, Надежды Львовны Кандуриной. Косвенным подтверждением тому служит, казалось бы, ничем не примечательная характеристика этой героини из последующего текста: «...она была невылазно богата» (5: 302). Наречие «невылазно» превращает одно предложение в два: первое говорит, что героиня была *очень* богата, а второе — что она заложница своего богатства, то есть, подобно Таракановой, пленница, которая не может «вылезти» из собственной «золотой рамы».

Или что, например, означает сравнение фасада дома с театром? Можно увидеть в нем лишь мгновенное восприятие рассказчика. Но стоит также вспомнить то, как представляет он читателю своего спутника по охоте, «захудалого князька»: «...в виду роли, которую он играет в этом рассказе...» (5: 299). Всего лишь фигура речи? Возможно, да, особенно учитывая, что бедственное положение этого незадачливого персонажа связано с тем, что он оказался не способен солгать «раз в жизни» (5: 305), иначе говоря — отказался играть роль. Впрочем, может быть, не случайно в другом месте рассказчик отмечает его «*напускное* джентльменство». Характерно в этом смысле, что описание еще одного персонажа (мужа Кандуриной) также подкрепляет параллель между домом и театром: «Вышла она не по любви, а тронутая любовью кандидата прав, который, как говорят, прекрасно *разыгрывал* возлюбленного» (5: 303). Так или иначе, сравнение дома с театром предлагает читателю возможный ключ к пониманию рассказа и его героев — Кандуриной и князька, в которого Надежда Львовна безнадежно влюблена: они страдают — и вместе с тем играют свои роли, искренни — и одновременно театральны.

Но не случайно с театром сравнивается только фасад дома. Как и у всякого образа в чеховском мире, о чем будет говорено еще немало на страницах этой книги, у дома есть множество ликов. Скажем, описание воды и крыс на картине, которые замерли «точно по воле волшебства» (снова отметим выразительную звукопись: «по **воле волшебства**»), смещает представление о реальности в сторону фантастического и отсылает к миру волшебной сказки. Сказочно-фантастический элемент описания закрепляется финалом рассказа, когда повествователь покидает дом: «Мне приятно было уходить из этого маленького царства позолоченной скуки и скорби, и я спешил, точно желая встрепенуться от тяжелого, фантастического сна с его сумерками, Таракановой, люстрами...» (5: 308). «Позолоченная» скука и скорбь отсылают к «золотой» раме, «тяжелый» сон — к впечатлению «чего-то тяжелого», которое производил дом. Благодаря таким перекличкам метафоры частично материализуются, а то, что казалось прямым словоупотреблением, переосмысливается как спящая метафора.

Приращение смысла осуществляется и грамматическими средствами. Описание выдержано в прошедшем времени. Тем заметнее неожиданные отступления, такие как, например, это: «Помнятся мне ярко-желтые, блестящие полы». Пространство гостиной — мир с остановленным временем («даже часы молчали»). Повествователь не только оживляет этот мир своим появлением, но и заново наделяет его темпоральностью, как бы заводит часы («прошло три минуты»), заставляя обитателей дома реагировать на ход времени: «— Оне сию минуту-с... — вздохнула старуха». С другой стороны, «пыльная» фигура повествователя ассоциируется с «архивами»: «...наверху же в передней меня охватила атмосфера, присущая только архивам, барским хоромам и купеческим домам: кажется, что пахнет чем-то давно прошедшим, что когда-то жило и умерло, оставив в комнатах свою душу».

Штрихи, подобные этим, побуждают читателя постоянно быть начеку, ежестрочно корректируя и ставя под вопрос сложившееся представление о реальности.

Таким образом, дом отбрасывает не одну, а несколько не похожих друг на друга теней: булыжник, театр, «маленькое царство позолоченной скуки и скорби», «фантастический сон», архив...

Подтверждается то, что было сказано в отношении «Дамы с собачкой»: слово колеблется между оттенками значений, прямым и переносным смыслами. Оно ведет читателя сразу в нескольких направлениях, не доставляя, однако, ни к одному из потенциальных пунктов назначения.

Чеховское многоликое слово становится основой его многоликого мира, постоянно, как в калейдоскопе, изменяющего свой рисунок.

Говоря о концепции промежуточности, невозможно избежать часто цитируемого фрагмента из чеховской записной книжки:

> Между «есть Бог» и «нет Бога» лежит целое громадное поле, которое проходит с большим трудом истинный мудрец. Русский же человек знает какую-либо одну из этих двух крайностей, середина же между ними не интересует его; и поэтому обыкновенно он не знает ничего или очень мало (17: 224).

В программной статье «Человек поля» Чудаков определяет эту запись как выражение экзистенциальной позиции Чехова, позволяющей охарактеризовать его как «человека поля». «Поле» в таком прочтении — самостоятельная, самодостаточная жизненная и философская позиция, которая не может быть сведена ни к одному из противоположных полюсов («есть Бог» или «нет Бога») и объяснена исключительно в его терминах:

> Чеховская позиция — не колеблющаяся стрелка на заданной шкале, но множественность стрелок, указывающих на плоскости самые разные направления. Или еще резче: эта позиция находится, быть может, вообще в другой плоскости или в другом измерении.
>
> Чехов в разные периоды своей жизни был ближе то к одной, то к другой полюсной позиции поля. Но никогда — настолько, чтобы с ней отождествиться или хотя бы на ней задержаться и перестать быть человеком поля [Чудаков 2016: 656].

Кажется знаменательным, что в определении чеховского слова как «поля напряжения между различными оттенками значений» Мейер использует ту же метафору, которую применяет Чудаков при обсуждении мировоззренческой позиции Чехова. Задача моей книги как раз и заключается в том, чтобы свести два этих поля вместе, иначе говоря — показать: фундаментальные свойства чеховского мира заложены в поэтической природе его слова. В соответствии с названной задачей, мир Чехова рассматривается здесь в синхронном аспекте — как единое резонантное пространство, где написанные в разные годы произведения образуют органическое целое. Все же эволюционный аспект не обойден вниманием: он присутствует в том, как эта книга воспроизводит процесс создания литературного произведения. Я следую за чеховским словом, начиная с малого контекста предложения-стиха, затем перехожу к абзацу — «прозаической строфе» и только после этого приступаю к большому контексту произведения в целом. Такой подход позволяет увидеть, как слово постепенно раскрывает свой поэтический потенциал, создавая при этом разветвленную систему образов и мотивов и преобразуя все уровни повествования.

Часть I

СРЕДИ ОТТЕНКОВ СМЫСЛА: МАЛЫЙ КОНТЕКСТ

Глава 1
Предложение-стих: теснота ряда

Чехов следующих двух глав — не автор «Трех сестер» (1901) и «Дома с мезонином» (1896), хотя фрагменты из этих и многих других произведений будут рассматриваться здесь через увеличительное стекло. В большинстве случаев, однако, это будет делаться в отрыве от целостного контекста, развития сюжета и характеристики персонажей, как если бы фрагменты были законченными текстами. Чехов этих глав — автор предложений-стихов и абзацев — прозаических строф, чье присутствие безошибочно обнаруживается даже на минимальных отрезках текста, художник, о котором молодой Маяковский сказал: «...если книга его рассказов истреплется у вас, вы, как целый рассказ, можете читать каждую его строчку» [Маяковский 2002: 974].

«Суха и залита солнечным светом»: прием сцепления

Брось, к чему швырять тарелки,
Бить тревогу, бить стаканы?

Борис Пастернак

Как было показано, Чехов создает единую языковую среду, в которой его слово реализует скрытые потенциалы и начинает колебаться между оттенками значений, прямым и переносным смыслами. То, что применительно к поэзии Тынянов называл «теснотой стихового ряда», становится здесь интенсивностью семантического обмена между смежными элементами, оказывающимися в сцепленном состоянии.

Начнем с кульминационного момента из рассказа «В суде» (1886), действие которого происходит во время судебного заседания: «Это было тяжелое мгновение. Все как будто присели или стали ниже» (5: 349). «Тяжесть» мгновения, конечно же, фигура речи, стертая метафора, не воспринимаемая буквально. Но следующее же предложение реализует метафору, заставляя воспринимать тяжесть как материальную и физически воздействующую на людей, которые «присели или стали ниже». Важно, однако, не потерять «как будто». Перестав быть метафорой, пусть и стертой, слово «тяжелый» начинает колебаться между полюсами прямого и переносного значений, так же, как вся изображенная в двух коротких предложениях картина колеблется между реальным и кажущимся.

Следующий пример — из рассказа «Тоска» (1886) — иллюстрирует эффект такого сцепления внутри диалога:

> Иона кривит улыбкой рот, напрягает свое горло и сипит:
> — А у меня, барин, тово... сын на этой неделе помер.
> — Гм!.. Отчего же он умер?
> Иона оборачивается всем туловищем к седоку и говорит:
> — А кто ж его знает! Должно, от горячки... Три дня полежал в больнице и помер... Божья воля.
> — Сворачивай, дьявол, — раздается в потемках... (4: 327).

Обращает внимание непосредственное соседство «Божьей воли» и «дьявола». Взятое отдельно, ни одно из этих выражений, скорее всего, не остановило бы нашего внимания. Но сцепленные друг с другом, две реплики — и, соответственно, стоящие за ними голоса — вступают в невольный диалог. Впрочем, с миметической точки зрения никакого общения между Ионой и его невидимым собеседником, конечно, нет. В поэтической перспективе, однако, — неосознанно для самих говорящих — происходит не просто диалог, а спор и прямая сшибка противостоящих друг другу универсальных сил: Бога и дьявола[1]. В данном контексте важна также безличная форма ремарки, сопровождающей упоминание дьявола: *раздается в потемках*. Мы не знаем, кому принадлежит этот голос и человеческий ли он вообще (слово *потемки* тоже легко смещается к полюсу символизации). Заходить слишком далеко в этом направлении, однако, было бы так же опрометчиво, как игнорировать глубинный, символико-поэтический слой. Правила житейского правдоподобия не нарушены. Любая, самая незначительная (или, напротив, значительная) деталь может быть истолкована миметически. Но, взаимодействуя друг с другом в процессе повествования, эти детали активируют свой поэтический потенциал, становятся больше и глубже себя самих, как происходит и в следующем фрагменте из того же рассказа:

> Иона ерзает на козлах, как на иголках, тыкает в стороны локтями и водит глазами, как угорелый, словно не понимает, где он и зачем он здесь.
> — Какие все подлецы! — острит военный (Там же).

По соседству с фигуративным выражением *как на иголках* оживает буквальное значение, спрятанное в глаголе *острить*. И наоборот: рядом с этим глаголом выражение *как на иголках* начинает восприниматься с долей буквальности.

Еще раз подчеркнем: результатом подобного взаимодействия смежных элементов становится их постоянное колебание между прямым и переносным значениями, не приводящее, однако, к отождествлению с любым из этих полюсов. Несколько репрезентативных примеров из разных произведений («Степь», 1888; «Бабы», 1891; «Супруга», 1895) послужат дальнейшей иллюстрации данного феномена:

> Летит коршун над землей, плавно взмахивая крыльями, и вдруг останавливается в воздухе, точно задумавшись о скуке жизни, потом встряхивает крыльями и стрелою несется над степью, и непонятно, зачем он летает и что ему нужно. А вдали машет крыльями мельница... (7: 17).

---

[1] Отметим также, что упоминание «дьявола» подготовлено прозвучавшей ранее репликой: «— Куда черти несут? Пррава держи!» (4: 327).

Описание начинается и заканчивается образом машущих крыльев. Вначале это крылья коршуна (буквальное значение), затем — мельницы (переносное). Между тем у читателя может сложиться впечатление, что он имеет дело с одним и тем же образом, проходящим через разные воплощения.

> Два голоса вдруг оборвали песню раскатистым смехом, а третий, тенор, продолжал петь и взял такую высокую ноту, что все невольно посмотрели вверх, как будто голос в высоте своей достигал самого неба. Варвара вышла из дому и, заслонив глаза рукою, как от солнца, поглядела на церковь (7: 344–345).

«Высокая нота» — музыкальный термин. Но услышав эту ноту, люди «невольно» смотрят «вверх», в реальную высоту, что смещает последующий троп («голос в высоте своей достигал самого неба») к полюсу буквализации. Не случайно поэтому, что в последнем предложении одна из слушательниц, Варвара, «заслонила» глаза рукой (реальный физический жест!), защищая их от, казалось бы, нематериального звука, который — через ассоциацию между звуком и солнцем — воспринимается теперь и как зрительный образ.

> Он помнил, как у отца в деревне, бывало, со двора в дом нечаянно влетала птица и начинала неистово *биться* о стекла и опрокидывать вещи, так и эта женщина из совершенно чуждой ему среды влетела в его жизнь и произвела в ней настоящий разгром. Лучшие годы жизни протекли, как в аду, надежды на счастье *разбиты* и осмеяны (9: 95).

Благодаря тому, что сцеплены слова с одним корнем (глагол *биться* и пассивное короткое причастие *разбиты*), абстрактное существительное «надежды» обретает конкретность и физическую хрупкость реальных материальных «вещей», упомянутых в предыдущем предложении.

Из этих примеров, число которых легко можно было бы умножить, следует, что любое фигуративное выражение, особенно стертые метафоры, заряжено у Чехова буквальностью, иначе говоря — находится на границе реализации[2], не пересекая, однако, этой границы целиком и полностью. Более того, частичная буквализация не обязательно требует сцепления нескольких элементов. Вспомним героиню рассказа «Пустой случай», которая была *невылазно* богата, *кошмарную* лень и *страшную* тоску из «Тифа». Или, например, предложение «Андрей Ефимыч забылся навеки» из финала «Палаты № 6» (1892), которое может быть прочитано двояко: как сообщение о смерти героя и одновременно — указание на ожидающее его посмертное забвение.

Как и в случае со многими литературными приемами Чехова, истоки такой буквализации отыскиваются в его раннем юмористическом творчестве. Комический эффект многих юморесок основан на искусстве каламбуров и «путаницы» между прямым и переносным значениями («— Что жены мылят без мыла? — Головы мужей» (2: 293)) или буквализации-реализации метафор («Кошки, не обыкновенные, а с длинными желтыми когтями, скребли ее за сердце» (1: 416); «Физиономия есть зеркало души, которое так же легко разбивается, как и всякое другое зеркало» (3: 29)). В зрелом творчестве Чехов отходит от подобной — слишком нарочитой и очевидной — буквализации, не теряя при этом остроты своего зрения, приученного воспринимать слово как «поле напряжения» между прямым и переносным смыслами.

Мой последний пример — короткое предложение из рассказа «На страстной неделе» (1887): «Церковная паперть суха и залита солнечным светом» (6: 141). Это предложение — своего рода модель того, как семантический обмен между сцепленными элементами приводит чеховское слово в движение, заставляя его балансировать между прямым и переносным значениями. Сказать, что церковная паперть суха, было бы очевидной (и потому излишней) констатацией факта. Сказать, что она залита солнечным светом, было бы достаточно тривиально: мертвая метафора так и осталась бы мертвой. Сцепить два этих предикативных

---

[2] Шмид называет «буквальное понимание фигуральной речи» одним из приемов, с помощью которых конструктивный принцип поэтического реализуется в прозе [Шмид 1998: 22–23].

прилагательных — значит оживить каждое из них с помощью такого сцепления и, соответственно, создать новое, квазиоксюморонное единство, в котором противоположности (буквальное — переносное, сухое — мокрое) начинают отсвечивать друг другом. Именно так создает Чехов свою поэзию из того, что Набоков называл «ужасными прозаизмами».

«Облака, облегавшие небо»: звук и смысл

> Ни у кого — этих звуков изгибы...
> И никогда — этот говор валов...
>
> *Осип Мандельштам. Батюшков*

В 1886 году Чехов пишет один за другим два очень непохожих рассказа: «Талант» и «Нахлебники». В первом из них — вслушаемся — «тяже**л**ые, неу**кл**южие **облака** **пл**астами **облекл**и не**б**о» (5: 277), а во втором — «**Облака**, **облег**авшие не**б**о, начина**л**и уже подер**г**иваться **бел**изной» (5: 282). Выходя за рамки отдельного рассказа, Чехов последовательно реализует поэтический потенциал отдельного слова (в данном случае слова «облака»)[3]. Какая, по выражению Н. В. Гоголя, «бездна пространства» открывается благодаря этой звукописи в границах одного-единственного предложения!

«**Тон**кий, **звен**ящий **стон»** (4: 376), «све**рк**нул **угрю**мо п**ру**д» (6: 36), «**сквозь с**кудный **свет звезд**» (6: 37), «д**рожащ**ий **л**уч, т**он**кий и г**рациозн**ый, как **лез**вие» (6: 134), «**г**де-то **гл**у**х**о по**гр**омы**х**ивал **гр**ом» (8: 71) — не только описания, но и звуковые, ритмически организованные образы, примеры которых можно цитировать страницами (см. [Кожевникова 2011: 334–348]).

---

3 Согласные, которые различаются только по глухости/звонкости (т/д, п/б, с/з, ш/ж, к/г), твердости/мягкости (п/п', б/б', в/в', ф/ф', т/т', д/д', с/с', з/з', м/м', н/н', л/л', р/р') или прерывности/непрерывности (взрывные и аффрикаты в противоположность фрикативам: ц/с-з, ч/ш-ж, к-г/х), рассматриваются как единицы, эквивалентные в отношении повторяемости.

В звукописи Чехов может быть лиричным: «нежной сы**рос**тью **рас**тений, начавших пок**р**ываться **рос**ой» (5: 32), «**глух**ие **звуки** **грус**тной ма**зурки**» (6: 411), «**О**, как оди**но**ко в п**о**ле **но**чью...» (10: 173), «в це**рк**овны**х** **сумерках** толпа **колыхалась**, **как мор**е» (10: 186), «**сла**д**к**ою, **как ласк**а» (13: 116). Он может быть озорным и саркастичным: «**а Чал**иков мы**чал**, как п**аралич**ный» (8: 266), «**жир**ные, д**рожащ**ие, как **желе**, **щ**еки» (9: 162), «Жан, твою пти**ч**-**ку** **ук**а**ч**ало!» (9: 132) и «**Жан**, ты не так дер**жишь** **нож**!» (9: 210)[4]. Способен он и зарычать с почти что футуристической мощью: «Бурый бык ревел, радуясь свободе, и рыл передними ногами землю» (10: 159). В другом произведении появляется громадный дикий кабан, «обе**зу**мев**ш**ий от **уж**а**с**а» (9: 71): еще один звуковой образ, наделяющий эпизодическую фигуру дикого кабана подлинным драматизмом.

Звукопись может служить ключом к пониманию персонажа. С. И. Липкин оставил воспоминания о восприятии Николаем Заболоцким рассказа «На святках» (1900): «Ему многое говорила фраза: "Душ Шарко, ваше превосходительство!" — и в стыке двух "ш", повторенных в слове "ваше", он как бы открывал суть чеховского персонажа» [Липкин 1995: 630].

Все-таки, независимо от тона, Чехов кажется сдержанным и ненавязчивым в своем искусстве звукописи по сравнению с модернистскими виртуозами поэтической прозы, такими как Андрей Белый или «орнаменталисты» (см. [Шмид 1998: 261–262]). Поэтическая ткань чеховской прозы представляется также менее броской и очевидной, чем у его прямого наследника в жанре короткого рассказа, Бунина. Эта неброскость («деликатность», по слову самого Бунина) означает, однако, не меньшую степень поэтичности, а ее особенный характер, заложенный в общей природе чеховского слова — прозрачного и неуловимого, многоликого и многовекторного.

---

4 В последних двух примерах отметим также зеркальные звуковые фигуры: на границе двух слов (птичку укачало [чку — укч]) и на краях предложений (Жан — нож [жн — нш]).

Откроем, например, начало рассказа «Егерь» (1885): «Знойный и душный полдень. На небе ни облачка... Выжженная солнцем трава глядит уныло, безнадежно; хоть и будет дождь, но уж не зеленеть ей...» (4: 79). Два первых безглагольных предложения похожи на театральную ремарку и, казалось бы, носят чисто информативный характер. Но, вслушиваясь, замечаешь, как в «духоте» первого предложения прячутся «уныние» и «безнадежность» травы (**душны**й — **уны**ло — в**ыжженн**ая — безна**дежн**о). Затем, из само́й этой безнадежности вкупе с духотой, вырастает дождь (**д**у**ш**ный — безна**деж**но — **дож**дь), который, однако, тут же гасится возвращающим к духоте коротким словом *уж* (д**уш**ный — **уж**)[5], сохраняющим все-таки память о дожде (у**ж** — до**ж**дь)[6].

В том же рассказе короткий двухстрочный абзац, перебивающий диалог героев, тоже на первый взгляд напоминает аскетизм театральной ремарки: «Опять молчание. С сжатой полосы несется тихая песня, которая обрывается в самом начале. Жарко петь...» (4: 82). Чтобы сделать поэтическую природу этого фрагмента более наглядной, разделим его, по примеру Осия Сороки, на «строки»:

Опять молчание.
С сжатой полосы
несется тихая песня,
которая обрывается
в самом начале.
Жарко петь...[7]

---

5 Характерно, что даже фонетически затененное слово «уж», слабоударяемое или безударное, играет важную роль в общем звуковом оформлении. Приведем другие примеры с этим словом: «Даль была видна, как и днем, но **уж** ее нежная лиловая окраска, зат**уш**еванная вечерней мглой...» («Степь» (7: 45)), «Выпил бы еще воды, но **уж с**трашно открыть глаза и поднять голову. **Ужас** у меня безотчетный» («Скучная история», 1889 (7: 301)).

6 Укажем на дополнительные звуковые повторы в этом фрагменте: **пол**день — **обл**ачка; пол**д**е**н**ь — **уны**ло — зе**лен**еть.

7 Все последующие деления такого рода — наши.

Прежде всего заметим, насколько приведенный фрагмент богат созвучиями (**по**ло**с**ы — **пес**н**я** — **нес**ется; с**жа**той — **са**мом). Некоторые из этих созвучий в послечеховское время сошли бы за неточные рифмы: молчание — начале; сжатой — жарко. У Чехова, конечно, эти «рифмы» помещены с нерегулярными интервалами, что делает их непредсказуемыми и скорее приглушенными, чем выделенными. Все же на свой собственный лад звуковые повторы подрывают границу между отдельными предложениями, превращая процитированный фрагмент в цельное поэтическое высказывание.

Еще один пример — из рассказа «Шампанское» (1887): «Тополь, высокий, покрытый инеем, показался в синеватой мгле, как великан, одетый в саван. Он поглядел на меня сурово и уныло, точно, подобно мне, понимал свое одиночество» (6: 14). Вновь заметим, до какой степени приведенный фрагмент богат созвучиями, включая неточные рифмы: *инеем — синеватой*, *точно — одиночество*. Неточность рифмовки также не случайна: она позволяет отдельному слову участвовать сразу в нескольких цепочках созвучий. Например, кроме разноударного *инеем — синеватой*, можно выделить диссонанс: *покрытый — синеватой — одетый*. Одновременно «синеватой» прячет в себе «**сав**ан» и предвосхищает взгляд тополя, который смотрит «**с**ур**ово**». Так же в самом слове «м**гла**» уже проступает «ве**лик**а**н**», а то, что тополь, по убеждению героя, «по**н**има**л**» его, подготовлено на уровне звука тем, что тополь смотрел «**у**н**ыл**о».

Как и в поэзии, рифмовка в чеховской прозе способна выявить семантическую связь между рифмующимися словами, например между «ду́шу» и «ужас» из «Скучной истории»: «...но душу мою гнетет такой ужас, как будто я вдруг увидел громадное зловещее зарево» (7: 300). Отметим также аллитерацию: з**ло**в**е**щее **з**ар**ево**. Интересно, что за несколько месяцев до «Скучной истории» это сочетание возникло в письме к Суворину от 14 октября 1888 года, где Чехов — впервые столь подробно — рассказывал историю своей болезни: «В крови, текущей изо рта, есть что-то зловещее, как в зареве» (П 3: 28). Не менее выразительны «**кр**а**си**в**о**е баг**ро**во**е** з**ар**ев**о**» («Воры», 1890 (7: 325)) и «баг**ро**в**ы**, как за**р**е**во**» («Три года» (9: 71)).

В «Рассказе неизвестного человека» (1893) звукописью передаются шум моря и связанное с ним ощущение неотвратимости судьбы: «...и ровный шум моря заворчал в моих ушах уже как мрачное пророчество» (8: 202). Многовекторные созвучия связывают между собой разрозненные образы и концепции (**ров**ный — м**ор**я — п**рор**очество; **ров**ный — за**вор**чал; заво**рча**л — м**рач**ное — п**рор**о**ч**ество; **мор**я — **мр**ачное; **шу**м — **уш**ах — **уж**е). «Мрачное пророчество» как бы рождается из шума моря. В ритмическом рисунке также прослеживается закономерность: движение от преобладания женских окончаний (ровный, моря) к мужским (заворчал, моих, ушах, уже) и, наконец, дактилическим (мрачное, пророчество). Каждое слово и, хочется сказать, каждый слог в этом фрагменте оказываются на единственно возможном месте.

Поэтичность нисколько не противоречит миметической достоверности чеховского повествования. К. И. Чуковский называл изображение тумана в рассказе «Страх» «протокольным» и «математически точным». Но, продолжает он, «почему-то эти строки воспринимались как музыка, и я запомнил их наизусть, как стихи» [Чуковский 1967: 122]. Несложно понять почему:

> Высокие, узкие клочья тумана,
> густые и белые, как молоко,
> бродили над рекой,
> заслоняя отражения звезд
> и цепляясь за ивы (8: 130).

Первые две «строки» — амфибрахий. Взятые сами по себе, они звучат как начало стихотворения. Третья «строка» — характерный для Чехова жест — порывает с инерцией определенного поэтического размера, который становился слишком очевидным. Порывая с инерцией амфибрахия, однако, этот «стих» вносит свой вклад в поэтическую копилку, добавляя сильное созвучие, в сущности — неточную рифму: молоко — рекой (не пропустим и «внутреннюю» рифму: густые — бродили). Третья «строка» — ямб с безударным вторым иктусом, в то время как две последних «строки» знаменуют возвращение к трехсложниковым размерам, заменяя амфибрахий почти безупречным анапестом.

Короткое предложение-абзац из того же рассказа хорошо иллюстрирует яркость и одновременно «спокойную простоту» (формула Баратынского) чеховской поэтической ткани:

> В необыкновенно прозрачном воздухе отчетливо выделялись каждый листок, каждая росинка — все это улыбалось мне в тишине, спросонок, и проходя мимо зеленых скамей, я вспоминал слова из какой-то шекспировской пьесы: как сладко спит сияние луны здесь на скамье (8: 136–137).

Предложение включает примеры ощущаемого ассонанса: рос**и**нка — м**и**мо, спрос**о**нок — зел**е**ных. И все-таки согласные, а не гласные, образуют наиболее интригующее сочетание (**росинк**а — **спросонок**), отзывающееся затем ослабленным эхом в слове *сияние*. Звуковая цепочка (**росинк**а — **спросонок** — **сияни**е) связывает большое (луна) и малое (росинка), голос рассказчика и цитату из Шекспира.

Нужно обладать абсолютным поэтическим слухом, чтобы создать это богатство созвучий в рамках одного предложения. Нужно быть одним из «деликатнейших русских поэтов», чтобы придать этому богатству характер чего-то будничного и неброского.

Между будничным и возвышенным

«Биография писателя — в покрое его языка», — афористично сформулировал Иосиф Бродский[8]. Подобное можно было бы сказать о художественной системе и мировоззрении Чехова, обнаруживающих себя в «покрое» его языка, в том, как организована поэтическая ткань его повествования. Одна из отличительных особенностей этой системы (и этого мировоззрения) — размывание границ между разного рода оппозициями, включая оппозицию будничного и поэтически-возвышенного, преходящего и вечного.

---

[8] URL: www.litmir.me/br/?b=252381&p=1 (дата обращения: 20.10.2020).

В рассказе «На пути» (1886) героиня, которая находится в состоянии полусна (застигнутая метелью, она проводит ночь в трактире), слышит плачущие голоса девочки и ее отца, Лихарева. На фоне шумящей непогоды («что-то бешеное, злобное, но глубоко несчастное с яростью зверя металось вокруг трактира и старалось ворваться вовнутрь») эти голоса возвышаются до символа, превращаясь в «голос человеческого горя»: «Этот голос человеческого горя среди воя непогоды коснулся слуха девушки такой сладкой, человеческой музыкой, что она не вынесла наслаждения и тоже заплакала» (5: 475).

Поэтическая природа этого предложения ощутима. Сцепление *г* и ударного *о* в существительных с женским окончанием (**го**лос — **го**ря — непо**го**ды) подкрепляется рифмой *горя — воя*, в которой безличная стихия как бы пытается поглотить «человеческое горе». Теснота ряда активирует дополнительные оттенки слов и их ассоциативный потенциал. Мы ощущаем, что происходит нечто важное, судьбоносное, приподнимающее над будничной жизнью. Но что? Как всегда у Чехова, перед читателем раскрывается веер интерпретационных возможностей. С одной стороны, звукопись обнажает эротическую подоплеку происходящего (**сла**д**к**ой — на**сл**аждения — зап**лака**л**а**). С другой — глагольная конструкция *коснуться слуха* оживляет в памяти программную строфу из пушкинского «Поэта»:

> Но лишь божественный глагол
> До слуха чуткого коснется,
> Душа поэта встрепенется,
> Как пробудившийся орел.
> [Пушкин 1977–1979, 3: 23].

Аллюзия придает происходящему высокий смысл. Обычная девушка — пусть всего лишь на мгновение — занимает место поэта-избранника, в то время как «голос человеческого горя», воплощенный в голосах обычных людей (протагониста и его дочери), приближается по своему статусу — пусть тоже на мгновение — к «божественному глаголу».

Отличающая Чехова особенность прозревать поэтическое в самом что ни на есть будничном и обыкновенном также обнаруживает себя на уровне звука:

> Тропинка, которая бежит недалеко от окна и ведет к оврагу, кажется *умытой*, и разбросанная по сторонам ее *битая* аптекарская посуда, тоже *умытая*, играет на солнце и испускает ослепительно яркие лучи («Неприятность», 1888 (7: 147)).

Что может быть прозаичней, чем битая аптекарская посуда? Она, однако, становится в предложении источником света, как бы вторым солнцем, которое «испускает ослепительно яркие лучи». Зрительная трансформация подготовлена на уровне звука. Слово «битая» возникает, окрыленное с двух сторон рифмой — «умытой», «умытая» — и преображенное ею. «Разбитость», таким образом, вытесняется «умытостью» — состоянием обновления, обещанием новой жизни. Одновременно стирается граница между природным и рукотворным (умытая тропинка — и «тоже» умытая аптекарская посуда), «верхом» и «низом».

В конце первого действия «Трех сестер» Федотик вручает Ирине подарок. Реплика героя может восприниматься как наложение двух поэтических строк:

> **Во**т, между пр**оч**им, **во**л**чо**к...
> **У**ди**в**ительный з**ву**к... (13: 137)[9].

Зеркальное превращение дактиля (первая «строка») в анапест (вторая «строка») соотносится с зеркальными звуковыми фигурами: *оч/чо*, *ув/ву*. При такой подаче детская игрушка перерастает свое функциональное назначение и приравнивается по меньшей мере к музыкальному инструменту — недаром она ценится героем прежде всего за свой звук.

---

9 Пунктуация — использование многоточий — выделяет каждое из предложений, подчеркивая тем самым его поэтический «размер». Об искусстве чеховской пунктуации см. [Bartlett 2004].

Приведем еще несколько примеров того, как поэтизация обыденного, размывание границы между будничным и возвышенным закладываются на уровне звука:

> А как тепло, как мягки на вид облака, разбросанные в беспорядке по небу, как кротки и уютны тени тополей и акаций — тени, которые тянутся через всю широкую улицу и захватывают на другой стороне домá до самых балконов и вторых этажей! («Учитель словесности», 1894 (8: 311)).

Взгляд следует сверху вниз и затем снова поднимается вверх. Но звуковые мотивы (те**пло** — о**бл**ака — то**п**о**л**ей — **бал**конов; ую**тн**ы — **тен**и — **тян**утся) преодолевают границу между «верхом» и «низом», так же как между природным и рукотворным (облака — балконов; акаций — улицу), вечным и сиюминутным, внешним пространством и интерьером. Отсюда — одомашнивание облаков (мягки на вид) и теней (уютны), а равно и персонификация последних (кротки). Интересно, что «кроткие» тени «захватывают» пространство, не утрачивая при этом своей кротости — как бы в соответствии с одной из заповедей блаженства («Блаженны кроткие, ибо они наследуют землю» (Мф. 5: 5)).

В повести «Три года» героиня останавливается на картинной выставке перед «небольшим» пейзажем, описание которого заканчивается так: «...и там, где была **вече**р**н**яя заря, покоилось отражение чего-то неземного, **вечн**ого» (9: 66). Контраст между преходящим (сиюминутным) и вечным преодолевается в том числе на уровне звука. «Вечное» и «вечернее» осознаются как родственные, созвучные — в прямом смысле слова созвучные — концепции. Снова обратим внимание на зеркальную звуковую фигуру *че/еч*, которая как бы воспроизводит идею отражения вечного в сиюминутном.

Следующий фрагмент — из «Каштанки» (1887) — показывает, как учет звукового фактора может радикально изменить семантику, добавляя, казалось бы, бессмысленной реплике поэтический ореол:

> Тетка пошла в гостиную и посмотрела за шкап: хозяин не *скушал* куриной лапки, она лежала на своем месте, в пыли и паутине. Но Тетке было *скучно*, грустно и хотелось плакать. Она даже не понюхала лапки, а пошла под диван, села там и начала *скулить* тихо, тонким голосом:
>
> — Ску-ску-ску... (6: 444).

Реплика Тетки (она же — Каштанка) — пример чеховского искусства звукоподражания[10]. С другой стороны, звучание этой реплики органично произрастает из предшествующего описания, где *ску* является начальным созвучием в столь не похожих друг на друга грамматически и семантически словах, как «скушал», «скучно» и «скулить» (два первых слова, кроме того, образуют неточную рифму). Таким образом, «реплика» Тетки может быть прочитана двояко: в качестве ономатопеи и в качестве «осмысленного» высказывания, своего рода пастиша всех трех слов. Подобная неопределенность позволяет повествователю смешать ощущение реальной драмы, которую переживает Тетка, с мягкой, сочувствующей иронией по отношению к героине. Точно так же повествователь одновременно серьезен и ироничен в аллюзии к одной из самых знаменитых строчек в русской поэзии — «И скучно и грустно, и некому руку подать»: «Тетке было скучно, грустно и хотелось плакать». Перенесенная на четырехлапого протагониста, формула романтической разочарованности спародирована и вместе с тем подтверждена в своей универсальности.

Между отвлеченным и конкретным

Звукопись может быть фактором, приводящим к колебанию чеховского слова между прямым и переносным значениями, между конкретным и отвлеченным:

> А Волга уже была без блеска, тусклая, матовая, холодная на вид. Все, все напоминало о приближении тоскливой осени («Попрыгунья», 1892 (8: 17)).

---

[10] См. многочисленные примеры звукоподражания у Чехова [Дерман 2010: 267–269].

Поэтическая ткань данного фрагмента включает перетекающие друг в друга звуковые мотивы. Вначале это движение от «**был**а» к «**бл**еска». Затем созвучие *-ск* из последнего слова запускает новую звуковую цепочку, соединяющую слова с противоположным семантическим ореолом: *блеск* и *тусклая*. Наконец, следует наиболее ощутимый переход от *тусклая* к *тоскливой*, являющийся одновременно переходом от прямого словоупотребления к метафорическому, от конкретного, физически осязаемого к выражающему внутреннее состояние. В то же время благодаря звуковому сходству две концепции — *тусклое* и *тоскливое* — «заражаются» и проникаются друг другом.

Слово *блеск* становится частью поэтического дизайна и в рассказе «Страхи» (1886):

> На дне этой ямы, на широкой равнине, сторожимое тополями и ласкаемое блеском реки, ютилось село (5: 187).

Так же как в предыдущем примере, слова с выраженным звуковым подобием (**ласк**аемое б**леск**ом) обмениваются признаками. Понятие ласки становится физически ощутимым, реальным, а понятие блеска насыщается теплотой и мягкостью. Кроме того, блеск приобретает субъектность (он способен ласкать) и начинает восприниматься как одушевленное существительное. Ослабевшее, но ощутимое присутствие *ласкающего блеска* чувствуется в звуковом оформлении двух последних слов: юти**лось** **сел**о.

Посмотрим, как подобный эффект достигается использованием шипящих в рассказе «В ссылке» (1892):

> Рыжий глинистый обрыв, баржа, река, чужие, недобрые люди, голод, холод, болезни — быть может, всего этого нет на самом деле (8: 47).

Первое слово — прилагательное, обозначающее цвет. Никакой поэтической информации оно, казалось бы, не содержит. На звуковом уровне, однако, последующее появление баржи уже заложено в цвете обрыва (все согласные в слове «баржа» перешли туда из двух предшествующих слов: «рыжий» и «обрыв»). Благодаря звуковому сходству тот же цвет обрыва предопределяет характеристику людей (рыжий — чужие). Созвучие -*бр* устанавливает связь между существительными «о**бр**ыв», «**бар**жа» и еще одним прилагательным, характеризующим людей, — «недо**бр**ые», подготавливая одновременно, через ассоциацию с междометием «бр-р», упоминание «холода». Можно, таким образом, заметить, что человеческие качества («чужие, недобрые») предопределяются природной средой. Впрочем, и обратное заключение будет не менее убедительным. Звуковые мотивы ставят под сомнение незыблемость любых границ: между отдельными образами, между конкретным и абстрактным, одушевленным и неодушевленным, причиной и следствием. В результате «обрыв» как часть пейзажа смещается к полюсу символизации, предопределяя человеческую «недоброту» и одновременно отсвечивая ею. Реалистически достоверная картина приобретает через звуковую образность сновидческие, таинственные очертания: не случайно герою кажется, что «всего этого нет на самом деле».

Чуть ниже в том же рассказе читаем: «Тяжелая неуклюжая баржа отделилась от берега...» (8: 48). Очевидно, что и здесь эпитеты к слову «баржа» подбираются с учетом звуковой и ритмической выразительности, так что «тяжесть» и «неуклюжесть» баржи не просто обозначаются лексически, но становятся физически ощутимыми, а разница между буквальностью первого и метафоричностью второго прилагательного становится почти неуловимой[11].

Поющий бык: образность и звук

В строчке Мандельштама «И разлетаются грачи в горячке» из стихотворения «Куда мне деться в этом январе?» (1937) парономазия сближает название вида птиц и состояние жара: **грач**и — **горячк**е. Между мандельштамовской «поэтикой ассоциаций»,

---

[11] Заметно также чередование плавных согласных по признаку мягкости/твердости в этом предложении: *л-л’-р-л’-л-р’*.

включающей в себя звуковые ассоциации, и трезвым, сдержанным стилем чеховской прозы, казалось бы, непреодолимое расстояние. Вот, однако, пример, относящийся к чеховским грачам, где существительное, обозначающее этих птиц, участвует в общей оркестровке: «...сол**и**дно и **чи**нно взма**хи**вая **кры**льями, нос**и**л**и**сь **гр**а**чи**» («Верочка», 1887 (6: 74)). Появление грачей в рассказе, написанном в том же году («Счастье»), также отмечено памятной звукописью — оркестровкой на *ч*, которая в том числе устанавливает семантическую связь между одиночеством и долголетием (**в** оди**н**о**чк**у — **д**ол**г**о**вечн**ых), одиночеством и простором (в оди**ночк**у — без**гр**а**н**и**чн**ости). Неточная рифма (молча — в одиночку) связывает между собой одиночество и молчание:

> Проснувшиеся грачи, молча и в одиночку, летали над землей. Ни в ленивом полете этих долговечных птиц, ни в утре, которое повторяется аккуратно каждые сутки, ни в безграничности степи — ни в чем не видно было смысла (6: 216).

Оркестровка на *ч* ощутима и в описании грачей из «Княгини» (1889): «...**ч**ерным облаком, похожим на вуаль, летят на но**ч**лег гра**чи**» (7: 238). А вот «Поцелуй» (1887): «Направо и налево поля молодой **ржи** и **гр**е**ч**и**х**и, с п**р**ы**г**ающими **грач**ами» (6: 417). Разумеется, поэтическая звукопись не ограничивается определенным видом птиц: «...иг**р**ая **с**воей **пестрот**ой, **стрепет** поднялся высоко вверх» («Степь», 7: 29).

Смелые поэтические образы генерируются и одновременно притушевываются, смягчаются звукописью. Один из таких образов — «поющий» бык из рассказа «Холодная кровь» (1887):

> Яша берет у старика трехрублевую бумажку и прыгает из вагона. Его тяжелые шаги глухо раздаются вне вагона и постепенно стихают. Тишина... В соседнем вагоне протяжно и тихо мычит бык, точно поет (6: 375).

Пение обычно ассоциируется с человеческим голосом или, если обратиться к миру природы, голосами птиц. Здесь же оно приписывается быку, который — пусть только на мгновение — становится микропротагонистом. Дерзкий образ, однако, укоренен на звуковом уровне. Вначале — аллитерация: «тя**ж**елые **ш**аги». Это, конечно, человеческие шаги, но в сознании читателя «тяжесть» также ассоциируется с быком и переносится на него. Кроме того, ощутима звуковая корреляция между «глу**х**о» и «сти**х**ают». Последнее слово, в свою очередь, запускает мотив тишины (стихают — тишина — тихо), который обеспечивает плавный переход от звука человеческих шагов (стихают) к общему состоянию мира (тишина) и, наконец, к образу поющего быка (тихо). Можно проследить, как звуковые круги от тишины расходятся по последнему предложению: **тиши**н**а** — про**тяжн**о — **точн**о; **тих**о — м**ычит**. Благодаря разветвляющимся звуковым мотивам граница между человеком и животным, между тишиной и звуком, кажущимся и реальным становится неуловимой.

Еще один характерный пример — из повести «Рассказ неизвестного человека»:

> В один пасмурный полдень, когда мы оба стояли у окна в моем номере и молча глядели на тучи, которые надвигались с моря, и на посиневший канал и ожидали, что сейчас хлынет дождь, и когда уж узкая, густая полоса дождя, как марля, закрыла взморье, нам обоим вдруг стало скучно (8: 201).

Полоса дождя изображается «узкой» и одновременно «густой»: художественная смелость в соединении контрастных по своему значению прилагательных («густота» ассоциируется скорее с «широтой», чем с «узостью») оттеняется их звуковым сходством. Обратим также внимание на соответствие между словами «уж», «узкая», «густая» и завершающим предложение словом «скучно». Чувство скуки, по свидетельству рассказчика, появляется «вдруг», но одновременно — на звуковом уровне — оно уже присутствует в описании дождя.

Полоса дождя сравнивается с марлей. Опять-таки нужно заметить, что это сравнение вырастает из цепочки неточных «модернистских» рифм (номере — моря — марля), которая размывает границу между интерьером и внешним пространством, морем и сушей, природным и рукотворным.

Приведем еще несколько примеров чеховских сравнений:

> **П**о**л**е зрения засти**л**ает масса движущегося, осле**пля**ющего **пламен**и, в котором, как в **туман**е, **тонут** избы, деревья и церковь («Недобрая ночь», 1886 (5: 388)).

> **Кажд**ое мгновение **жд**ут они, что вот-вот пронесется в воздухе тонкий свист, послы**ш**ится торопливое **карк**анье, по**х**о**ж**ее на **каш**ель осип**ш**его детского горла, хлопанье крыльев («Рано!», 1887 (6: 116)).

> Я любил сидеть на солнышке, слушать гондольера, не понимать и по целым часам смотреть на домик, где, говорят, жила Дездемона, — наивный, **гру**стный домик с девственным вы**раж**ением, легкий, как **круж**ево, до того легкий, что, **каж**ется, его можно сдвинуть с места одною **рук**ой («Рассказ неизвестного человека» (8: 199)).

В каждой из приведенных цитат поэтический троп вырастает из общего звукового оформления. Использование неточных рифм (пламени — тумане; каждое — кашель) усиливает этот эффект. Последнее предложение также показывает, как имя собственное становится частью поэтического целого (**Д**ез**д**е**мо**на — **дом**ик).

Цицикар: имена собственные

В своей «Лингвистике и поэтике» Роман Якобсон приводит слова Маяковского о том, что для него «любое прилагательное, употребленное в поэзии, тем самым уже является поэтическим эпитетом — даже "большой" в названии "Большая Медведица" или "большой" и "малый" в таких названиях московских улиц, как Большая Пресня и Малая Пресня»[12]. В «Степи» есть очень похожий пример: после путешествия через бескрайний мир степи Егорушка наконец прибывает к месту назначения — в дом подруги своей матери, расположенный на Малой Нижней улице.

---

[12] URL: www.philology.ru/linguistics1/jakobson-75.htm (дата обращения: 20.10.2020).

Повторенное трижды, название улицы обретает характер поэтического эпитета в целостном контексте повести[13]. В малом контексте абзаца или предложения звуковая текстура способна придать поэтический характер именам собственным.

В «Трех сестрах», например, даже таким чисто информативным репликам, как «**Сол**еный **съел**» или «**При**ехал **Про**то**поп**ов», не чужды ритмическая выстроенность и очевидная установка на звуковую выразительность (ср. «**крик**нул **Кир**ья**к**» из «Мужиков» (1897) (9: 291)). Выхваченные словно наугад газетные цитаты в исполнении Чебутыкина могут быть проанализированы как однострочные стихотворения. В «Бальзак венчался в Бердичеве» (13: 147) ямбическая плавность первых двух слов (заметим их фонетическое сходство — ударные *а* и *'а*, чередование признаков мягкости/твердости, звонкости/глухости: *л'з лс'*) разбивается о волнорез согласных «Бердичева» (первые три из них — только в обратном, зеркальном порядке — возникнут потом в одной из самых выразительных реплик пьесы, «В**дреб**езги!», когда Чебутыкин уронит часы). С другой стороны, начальная позиция *б* в ключевых и столь, казалось бы, непохожих словах (Бальзак — Бердичев), наряду с перешедшим из *венчался* в название города звуком *ч*, придает всему соединению какую-то внерациональную прочность и убедительность, некий дополнительный, поверх лексического значения, смысл. На стыке контраста и общности возникает звуковая магия, которая, может быть, и побуждает Ирину тут же «задумчиво» повторить произнесенную Чебутыкиным фразу. Любопытно, что немедленно вслед за этим повторением двойное *б* выскакивает в реплике Тузенбаха «Жребий брошен», где, кроме того, оба слова варьируют сочетание *р* и *б*, «одолженное» у «Бердичева».

Вторая газетная цитата — анапест со столь же тщательно разработанной системой звуковых отражений: «**Цици**кар. Здесь свире**пс**твует **осп**а» (13: 148). Цицикар — географическое название, но звучит оно благодаря не характерному для русского

---

[13] Значима и фамилия этой подруги: Тоскунова.

языка повторению *ци* (уже знакомому, однако, по назойливому «Цып, цып, цып...» Соленого из предыдущего действия) как вполне «заумное», что еще больше усиливается «вороньим» *кар* на конце слова, невольно придающим этой словно бы склеенной из двух частей словесной химере (и высказыванию в целом) характер не реального газетного факта, а скорее выкрика, заклинания или, если угодно, причудливой звуковой игры, сознательного словотворчества. Так что тема «Чебутыкин как первый русский футурист» не кажется совсем уж абсурдной.

Звуки тишины: гармонические пейзажи

Поэтическая ткань повествования особенно наглядна в пейзажах Чехова, таких как сцена в Ореанде из «Дамы с собачкой» или сцена на кладбище из «Ионыча» (1898). В последней интенсивность семантического обмена между смежными элементами становится ощутимой с того момента, когда кладбище впервые открывается заглавному герою: «С полверсты он прошел полем. Кладбище обозначилось вдали темной полосой, как лес или большой сад» (10: 31). Первое предложение кажется чисто информативным. Но у него есть поэтическое назначение. Созвучие *п-л* повторяется дважды в коротком предложении, подготавливая к появлению *полосы. Полоса* — первый зрительный образ кладбища (отметим также грамматический параллелизм между *полем* и *полосой*: оба существительных стоят в творительном падеже). Кладбище не сравнивается с полем напрямую, но благодаря звукописи (**пол**версты — **пол**ем — **полосо**й) оно с самого начала ассоциируется с идеей простора. Кроме того, *полоса* предвосхищает на звуковом уровне сравнение кладбища с лесом во втором предложении (по**лос**ой — **лес**). В дополнение рифма *полосой* — *большой* предвосхищает появление «большого» сада. Кладбище входит в повествование как пространственный образ, находящийся между, с одной стороны, реальным полем, а с другой — воображаемыми лесом и большим садом. Не удивительно, что такое кладбище преображается далее в:

> мир, не похожий ни на что другое, —
> мир, где так хорош и мягок лунный свет,
> точно здесь его колыбель,
> где нет жизни,
> нет и нет,
> но в каждом темном тополе,
> в каждой могиле
> чувствуется присутствие тайны,
> обещающей жизнь тихую, прекрасную, вечную (10: 131).

Поэтическая ткань этого предложения обеспечивает непринужденный переход от одного семантического полюса к другому. Вначале это движение от лунного света к колыбели, а затем — к могиле (**л**унный св**е**т — **колыбель** — мо**ги**ле; **мягок** — **мог**иле). Отрицание жизни, которое следует сразу за упоминанием колыбели, связывается с лунным светом через рифму *свет — нет*. Однако сама по себе настойчивость этого отрицания — характерная для Чехова динамика — становится импульсом движения в противоположном семантическом направлении. Важно поэтому, что противительный союз «но», который бросает вызов отрицанию жизни, на звуковом уровне вырастает из этого самого отрицания (**н**ет жиз**н**и, **н**ет и **н**ет, **н**о...).

Еще один характерный пейзаж — описание первого снега из «Припадка» (1888):

> Недавно шел первый снег, и все в природе находилось под властью этого молодого снега. В воздухе пахло снегом, под ногами мягко хрустел снег, земля, крыши, деревья, скамьи на бульварах — все было мягко, бело, молодо, и от этого дома выглядывали иначе, чем вчера, фонари горели ярче, воздух был прозрачней, экипажи стучали глуше, и в душу вместе со свежим, легким морозным воздухом просилось чувство, похожее на белый, молодой, пушистый снег (7: 199–200).

Описание пронизано звуковыми мотивами, включая рифмы (иначе — ярче — прозрачней; глуше — душу), и лексическими повторами. Функция их далека от декоративной. Рифмы обеспечивают плавный переход от одного органа чувств к другому (обоняние, слух, зрение), выявляя «странные сближения», например между звуком экипажей и человеческой душой. Мир, изображенный в этом описании, един и гармоничен: он не делится на «верх» и «низ», на природное и рукотворное. «Всё в природе» находится «под властью первого снега», но в такой «власти» нет ничего подавляющего. Чувство, «похожее на белый, молодой, пушистый снег», смиренно: оно «просится» в душу. Но разве это чувство с самого начала не принадлежит внутреннему пространству души? Разве весь пейзаж с его музыкальностью не является выражением этого чувства? Так же, как в предыдущих примерах, звуковые повторы размывают границы между внутренним пространством (душой) и внешним миром, между причиной и следствием, абстрактным и конкретным, между переносным и прямым значениями. Абстрактное существительное *чувство* материализуется и даже персонифицируется речевым контекстом.

Поэзия первого снега особенно близка Чехову, о чем свидетельствует и следующее описание из московской главы «Дамы с собачкой»:

> Когда идет первый снег, в первый день езды на санях, приятно видеть белую землю, белые крыши, дышится мягко, славно, и в это время вспоминаются юные годы. У старых лип и берез, белых от инея, добродушное выражение; они ближе к сердцу, чем кипарисы и пальмы, и вблизи них уже не хочется думать о горах и море (10: 136).

В этих двух предложениях — несколько типов неточных рифм[14]. Разносложная рифма связывает два соседних слова (крыши — дышится) и распространяется на следующее предложение (ближе). Ощутимы примеры диссонанса (рифмы, в которых различаются ударные гласные): *юные — инея — выражение.* Дополнительный эффект создают звуковые соответствия в примыкающих друг к другу словах (б**ел**ую з**е**м**л**ю; м**я**гко, сл**а**вно),

---

[14] См. классификацию неточных рифм в [Жирмунский 1975: 286–290; Самойлов 1982: 34–54; Scherr 1986: 200–208].

а также лексические повторы (*белую* землю, *белые* крыши, *белых* от инея; *ближе* и *вблизи*).

Созвучие смежных слов играет важную роль в ночном пейзаже из повести «В овраге» (1900): «И как ни велико зло, все же ночь тиха и прекрасна, и все же в Божьем мире правда есть и будет, такая же тихая и прекрасная...» (10: 165–166). Подчеркнутое рифмой (все же — Божьем), выражение «Божий мир» звучит с первозданной свежестью и буквальностью. Можно привести сходный пример из рассказа «Чужая беда» (1886), где то же выражение («мир Божий») оживает, окруженное с двух сторон сильными созвучиями: «...в необыкновенно прозрачном, голубом воздухе стояла такая *свежесть*, точно весь мир *Божий* только что выкупался, отчего стал *моложе* и здоровей» (5: 23).

Подобные пейзажи представляют вариант чеховской утопии, где остановлено «беспощадно уходящее время», приглушены конфликты и отменены все виды иерархии — не только социальной, но и биологической. Здесь нет деления на сакральное и профанное, природное и рукотворное, на «верх» и «низ», бытийное и бытовое, а разнородные и, казалось бы, несоизмеримые элементы сливаются, не утрачивая своей индивидуальности, в гармоническое целое. Эти особенности пейзажей заложены в их звуковой инструментовке.

Острова и океан

Чеховские пейзажи откровенно поэтичны. Главное, однако, заключается в том, что подобная организация текста не ограничивается отдельными лирическими островками в океане чеховской прозы и драматургии. В едином языковом контексте, который создается Чеховым, не существует четкой границы между поэтическим и «прозаическим», не только на уровне общего изображения жизни, но также на уровне звукописи.

Говоря о многогранности повествователя в «Степи», Нильссон выделяет различные лики этого образа: «ученый-естественник, который детально знаком с флорой и фауной степи и спешит сообщить нам всю необходимую информацию», делая это методом «трезвого, точного перечисления»; «поэтичный» путешественник, «любящий одушевлять природу и проводить параллели между жизнью степи и человеческой жизнью», и, наконец, «импрессионист с острым глазом на свежие и неожиданные детали» [Nilsson 1968: 42–44]. Очевидно, что наименее поэтичной инкарнацией является ученый-естественник. Как пример его «трезвого, точного перечисления», Нильссон приводит следующий фрагмент (цитирую только первое предложение): «Сжатая рожь, бурьян, молочай, дикая конопля — все, побуревшее от зноя, рыжее и полумертвое, теперь омытое росою и обласканное солнцем, оживало, чтобы вновь зацвести» (7: 16).

За исключением нескольких эпитетов, предложение действительно выглядит как простое «перечисление». Но какая насыщенная поэтическая звукопись содержится в нем! Достаточно упомянуть интенсивность сочетания шипящих с *р* (**рож**ь — побу**р**ев**ш**ее — **р**ы**ж**ее) и ассонанс на *о* (з**но**я — в**но**вь; ро**со**ю — **со**лнцем). Предложение также демонстрирует, как ботанические названия интегрируются в общую поэтическую ткань (**бур**ьян — по**бур**евшее; **м**о**л**очай — по**лум**ертвое). Ощутим контраст дактилических окончаний в прилагательных (сжатая — дикая — рыжее — полумертвое — омытое) и мужских окончаний в существительных, образующих «перечисление».

В повести «Моя жизнь» (1896) главный герой, Мисаил Полознев, описывает в границах короткого абзаца приход осени:

> Да, уже прошло лето. Стоят ясные, теплые дни, но по утрам свежо, пастухи выходят уже в тулупах, а в нашем саду на астрах роса не высыхает в течение всего дня. Всё слышатся жалобные звуки, и не разберешь, ставня ли это ноет на своих ржавых петлях или летят журавли, — и становится хорошо на душе и так хочется жить! (9: 258).

Обратим внимание, как по-чеховски просто начинается абзац: скупая констатация фактов, ничем не примечательный подбор слов, особенно глаголов. «Прошло» лето, «стоят» дни — это ли не «ужасные прозаизмы», о которых говорил Набоков? Только в середине второго предложения ощутимая, неожиданно резкая поэтическая звукопись — *на астрах роса* — взбудораживает спокойный ход повествования. Может быть, это вполне случайное наложение близких по звучанию слов? Но в третьем предложении поэтическая организация текста выходит на поверхность.

В этом коротком предложении есть свой микросюжет и своя тайна. Начинается оно с «жалобных» звуков, которые «всё слышатся», а заканчивается неожиданным и как бы немотивированным переходом из минора в мажор: «...и становится хорошо на душе и так хочется жить!». Источник «жалобных звуков» точно не определен: им в равной степени могут быть ставня, которая «ноет» на «ржавых петлях», и летящие «журавли». Основываясь на субъективном восприятии «жалобных звуков», рассказчик ставит рядом и ценностно уравнивает между собой два достаточно далеких образа: ставню и журавлей.

В поэтической ткани предложения, однако, эта связь обретает вполне объективный характер: вначале следует переход от «с**л**ы**ш**атся» к «**жал**обные», затем от «**жа**лобные» к «р**жа**вым» и, наконец, от этих двух прилагательных — к «**жу**р**а**в**л**ям»[15]. В свете последнего предложения по-новому начинают восприниматься и два первых. Сказать, что лето «прошло», — что может быть банальнее? Но именно в этом бесхитростном слове закладывается звуковой мотив, определяющий поэтическую смелость последнего предложения: про**шл**о — **ж**а**л**обные — с**л**ы**ш**атся — **ж**урав**л**и (кроме того, *прошло* образует неточную рифму со *свежо*).

Вслушаемся, как через все второе предложение передается от одного слова к другому звуковая эстафета, подготавливающая появление астр: **ст**оят — па**ст**ухи — **с**а**д**у — а**ст**рах. Таким образом, и второй из наших банальных глаголов («стоят») оказывается поэтически незаменимым, задавая оркестровку на *ст*. На «астрах» звуковой мотив *ст* исчерпывается, но оживает сочетание *с* и *р*, обеспечивающее кульминационный переход от «а**с**т**р**» к «**р**о**с**е»[16].

---

[15] Родство между ржавыми петлями и летящими журавлями усилено зеркальной звуковой фигурой: ржавых петлях — летят журавли (рж — тл — лт — жр).

[16] Еще одна звуковая цепочка: **теплые** — **тулупах** — **петлях** — **летят**.

В чем заключается важность этих соответствий? Они показывают, что развитие звуковых мотивов предопределяет динамику предложения: параллель к тому, как на уровне целого рассказа развитие сюжета определяется развитием тем и лексических мотивов. Кроме того, звуковые соответствия позволяют смягчить, гармонизировать семантические контрасты, так что мгновенный переход от «ржавых» петель к журавлям кажется естественным и почти незаметным. От этого, однако, он не теряет своей «лирической дерзости» (выражение, которое Л. Н. Толстой использовал по отношению к поэзии Фета).

Задумаемся еще раз: с одной стороны, ноющая ставня и ржавые петли, а с другой — летящие журавли. Поэтическое ви́дение (и одновременно слух) Чехова позволяет совершить головокружительный скачок от сугубо прозаического и заземленного к возвышенному и беспредельному, заставляя при этом противоположные полюса отсвечивать друг другом. В ноющей на ржавых петлях ставне Чехов учит нас различать «голос» летящих журавлей, а журавли несут с собой память об оставшемся далеко внизу доме. «Верх» и «низ», природное и рукотворное, вечное и сиюминутное прочувствованы в их нераздельности. Из этой приобщенности будничного к космическому (и наоборот), может быть, и рождается просветленный финал. Короткое предложение, таким образом, можно прочитать как законченное стихотворение, в котором сконцентрирована художественная философия Чехова. Отметим, что «лирическая дерзость» писателя в сопоставлении разнородных образов (ноющая на ржавых петлях ставня и летящие журавли) предвосхищает поэзию XX века и одновременно возвращает к истокам русской литературы, а именно к «Слову о полку Игореве», где телеги «кричат» в полуночи, словно встревоженные лебеди[17].

---

[17] М. П. Громов выявляет параллели между «Словом о полку Игореве» и «Степью» [Громов 1989: 181–188].

Глава 2
Абзац-строфа: сеть взаимоотношений

«Если мы воспринимаем прозу как бы в одном измерении, "горизонтальном", то стих в двух — "горизонтальном" и "вертикальном"; это разом расширяет сеть связей, в которые вступает каждое слово, и тем повышает смысловую емкость стиха», — пишет Михаил Гаспаров [Гаспаров 1993: 6]. Чеховская проза требует читательского восприятия именно в таком — «двойном» — измерении, даже если речь идет всего лишь об отдельном предложении (приблизительный эквивалент стиха). В настоящей главе текстовой контекст будет расширен до размеров абзаца — эквивалента поэтической строфы, что, естественно, должно расширить «сеть связей» и повысить «смысловую емкость».

«Мороженые яблоки»: развитие через возвращение

...И выпуклую радость узнаванья.
Осип Мандельштам

По отношению к чеховской прозе термин «прозаические строфы» использовался Бицилли при анализе первых трех абзацев «Невесты»: «Эти абзацы — прозаические строфы с почти одинаковым числом строк в каждой. Бьет в глаза сходство строения отдельных фраз — и притом как раз занимающих в каждой строфе одни и те же места» [Бицилли 2000: 266]. Как и в случае с «Невестой», подобные «прозаические строфы» присущи начальным абзацам многих рассказов[1]. Кроме того, они особенно ощутимы в чеховских описаниях, особенно пейзажах. Главное, однако, заключается в том, что четко обозначенной границы между «прозаическими строфами» и обыкновенными абзацами у Чехова не существует.

Рассмотрим, к примеру, фрагмент из рассказа «Володя большой и Володя маленький», который, как может показаться, не наделен поэтическими свойствами. Этот абзац представляет второстепенного персонажа:

> В санях, кроме Володи большого, Володи маленького и Софьи Львовны, находилась еще одна особа — Маргарита Александровна, или, как ее все звали, Рита, кузина госпожи Ягич, девушка уже за тридцать, очень бледная, с черными бровями, в pince-nez, курившая папиросы без передышки, даже на сильном морозе; всегда у нее на груди и на коленях был пепел. Она говорила в нос, растягивая каждое слово, была холодна, могла пить ликеры и коньяк сколько угодно и не пьянела, и двусмысленные анекдоты рассказывала вяло, безвкусно. Дома она от утра до вечера читала толстые журналы, обсыпая их пеплом, или кушала мороженые яблоки (8: 216).

Я выбрал данный фрагмент отчасти потому, что заключительная его деталь (мороженые яблоки) выделена Чудаковым как пример «случайностного принципа отбора предметов», благодаря которому данная подробность «никак не становится в один ряд с остальными, имеющими весьма определенный смысл» [Чудаков 1971: 168]. В поэтической перспективе, однако, эта деталь укоренена в предыдущем описании и органично вырастает из него. Весь процитированный абзац прочитывается как развитие мотива холода, балансирующего между прямым и переносным значениями. Вначале это «сильный мороз», который не останавливает Риту от курения «без передышки», затем — упоминание ее темперамента («была холодна»). Наконец, оба этих «холода» —

---

[1] Как пишет Эндрю Дуркин, «тонкое соединение реального и метафорического, или поэтического, особенно характерно для первых строк чеховских произведений» [Durkin 1985: 126].

буквальный и переносный — сливаются в образе «мороженых яблок», придавая описанию определенную завершенность.

Подобное развитие создает ассоциативное поле, в котором отдаленные и вроде бы несопоставимые образы и концепции (сильный мороз, эмоциональная холодность, мороженые яблоки) вступают в семантический обмен, оказываются связанными и окрашивающими друг друга. Метафорическая «холодность» героини отчасти буквализируется, а «мороженые яблоки» приобретают символическую окраску (по соседству с «двусмысленными» анекдотами эти яблоки можно прочитать как «замороженный» запретный плод).

Важно подчеркнуть, что поэтическая и миметическая перспективы не исключают друг друга. Так это, собственно, видел и Чудаков, уточнивший свою концепцию во второй книге с помощью принципа дополнительности: «Детали, эпизоды, отмеченные нами как “случайные”, в каком-то другом отношении, в иной системе представлений, по иной шкале смыслов полны значений» [Чудаков 1986: 190][2]. С моей точки зрения, две «системы представлений», две перспективы — поэтическая и миметическая — не просто дополняют друг друга, но существуют в постоянном взаимодействии. Смысловая неисчерпаемость чеховских образов-символов, таких как «мороженые яблоки», заключается именно в том, что они находятся на пересечении этих двух перспектив, просвечивающих друг сквозь друга в каждой точке повествования.

Приведенный пример показывает: в дополнение к звуковым повторам, рассмотренным в предыдущей главе, расширившийся контекст прозаической строфы предполагает лексические повторы слов с одинаковым корнем («мороз» и «мороженые»). Два этих типа повторений постоянно взаимодействуют внутри прозаической строфы:

> Наступила тишина. Слышно было только, как фыркали и жевали лошади да похрапывали спящие; где-то не близко плакал один чибис и изредка раздавался писк трех бекасов, прилетавших

---

[2] Подробнее см. [Чудаков 1986: 190–194, 241–242].

> поглядеть, не уехали ли непрошеные гости; мягко картавя, журчал ручеек, но все эти звуки не нарушали тишины, не будили застывшего воздуха, а, напротив, вгоняли природу в дремоту («Степь» (7: 23)).

Фрагмент начинается с установления тишины. Следующее за этим предложение, однако, эту тишину немедленно взрывает, представляя читателю целую группу разнородных «персонажей», которые вводятся через производимые ими звуки: лошади, спящие люди, чибис, три бекаса, ручеек. В поэтическом контексте каждый из этих микропротагонистов одушевлен, даже очеловечен. Парадоксальным образом как раз люди — «непрошеные гости» — кажутся наименее живыми, может быть потому, что их одушевленность является данностью и не нуждается в художественном выявлении.

Плавность перехода от одного персонажа к другому обеспечивается звуковыми повторами (**бл**и**зк**о — ч**ибис** — **писк** — **бе**к**ас**ов [бик-]). Шедевр чеховской инструментовки — спрятанный в середине длинного предложения однострочный дактиль (мягко картавя, журчал ручеек), где звукописью передается ощущение «картавости» и «журчания». Все эти голоса, однако, не «нарушают тишины», а скорее усиливают ее. Может создаться впечатление, что в конце абзаца читатель там же, где был в начале: та же тишина, тот же застывший воздух, та же непреодолимая дремота.

Но впечатление обманчиво, и заключительный образ тишины существенно отличается от начального. Теперь это тишина, наполненная целой гаммой звуков: фыркание, жевание, похрапывание, писк, журчание. Тишина перестает быть немой и полой. Она наполняется содержанием и начинает говорить множеством языков. То же можно сказать о «застывшем» воздухе, чья неподвижность оспорена — но не отменена — движением птиц и ручейка. «Застывшее» у Чехова совершенно не предполагает статики. Наоборот: то, что привлекает внимание Чехова как художника, можно назвать динамикой статических состояний (я опираюсь в этом определении на терминологию, которую

Евгений Замятин использовал при описании чеховской драматургии[3]).

Сходный пример — из написанного чуть раньше рассказа «Враги» (1887). Развернутый, вполстраницы абзац с описанием спальни, где только что умер сын доктора Кириллова, открывается так: «Здесь, в спальне, царил мертвый покой». А заканчивается: «Одеяла, тряпки, тазы, лужи на полу, разбросанные повсюду кисточки и ложки, белая бутыль с известковой водой, самый воздух, удушливый и тяжелый, — все замерло и казалось погруженным в покой» (6: 33). Кажется, что между началом и концом ничего не происходит. На самом деле это, разумеется, не так. Как и в предыдущем примере, пройдя через серию образов, концепция покоя наполняется содержанием и объемом, становится сложной, противоречивой. В частности, неподвижность и движение открыто сталкиваются в описании мертвого мальчика: «Он *не двигался*, но открытые глаза его, казалось, с каждым мгновением всё более темнели и *уходили* вовнутрь черепа». На сходном столкновении внешней неподвижности и внутреннего — неразличимого взглядом — движения строится описание матери: «Подобно мальчику, она *не шевелилась*, но сколько *живого движения* чувствовалось в изгибах ее тела и в руках!»

«Не двигался, но...», «не шевелилась, но...» — картина, написанная Чеховым, словно балансирует между неподвижностью и движением. Таким образом, сопоставляя «мертвый покой», о котором говорится в начале абзаца, и тот «покой», в который все кажется погруженным в конце, нужно говорить не о повторе, а о развитии. Финальный покой уже никак не назовешь «мерт-

---

[3] В частности, он пишет: «Но есть ли в природе действительная статика, полное равновесие? По новейшим теориям — молекулы в вечном, невидимом для глаз движении <...> Вот эту самую молекулярную жизнь человеческой души, молекулярную драму — изображал Чехов <...> Эти драмы не динамические, а статические — вернее: как будто статические» [Замятин 2010: 136]. Отталкиваясь от Замятина, И. Н. Сухих заключает, что «динамическое изображение статических эпох» является «доминантой художественного мира Чехова» [Сухих 2007: 458].

вым», а то, что воспринималось как статичное, оказывается исполненным внутренней динамики. Возвращение у Чехова становится развитием через возвращение.

«Радугой в сетях паука»: лирический микросюжет

> На рукомойнике моем
> Позеленела медь.
> Но так играет луч на нем,
> Что весело глядеть.
>
> *Анна Ахматова*

Приведенные ранее примеры выявили стилистическую особенность, которая далеко не всегда ассоциируется с прозаическим повествованием: внутри отдельной прозаической строфы складывается собственный лирический сюжет (в целостном контексте произведения такой сюжет становится микросюжетом, одним из многих, сложно и многообразно взаимодействующих с другими). Возникновение лирического микросюжета придает особый семантический вес каждой прозаической строфе, позволяя потенциально рассматривать ее как микрокосм рассказа в целом и одновременно свой собственный «рассказ». Чтобы прояснить концепцию лирического микросюжета, вновь обратимся к конкретному фрагменту — третьему абзацу из «Дома с мезонином»:

> Однажды, возвращаясь домой, я нечаянно забрел в какую-то незнакомую усадьбу. Солнце уже пряталось, и на цветущей ржи растянулись вечерние тени. Два ряда старых, тесно посаженных, очень высоких елей стояли, как две сплошные стены, образуя мрачную, красивую аллею. Я легко перелез через изгородь и пошел по этой аллее, скользя по еловым иглам, которые тут на вершок покрывали землю. Было тихо, темно, и только высоко на вершинах кое-где дрожал яркий золотой свет и переливал радугой в сетях паука. Сильно, до духоты пахло хвоем. Потом я повернул на длинную липовую аллею. И тут тоже запустение и старость; прошлогодняя листва печально шелестела под ногами

> ми, и в сумерках между деревьями прятались тени. Направо, в старом фруктовом саду, нехотя, слабым голосом пела иволга, должно быть, тоже старушка. Но вот и липы кончились; я прошел мимо белого дома с террасой и мезонином, и передо мною неожиданно развернулся вид на барский двор и на широкий пруд с купальней, с толпой зеленых ив, с деревней на том берегу, с высокой узкой колокольней, на которой горел крест, отражая в себе заходившее солнце. На миг на меня повеяло очарованием чего-то родного, очень знакомого, будто я уже видел эту панораму когда-то в детстве (9: 174–175).

На событийном уровне в этом фрагменте, казалось бы, ничего не происходит. Функция его представляется очевидной: создать особую элегическую атмосферу «дворянского гнезда» и эмоционально подготовить появление главных женских персонажей рассказа — сестер Волчаниновых. Но при внимательном рассмотрении проступает вполне определенный лирический сюжет.

Прежде всего заметим, что одновременно с перемещением рассказчика в пространстве происходит движение от одного концептуального полюса к другому. В конце абзаца «незнакомое» трансформируется — пусть только «на миг» — во «что-то родное, очень знакомое». Первая встреча, таким образом, оказывается возвращением, знакомство — узнаванием. Кроме того, один из настойчивых мотивов в описании — мотив старости: старые сосны, старый фруктовый сад, старушка-иволга. Но атмосфера «запустения и старости» странным образом способствует тому, что в финале абзаца повествователь как бы возвращается в свое детство. В этом контексте даже обыденное «возвращаясь домой» обретает дополнительную смысловую нагрузку, особенно если учесть, что собственного дома у художника в этой местности нет. «Возвращение домой», таким образом, оказывается путешествием не только в пространстве, но и во времени. Изгородь, через которую «перелез» художник, отделяет прошлое от настоящего. В таком случае, может быть, он не совсем «нечаянно» забрел в усадьбу?

Правомерен вопрос: как все эти оппозиции — между «незнакомым» и «очень знакомым», нечаянным и преднамеренным, старостью и детством — остаются почти неуловимыми? Это происходит благодаря одновременному действию целого ряда поэтических факторов: единство интонации, лексические и звуковые повторы (последние включают в себя рифмы); иначе говоря, благодаря разветвленной системе соответствий между разнородными образами.

Тени «прячутся» между деревьев, как до этого «пряталось» солнце. Они «растянулись» на цветущей ржи, как чуть позже перед рассказчиком «развернулся» вид на барский двор и на широкий пруд с купальней. «Растянулись вечерние тени» — анапест с отчетливой звукописью. Но «растянулись» тени еще и в том смысле, что полностью перешли в нижеследующее слово «запус**тени**е». «Ели» не только визуально образуют «мрачную красивую аллею», но и рифмуются с ней (елей — аллею), в то время как их «иголки» подготавливают появление «иволги» (**игл**ам — **и**во**лг**а). Можно привести и другие примеры поэтической звукописи: до ду**х**оты па**х**ло **х**воем; д**ли**нную **ли**повую а**лл**ею; р**аду**гой в сетях па**ук**а. Последний пример особенно выразителен: благодаря звуковому соответствию «радуга» и «паук» осознаются как родственные сущности.

Сходные соответствия прослеживаются на уровне образов. «Яркий золотой свет», который отражался в сетях паука, сродни «горящему» кресту на колокольне. Ели — «очень высокие», высока и колокольня. Одновременно эта колокольня — «узкая», как бы по контрасту с «широким» прудом с купальней. Контрастно соотносятся друг с другом также зеленые ивы и прошлогодняя листва. За каждым из подобных сопоставлений — встреча: прошлого и настоящего, природного и рукотворного, большого и малого, человеческого и относящегося к миру природы.

Самым запоминающимся образом в описании является старая иволга, которая пела «нехотя, слабым голосом», — замечательный пример чеховского искусства персонификации. То, что белый дом с террасой и мезонином возник вслед за этой птицей, — всего лишь совпадение с миметической точки зрения. В поэтической перспективе, однако, слово *старушка* немедленно пробуждает ассоциации с чем-то домашним и уютным. Иначе говоря, это слово намекает на близкое присутствие дома еще до того, как он появляется в повествовании.

В итоге линейная последовательность отдельных и вроде бы независимых образов оказывается сетью, в которой эти образы сложно взаимодействуют друг с другом, сопоставляясь по сходству и различию. При этом движение в одном семантическом направлении становится импульсом для движения в противоположную сторону. Если, например, предложение начинается со слов «было тихо, темно», то читатель вправе ожидать, что сразу же вслед за этим ему предстоит расслышать звуки тишины и / или разглядеть в темноте самую настоящую радугу, как и происходит в нашем фрагменте и во множестве других, проанализированных ранее. Внимание к поэтической ткани повествования, однако, с большой вероятностью выявит изначальное присутствие света под покровом темноты, делая, таким образом, переход к нему естественным и почти незаметным. Свет был всегда, он просто не попадал в фокус.

Вот почему лирический сюжет в нашем фрагменте ощутим и в то же время не бросается в глаза. У Чехова движение от одного полюса оппозиции к другому (в данном случае от неизвестного к известному, от старости к детству, от нечаянного к преднамеренному) является не столько внешним перемещением «от — к», сколько движением *вглубь*, выявлением внутреннего — скрытого до времени — потенциала определенной концепции, образа, фразы, даже отдельного слова. В чеховском мире нет ничего однородного. Для писателя это не абстрактная позиция, но сущность художественного ви́дения, коренящаяся в природе слова — многоликого, многовекторного, постоянно колеблющегося между оттенками значений, прямым и переносным смыслами. Поэтому противоположные полюса у Чехова включают, а не исключают друг друга. Процесс развертывания лирического сюжета становится процессом примирения оппозиций или, по крайней мере, указывает на возможность такого примирения. Следующий пример как раз и послужит выявлению этого феномена.

«Темная» зима и «томные» леса: примирение оппозиций

Как будто жизнь качнется вправо,
Качнувшись влево.

Иосиф Бродский

Выбранный фрагмент — второй абзац из рассказа «На подводе» (1897), которому предшествует короткое, в телеграфном стиле, предложение-абзац («В половине девятого утра выехали из города»):

> Шоссе было сухо, прекрасное апрельское солнце сильно грело, но в канавах и в лесу лежал еще снег. Зима, злая, темная, длинная, была еще так недавно, весна пришла вдруг, но для Марьи Васильевны, которая сидела теперь в телеге, не представляли ничего нового и интересного ни тепло, ни томные, согретые дыханием весны прозрачные леса, ни черные стаи, летавшие в поле над громадными лужами, похожими на озера, ни это небо, чудное, бездонное, куда, кажется, ушел бы с такою радостью. Вот уж тринадцать лет, как она учительница, и не сочтешь, сколько раз за все эти годы она ездила в город за жалованьем, и была ли весна, как теперь, или осенний вечер с дождем, или зима — для нее было все равно, и всегда неизменно хотелось одного: поскорее бы доехать (9: 335).

Первая часть вступительного предложения (шоссе было сухо) — бесстрастная констатация факта. Эта часть явно контрастирует с эмоционально окрашенной второй частью (прекрасное апрельское солнце...). Звуковая оркестровка частично нейтрализует контраст: ощутимый повтор *с* перед ударной гласной (шоссе, сухо) распространяется на вторую часть, в которой четыре из пяти слов включают этот звук, вначале в позиции после ударной гласной (прекрасное апрельское), а затем — перед ней (солнце, сильно).

Чтобы ощутить, как звуковые повторы приглушают семантический контраст, достаточно прочесть второе предложение с его цепочкой рифмующихся прилагательных. Первое из них, относящееся к зиме (темная), рифмуется с тем, которое характеризует «согретые дыханием весны прозрачные леса» (томные). Благодаря звуковому сходству этих слов (они близки к тому, чтобы считаться минимальной парой), контрастные образы зимы и весны, темноты и прозрачности с самого начала осознаются как взаимопроницаемые и окликающие друг друга.

Поскольку два этих слова разделены несколькими строчками, рифма могла бы остаться неуслышанной, не произойди за ней дальнейшее развитие звуковой цепочки. Следующая рифма *томные* — *черные* связывает образы, относящиеся к весне, но выражающие отчетливую визуальную оппозицию: «прозрачные леса» и «черные стаи». «Чернота» птичьих стай отсылает назад — к «темной» зиме. С другой стороны, она, как было сказано, рифмуется с «томностью» прозрачных лесов. Благодаря этой рифмовке, «чернота» стай смягчена и подсвечена «прозрачностью» лесов (грамматический параллелизм также способствует нейтрализации контраста).

Дальнейшее развитие звуковой цепочки: *черные* стаи — чудное, *бездонное* небо. С пространственной точки зрения данный переход потребовал промежуточного движения вниз, к образу «громадных луж», которые «похожи на озера». «Бездонность» неба и возникает, может быть, как реакция на мгновенную метаморфозу, превращающую «лужи» в «озера». На уровне звука само желание «уйти» в небо коренится в поэтическом образе луж-озер (**лужа**ми — **уше**л).

Итак, перед нами последовательность рифмующихся, перетекающих друг в друга образов: «зима злая, *темная*, длинная» — «*томные*, согретые дыханием весны прозрачные леса» — «*черные* стаи, летавшие в поле над громадными лужами, похожими на озера» — «небо, чудное, *бездонное*, куда, кажется, ушел бы с такою радостью». Движение от одного образа к другому не является линейным и предсказуемым. Каждый следующий шаг изменяет картину в целом и заставляет увидеть предыдущую стадию в новом свете. Даже незначительное развитие умножает количество и сложность многообразных внутренних связей.

С точки зрения героини, лирический сюжет всего абзаца можно было бы охарактеризовать как «несостоявшееся путешествие». Действительно, в определенной мере путешествие закончилось еще до того, как началось: единственное желание Марьи Васильевны — «поскорее бы доехать». Ее кругозор в этом абзаце ограничен «сухим шоссе» — дорогой в никуда, горизонтальным измерением. Но одновременно — через восприятие повествователя — задается возможность другого путешествия, связанного с вертикальным измерением: от «злой, темной, длинной» зимы к «чудному, бездонному» небу. Сама поэтическая ткань этого абзаца, в котором «темнота» зимы и «бездонность» неба зарифмованы, не только указывает на возможность преображения «злого» в «чудное», но и обнаруживает эти противоположности как изначально предопределяющие и дополняющие друг друга.

«Тень с неопределенными очертаниями»: распад и восстановление

Смотри: и рек не мыслит врозь
Существованья ткань сквозная.
Борис Пастернак

«Наш мир не может быть понят как собрание независимых сущностей, пребывающих на зафиксированном и статичном фоне пространства и времени. Скорее это сеть отношений, в которой свойства каждой отдельной части определяются ее взаимодействием с другими частями» [Smolin 2001: 63]. Космологическое описание современного физика удивительно соответствует тому, как в чеховском мире отдельные поэтические образы взаимодействуют между собой.

Каждый из таких образов — даже те, что производят впечатление проходных и незначительных, — может быть увиден как центр собственной сети отношений и одновременно как периферийная часть множества других.

Иллюзия внешней бессобытийности чеховского мира связана с тем, что в нем происходит слишком многое. На обманчиво спокойной поверхности повествования ежестрочно случаются микрособытия, в результате которых образы распадаются, перегруппировываются и возникают под новыми именами. Чтобы продемонстрировать эту динамику, достаточно обратиться практически к любой из «прозаических строф». Остановимся на одной из них — из рассказа «Мечты». Два солдата конвоируют в тюрьму «бродягу, не помнящего родства»:

> Путники давно уже идут, но никак не могут сойти с небольшого клочка земли. Впереди них сажен пять грязной, черно-бурой дороги, позади столько же, а дальше, куда ни взглянешь, непроглядная стена белого тумана. Они идут, идут, но земля все та же, стена не ближе и клочок остается клочком. Мелькнет белый, угловатый булыжник, буерак или охапка сена, оброненная проезжим, блеснет ненадолго большая мутная лужа, а то вдруг впереди неожиданно покажется тень с неопределенными очертаниями; чем ближе к ней, тем она меньше и темнее, еще ближе — и перед путниками вырастает погнувшийся верстовой столб с потертой цифрой или же жалкая березка, мокрая, голая, как придорожный нищий. Березка пролепечет что-то остатками своих желтых листьев, один листок сорвется и лениво полетит к земле... А там опять туман, грязь, бурая трава по краям дороги... На траве виснут тусклые, недобрые слезы. Это не те слезы тихой радости, какими плачет земля, встречая и провожая летнее солнце, и какими она поит на заре перепелов, дергачей и стройных, длинноносых кроншнепов! Ноги путников вязнут в тяжелой, липкой грязи. Каждый шаг стоит напряжения (5: 396).

Образ «непроглядной стены белого тумана», представленный во втором предложении, немедленно распадается. В третьем предложении это просто «стена», которая отделяется от своего источника и обретает самостоятельное существование. То же самое еще более наглядным образом происходит с «клочком земли» из первого предложения, делящимся в третьем предложении на «клочок» и «землю», которые начинают существовать как независимые субстанции: «...земля все та же, стена не ближе и клочок остается клочком». Обособившийся от «земли», «клочок» открывает себя для новых семантических сцеплений. Он, например, может теперь ассоциироваться с туманом или, учитывая дальнейшее развитие фрагмента, с «охапкой сена».

Важно при этом, что образы, появившиеся в результате распада, не отменяют первоначального целостного образа. В свою очередь, любой из них способен стать источником новых трансформаций. Хороший пример — «тень с неопределенными очертаниями». Динамику этого образа можно продемонстрировать так:

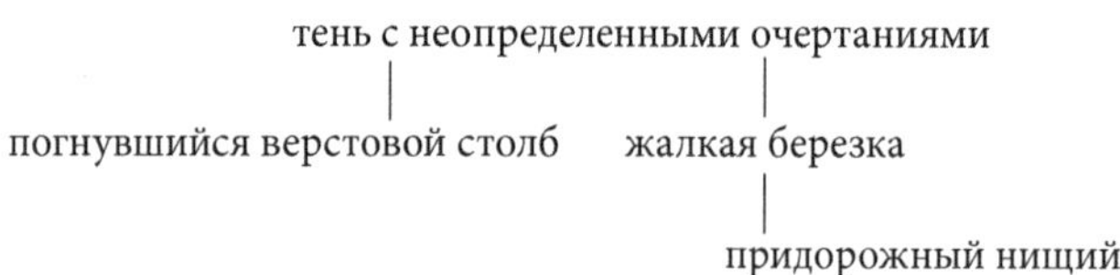

При близком рассмотрении «тень с неопределенными очертаниями» оказывается «столбом» или «березкой». Так ее «неопределенность» приобретает конкретные очертания и получает разгадку. В сознании читателя, однако, фантомная тень никуда не девается: она уже наделена собственным существованием и не может быть сведена к одному из порожденных ею образов. С другой стороны, реальные образы столба и березки не менее «неопределенны», чем эта фантастическая тень: столб возникает с «потертой цифрой», а «жалкая» березка мгновенно перевоплощается в «придорожного нищего». Последний возникает как часть сравнения, но тут же начинает жить своей жизнью, не утрачивая, однако, связи с березкой. И потому продолжение разговора о ней в следующем предложении — это также разговор о нищем, а «лепет» березки («пролепечет что-то остатками своих желтых листьев») — в какой-то степени и его голос.

Не удивительно, что визуальные трансформации сопровождаются развитием звуковых мотивов. Возьмем, к примеру, «белый, угловатый булыжник». Прилагательное *угловатый* само по себе оживляет, можно сказать — очеловечивает, булыжник. Но главное, на уровне звука появление этого «персонажа» подготовлено двумя предшествующими прилагательными (бе**л**ый, уг**л**оватый). Невозможно представить, чтобы вместо булыжника здесь фигурировал обычный камень, — магия и индивидуальность образа были бы разрушены. Примечательно, что звуковая текстура этого образа также начинает настоящую цепную реакцию:

БеЛый УГЛоВАТый БУЛыЖНиК
БЛеснет БУераК
БоЛьШая мУТНая ЛУЖа
ПроГнУвШийся версТоВой сТоЛБ
БУрая ТраВА

Любой из промежуточных образов, конечно, может быть показан как родоначальник собственной звуковой цепочки. Весь абзац пульсирует неточными, «модернистскими», рифмами: сажен — дальше; ближе — булыжник; тень — тем; жалкая — остатками; не те слезы — длинноносых. Функция звуковых повторов далека от декоративной. Созвучиям тесно в рамках отдельного слова. Они кочуют по тексту, распадаясь и перегруппировываясь, как бы калейдоскопически, в меняющихся, но узнаваемых комбинациях.

Общими усилиями поэтических средств рождаются образы, способные генерировать и окликать друг друга, несмотря на свою семантическую «далековатость».

Очертания этих образов сохраняются, но становятся размытыми.

То же относится ко всем видам контрастов и оппозиций, будь это контраст между белым и черным, оппозиция между одушевленным и неодушевленным, природным и рукотворным, реальным и воображаемым.

Белый угловатый булыжник не менее живой, чем березка. Последняя не менее человечна и не более реальна, чем воображаемый придорожный нищий. «Потертая» цифра на верстовом столбе так же природна, как остатки желтых листьев. «Согнутость» столба контрастно соотносится со «стройностью» длинноносых кроншнепов. Но может быть, это не только контраст, а еще и развитие единой лирической темы, проходящей через разные воплощения?

Так или иначе, попадая в фокус, каждый из образов повествует не только о себе, но и о других, с которыми он находится в сцепленном состоянии. Образы у Чехова пребывают на границе самих себя, в своеобразной точке неопределенности.

Сказанное относится не только к предметам, растениям, птицам.

«Кто там?»: неопределенность субъекта

> Друг друга отражают зеркала,
> Взаимно искажая отраженья.
>
> *Георгий Иванов*

Пребывание в точке неопределенности характеризует и «реальных» персонажей, которые, независимо от статуса и жизненного опыта, тоже должны рассматриваться как сети постоянно развивающихся взаимоотношений. Эти взаимоотношения у Чехова никак не ограничиваются социальными. Как заметил Леонид Андреев, «Чехов одушевлял все, чего касался глазом: его пейзаж не менее психологичен, чем люди, его люди не более психологичны, чем облака, стаканы, квартиры... Пейзажем он пишет своего героя, облаками рассказывает его прошлое, дождем изображает его слезы, квартирой доказывает, что бессмертия души не существует» [цит. по: Соболев 1930: 97]. Важно подчеркнуть: использование облаков в роли «двойника» героя не лишает эти облака собственного существования. Скорее наоборот: потому-то и способны они «рассказать» о человеке, что наделены субъектностью и индивидуальностью.

Повторим еще раз: мир у Чехова — сеть динамических отношений, в которой свойства каждой отдельной части определяются ее взаимодействием с другими частями.

Стоит ли удивляться, что границы между этими частями оказываются размытыми (так же, как их иерархия) и что уловить эту размытость можно на самых малых отрезках чеховской прозы? Приведем короткий — всего лишь две строчки — фрагмент из «Рассказа неизвестного человека»:

> — Кто там? — послышался тревожный голос из гостиной.
> И тотчас же на столе часы нежно пробили час ночи (8: 191).

Два голоса — героини и часов, которые пробили час ночи. Молчаливое присутствие третьего — рассказчика (повествование ведется от первого лица), который оформляет для нас этот диалог.

Впрочем, с миметической точки зрения никакого диалога нет — только голос героини, случайно совпадающий с «репликой» часов. В самом деле, не могли же часы пробить другое время или, например, остановиться, не задай своего вопроса героиня. Но есть и поэтическая перспектива, в которой возможно невозможное, точнее — то, что не поддается рациональному объяснению: синхронность, тайное знание друг о друге несопоставимых вроде бы начал. В этой перспективе отдельные голоса существуют неразделимо, так же как созвучными, зарифмованными, отсвечивающими друг другом оказываются чувства тревоги и нежности (трево**жн**ый — не**жн**о).

Наречие *нежно* само по себе свидетельствует о поэтической природе короткого диалога. Нет ничего необычного в том, чтобы охарактеризовать человеческий голос как «тревожный». Но только в поэтической перспективе «нежно» способны звучать часы. Чья это нежность, от кого она исходит, к кому обращена? Иначе говоря, чьим голосом разговаривают часы? Возможно, это голос героини, каким его воспринимает влюбленный в Зинаиду Федоровну рассказчик. Не важно, что она ничего больше не говорит: голос ее продолжает звучать и резонировать в любом звуке, который он слышит, в том числе в ударе часов. Но не голос ли это самого рассказчика, ответ — единственно возможный для него в тот момент — на «тревожный» вопрос Зинаиды Федоровны, бессловесное выражение чувств по отношению к ней, в котором он пытается заглушить ее тревогу своей нежностью? Кроме того, можно прочитать описание буквально, то есть оставить эту «нежность» за самими часами — как выражение их внутреннего голоса, существующего независимо от персонажей и в то же время чуткого по отношению к их переживаниям. В конце концов, как заметил Чудаков, «чеховским воспринятым кем-то деталям присваивается предикат объективности существования» [Чудаков 1986: 155]. Вопрос «кто там?» не допускает однозначного ответа. Читатель — на перекрестке голосов и смыслов.

Как видим, размывание границ характеризует и межличностные отношения. В малом контексте эта особенность обнаруживается, в частности, через диалог. Удобно поэтому углубиться в одну из чеховских пьес.

В статье, посвященной «Трем сестрам» («Драма настроения», 1905), Иннокентий Анненский так описывает финал пьесы:

> В конце драмы сестры жмутся друг к другу, как овцы, застигнутые непогодой... Как ветлы в поле, когда ветер шумно собьет и скосматит их бледную листву в один общий трепет.
>
> У каждой стало в душе не то что меньше силы, а как-то меньше доверия к себе, меньше возможности жить одной. И это их еще более сблизило. Стало точно не три единицы, а лишь три трети трех.
>
> Лирик, а не драматург смотрит на нас из-за последней группы трех сестер. Точно чья-то душа стоит перед загадкой... [Анненский 1979: 87].

«Общий трепет», однако, возникает не только в финале. Он последовательно обнаруживает себя на протяжении пьесы:

> Маша. Все-таки смысл?
> Тузенбах. Смысл... Вот снег идет. Какой смысл?
> Пауза (13: 147).

В этом диалоге — три голоса, двух героев и автора, обрамляющего их спор немой репликой (ремарка «Пауза»), означающей невозможность словесного разрешения. Но действительно ли это три голоса? А может быть, один, размышляющий сам с собою? Стоит мысленно убрать имена героев — и перед нами цельное лирическое высказывание, изящное чеховское трехстишие.

В пьесе можно найти немало примеров, когда единый лирический поток разрезается именами героев так, что если напечатать их реплики сплошным текстом, то невозможно определить, где заканчивается одна и начинается следующая:

> И только растет и крепнет одна мечта... Уехать в Москву. Продать дом, покончить всё здесь и — в Москву... Да, скорее в Москву (13: 120).
>
> Мама в Москве погребена. В Ново-Девичьем... Представьте, я уж начинаю забывать ее лицо. Так и о нас не будут помнить. Забудут. Да. Забудут. Такова уж судьба наша, ничего не поделаешь (13: 128).
>
> Это Андрей играет, наш брат. Он у нас ученый. Должно быть, будет профессором. Папа был военным, а его сын избрал себе ученую карьеру. По желанию папы. Мы сегодня его задразнили. Он, кажется, влюблен немножко. В одну здешнюю барышню. Сегодня она будет у нас, по всей вероятности. Ах, как она одевается! (13: 129).

В первом примере объединены три реплики, во втором — четыре, в третьем — целых шесть, но кажется, что все они произнесены одним голосом, на одном, переходящем от героя к герою, дыхании. Даже там, где протагонисты спорят, ритмическая и интонационная общность их высказываний позволяет говорить о едином, разветвляющемся голосе:

> И может статься, что наша теперешняя жизнь, с которой мы так миримся, будет со временем казаться странной, неудобной, неумной, недостаточно чистой, быть может, даже грешной... *Кто знает? А быть может, нашу жизнь назовут высокой и вспомнят о ней с уважением* (13: 128–129).

Кажется, что Тузенбах и Вершинин выражают противоположные точки зрения. Но характерно: обе реплики начинаются с того, что ставят себя под сомнение, отказываясь от статуса абсолютной истины («может статься», «кто знает»). Более того, обе включают в себя идентичное «быть может», что только усиливает их некатегоричность (отметим также симметрию в постановке этого «быть может»: за четыре слога до окончания первой реплики и через четыре слога после начала второй). Перед нами два разных голоса и вместе с тем один и тот же, размышляющий вслух голос.

Может быть, именно чреватое монотонностью единоголосие протагонистов предопределило неизбежность так называемых перебивов, разного рода цитат, «снижающих» реплик вроде знаменитых «Черта с два!» и «Конечно, вздор». Стилистическая надобность целого ряда персонажей (Соленый, Чебутыкин, Наташа, отчасти Кулыгин) может быть объяснена именно потребностью разряжать избыточную лиричность атмосферы, вносить в нее контрастные элементы игры, клоунады — передразниванием, репликами не по делу, нелепыми и пародийными трюками вроде съеденных Соленым конфет (и разве не комично само по себе, что конфеты съедает человек по фамилии Соленый?). Следы комической репризы — в споре между Соленым и Чебутыкиным о чехартме и черемше, следующем вскоре после спора Вершинина и Тузенбаха о смысле жизни. В самостоятельные концертные номера, чем дальше, тем откровенней, превращаются выходы Наташи.

Впрочем, и такое разделение персонажей условно. Многочисленные микросюжеты, лейтмотивы, постоянное цитирование и перефразирование героями друг друга делают их текучими, взаимопроницаемыми и создают образ мира, где, как во взятых эпиграфом строчках, «друг друга отражают зеркала, взаимно искажая отраженья». Очевидно, что снижающий перебив, комическое передразниванье и одергиванье не закреплены за определенной группой героев, а проступают изнутри единого лирического голоса, доминирующего в пьесе. Уже открывающий пьесу поэтический монолог Ольги перебивается репликой «Зачем вспоминать!», которая принадлежит не Наташе, а Ирине. В первом же действии сестры дружно «задразнивают» влюбленного брата. Тузенбах, пусть неосознанно для себя самого, дважды разбивает надежды Ольги повторением слова «вздор», адресованного как будто Соленому, но — по законам поэтического построения пьесы — переадресованного старшей из сестер.

Размыванию границ между отдельными персонажами способствуют звуковые повторы, которые могут приобретать характер устойчивого мотива. Один из таких мотивов («Ау») играет ключевую роль в последнем действии, возникая (четырежды) как звучащая «за сценой» реплика секунданта Скворцова, но — опять-таки в духе поэтического построения пьесы — принимая непосредственное участие в сценическом действии. Первое «Ау! Гоп-гоп!» следует непосредственно за репликой Кулыгина «Я люблю Машу», оказываясь, таким образом, одновременно и эхом имени этой героини в винительном падеже. Сразу же за первым «Ау» следует его зеркальное отражение, спрятанное в словах Ирины «Меня как-то все сегодня пугает» (у-а). Так — пока еще на практически неуловимом уровне — начинает просвечивать связь между окликающим голосом и чем-то неопределенно-тревожным. Второе «Ау! Гоп-гоп!» накладывается на текст Чебутыкина: «Барон хороший человек, но одним бароном больше, одним меньше — не все ли равно? Пускай! Все равно!», где в обрекающем Тузенбаха на смерть «пускай» — тот же зеркально вывернутый подбор гласных, которому немедленно отзывается голос секунданта. Третье «Гоп! Ау!» появляется после чебутыкинского «Он ахнуть не успел, как на него медведь насел» (Чебутыкин здесь передразнивает Соленого, поэтому реплика принадлежит как бы им обоим). И так же, как при первом появлении, немедленно после «Ау» возникает его зеркальное отражение в диалоге Андрея и Ферапонта:

> Ф е р а п о н т. Бумаги подписать...
> А н д р е й (*нервно*). Отстань от меня! Отстань! Умоляю! (13: 179).

(Бумаги — умоляю: одной этой звуковой переклички достаточно, чтобы опровергнуть представление о том, что герои не слушают друг друга. Не просто слушают, а — в поэтической реальности пьесы — вслушиваются, буквально погружаясь на глубину подаваемой собеседником реплики, даже если на поверхности эта связь и не столь очевидна.)

Наконец, четвертое «Ау» настигает самого Тузенбаха, вклиниваясь в его монолог во время последнего разговора с Ириной:

> Тузенбах. Какие красивые деревья, и, в сущности, какая должна быть около них красивая жизнь!
>
> Крик: «Ау! Гоп-гоп!»
>
> Надо идти. Уже пора... (13: 181).

Это, конечно, не значит, что данное сочетание является у Чехова только голосом смерти. Есть «Ау» Скворцова, но есть и «Ау» Анфисы, «Ау» Кулыгина, так же как «Гоп-гоп», зовущее на дуэль, и «Гоп-гоп», в последний раз окликающее мир, с которым приходится расставаться (реплики Родэ). Мотивы, ритмы, интонации, фразы, отдельные слова и созвучия переходят от героя к герою, варьируясь, приобретая новые оттенки и значения, создавая неожиданные контексты, иначе говоря — отражая и трансформируя («искажая», вспомним еще раз строчку Георгия Иванова) друг друга.

Вся пьеса с такой точки зрения — скорее не цепь следующих друг за другом голосов, а сеть переплетающихся корнями реплик, аукающихся созвучий, бесчисленных внутренних рифм и непредсказуемых ассоциаций, тема, безошибочно угадываемая во множестве не похожих и накладывающихся друг на друга вариаций: то лирических, то пародирующих этот лиризм, а то и неразличимо соединяющих в себе лиризм и самопародию.

Стратегия такого варьирования, моментального переключения из одной интонации в другую хорошо знакома по чеховским письмам:

> Я не брошусь, как Гаршин, в пролет лестницы, но и не стану обольщать себя надеждами на лучшее будущее. Не я виноват в своей болезни, и не мне лечить себя, ибо болезнь сия, надо полагать, имеет свои скрытые от нас хорошие цели и послана недаром... Недаром, недаром она с гусаром! (П 5: 134).

Если представить, что Чехову понадобилось бы перенести это высказывание в пьесу, то вполне вероятно, что он разделил бы его между двумя голосами: начало — «серьезному» протагонисту, а последнее, передразнивающее предложение (литературная цитата, что так характерно для «Трех сестер») — его пересмешнику, скажем, Чебутыкину.

Подобное же разветвление единого голоса может быть обнаружено в столкновении двух итоговых реплик: «Если бы знать, если бы знать!» и «Все равно! Все равно!».

Впервые «Если бы знать» возникает в конце монолога сестер, является его кульминацией и квинтэссенцией. Затем, как всегда у Чехова после пафосных и лирических взлетов, заключительная ремарка возвращает на сцену тех, кто воплощает действительную жизнь: «Кулыгин веселый, улыбающийся несет шляпу и тальму, Андрей везет другую колясочку, в которой сидит Бобик». Чебутыкинское «Все равно» возникает (диалог здесь, как часто в пьесе, невольный, а не осознанный) в качестве насмешливо-непримиримого ответа Ольгиному «Если бы знать!», ответа на фоне и от лица этой жизни.

Примечательно, однако, ритмическое сходство взаимоисключающих по смыслу высказываний-формул, сходство при неполной тождественности. В обоих — два сильных слога по краям с одним (Чебутыкин) и двумя (Ольга) посередине. Ритмически «Все равно» будто спрессовывает, ужимает «Если бы знать». Бросается в глаза и графическая трансформация: вместо одного сдвоенного предложения Ольги — два рубленых, с восклицательным знаком посередине, как бы рассекающим живую ткань пополам.

Но в самой последней реплике пьесы («Если бы знать, если бы знать!») ритмическая пружина опять разжимается. Выдох сменяется новым вдохом...

Проведем еще один эксперимент с монтажом голосов — на примере «Вишневого сада» (1904):

> Все сидят, задумались. Тишина. Слышно только, как тихо бормочет Фирс. Вдруг раздается отдаленный звук, точно с неба, звук лопнувшей струны, замирающий, печальный. Это что? Не знаю. Где-нибудь далеко в шахтах сорвалась бадья. Но где-нибудь очень далеко. А может быть, птица какая-нибудь... вроде цапли. Или филин... (13: 224).

И здесь тоже непросто было бы разделить единый лирический поток на авторскую ремарку и голоса четырех персонажей. Однако, сколько бы ни проводилось подобных экспериментов, нелепо утверждать, что поэтическая перспектива отменяет ту, что основана на жизнеподобии, с разными персонажами, каждый из которых обладает собственной индивидуальностью и голосом. В то же время нельзя не заметить, в какой степени эти «автономные» персонажи отражают и «искажают» друг друга, создавая ощущение единого лирического потока.

Частичное размывание границ между отдельными персонажами, между героем и автором еще отчетливее проявляет себя в прозе, где новое измерение добавляется присутствием повествователя. Используя в качестве примера «Припадок», Чудаков приходит к выводу, что при записи без кавычек «найти черту, за которой речь повествователя, насыщенная словом героя, сменяется речью самого героя, чрезвычайно трудно» [Чудаков 1971: 64–65].

Да и в целом, как хорошо известно, граница между голосами (перспективами) автора / повествователя и протагониста бывает у Чехова достаточно размытой. В определенные моменты повествования, часто наиболее важные для интерпретации, отделить эти голоса друг от друга становится особенно сложным. Этот важный аспект промежуточности будет рассмотрен на примере таких рассказов, как «Гусев» (1890), «Черный монах» (1894), «В родном углу» (1897). Оставаясь в границах малого контекста, ограничимся примером из «Княгини»:

> Хорошо бы всю жизнь сидеть здесь на скамье и сквозь стволы берез смотреть, как под горой клочьями бродит вечерний туман, как далеко-далеко над лесом черным облаком, похожим на вуаль, летят на ночлег грачи, как два послушника — один верхом на пегой лошади, другой пешком — гонят лошадей на ночное и, обрадовавшись свободе, шалят, как малые дети; их молодые голоса звонко раздаются в неподвижном воздухе, и можно разобрать каждое слово. Хорошо сидеть и прислушиваться к тишине: то ветер подует и тронет верхушки берез, то лягушка зашелестит в прошлогодней листве, то за стеной колокольные часы пробьют четверть... Сидеть бы неподвижно, слушать и думать, думать, думать... (7: 238).

Описание — один из гармонических пейзажей. Внимательное чтение обнаружит искусную оркестровку, дерзкие сцепления и ассоциации, которые примиряют оппозиции (между сиюминутным и вечным, таинственным и обыденным или, например, между белым и черным цветами). Воспринимающее сознание стремится вобрать полноту пространства, в единстве горизонтального и вертикального измерений, и «разобрать каждое слово». Но чей это голос? Способна ли поглощенная собой героиня, одна из самых несимпатичных протагонисток у Чехова, «прислушиваться к тишине», переносясь от верхушек берез к зашелестевшей в прошлогодней листве лягушке? Не превышает ли ее возможности подобная открытость миру, восприимчивость, обостренность слуха и зрения? Можно предположить, что на какой-то момент автор решил отставить свою героиню в сторону и занять ее место. В то же время нельзя сказать, что повествование порывает с ее перспективой. Скорее непритязательная красота пейзажа может быть увидена как выражение нереализованного потенциала самой героини. Важная особенность поэтического ви́дения Чехова как раз и состоит в том, что способностью к нему он наделяет своих не похожих друг на друга персонажей. Ответ на вопрос «чей это голос?» ведет одновременно к автору / повествователю и героине, в точку, где их перспективы на какой-то момент сходятся.

Что же касается границы между отдельными персонажами в чеховской прозе, то можно вспомнить, с какой последовательностью Чехов выявляет скрытое родство своих антагонистов, позволяющее рассматривать их как своеобразных двойников друг друга (см., например, «Враги», «Палата № 6», «Черный монах», «Убийство» (1895))[4]. Выявление этого скрытого родства требует обращения к целостному контексту каждого из произведений. Оно, однако, может быть уловлено на уровне отдельного абзаца и даже предложения (проза) или короткого обмена репликами (драма) с их интенсивностью семантического обмена между смежными элементами и перспективой единого лирического потока. Истоки этого феномена — в природе чеховского слова, в его промежуточности.

---

[4] Применительно к чеховской прозе и драматургии этот новаторский тип конфликта, основанного на сходстве, а не различии, наиболее последовательно выявляется Катаевым. См. [Катаев 1979; Катаев 1989].

Часть II

СРЕДИ ОТТЕНКОВ СМЫСЛА: БОЛЬШОЙ КОНТЕКСТ

Глава 1
Образ — мотив — мир

«Протягивая к огню руки»: образ в развитии

В предыдущей части говорилось о том, как внутри прозаической строфы формируется лирический сюжет. Эта стилистическая особенность имеет далекоидущие последствия. Благодаря ей, например, практически на каждом отрезке чеховской прозы можно обнаружить многочисленные и взаимосвязанные микрособытия, участниками которых становятся не только люди, но и те, кого можно было бы назвать чеховскими микропротагонистами. Будь то птицы или деревья, формы облаков, клочки тумана или просто неодушевленные объекты, эти мгновенные протагонисты обретают, пусть на очень короткое время, собственное существование и субъектность.

Каждый момент в чеховском повествовании — потенциальная поворотная точка. Не имеющая определенной цели прогулка может оказаться путешествием в прошлое, как это произошло во фрагменте из «Дома с мезонином». Существование, которое на первый взгляд ограничено заботами о насущном, как в случае с героиней из рассказа «На подводе», имеет скрытое вертикальное измерение и, неосознанно для самой героини, участвует в мистерии прихода весны.

Еще раз подчеркнем, что подобное мировидение коренится в природе чеховского слова, постоянно колеблющегося между оттенками значений, прямым и переносным смыслами, не сливаясь окончательно ни с одним из этих полюсов.

Выше мы проследили названный процесс в рамках прозаической строфы. Еще более ощутимым и сложным он становится в контексте произведения в целом, где зачастую происходит ретроспективная символизация. Неоднократно, к примеру, отмечалась роль, которую в рассказе «Студент» играет глагол *протянуть / протянуться* (Бицилли, Гиршман, Чудаков). Взятый сам по себе, каждый случай его употребления как будто не отличается семантической важностью: «Протянул один вальдшнеп», «...по лужам протянулись ледяные иглы», «...сказал студент, протягивая к огню руки». Именно повторение этого глагола на пространстве нескольких страниц привлекает к нему внимание. Как пишет Чудаков:

> Везде слово употреблено в разных значениях. Предпочтение всякий раз отдано именно ему, а не каким-либо его синонимам, и это говорит о том, что автору важен был один, общий всем значениям этого слова семантический и эмоциональный признак. Этот признак реализуется и раскрывается в конце рассказа в образе цепи, протягивающейся через девятнадцать веков [Чудаков 1973: 95].

Важно и то, что выраженный данным глаголом мотив приводит во взаимодействие, казалось бы, несопоставимые образы, одушевленные и неодушевленные, относящиеся к миру природы и человека, а обыденный физический жест («протягивая к огню руки») в сопоставлении с образом «непрерывной цепи» ретроспективно наполняется символическим содержанием и онтологической глубиной.

Александр Блок заметил: «Всякое стихотворение — покрывало, растянутое на остриях нескольких слов» [Блок 1965: 84]. Подобное можно было бы сказать о многих чеховских рассказах. «Святою ночью» (1886) открывается описанием реки:

> Разгулявшаяся вешняя вода перешагнула оба берега и далеко затопила оба побережья, захватив огороды, сенокосы и болота, так что на водной поверхности не редкость было встретить одиноко торчащие тополи и кусты, похожие в потемках на суровые утесы (5: 92).

Очевидно, что река не «захватила» внутреннее пространство церкви, где этой ночью происходит пасхальная служба. Однако в описании переполненной церкви возникают элементы, недвусмысленно отсылающие к реке, благодаря которым размывается демаркационная линия между сушей и водой, внутренним и внешним пространством, между одушевленным и неодушевленным[1]:

> У входа происходила неутомимая борьба прилива с отливом. <...> Волна идет от входа и бежит по всей церкви, тревожа даже передние ряды, где стоят люди солидные и тяжелые (5: 100).

> Не успел я занять места, как спереди хлынула волна и отбросила меня назад. <...> Но не прошло и десяти минут, как хлынула новая волна и опять показался дьякон (5: 101).

Более того, ранее в тексте уже фигурировали «волны от первого удара колокола» (5: 94) и «волнистые тени от дыма» (5: 100). «Умытые» звезды из второго абзаца также отсылают к сфере воды, соединяя одновременно пространственные «верх» и «низ».

Звезды, кстати, тоже возникают и в прямом, и в переносном значении. На первой странице рассказа: «Мир освещался звездами, которые всплошную усыпали всё небо. Не помню, когда в другое время я видел столько звезд» (5: 92). Позже, при размышлениях о покойном иеродьяконе Николае, упоминаются литературные «цветы, звезды и лучи солнца», которыми этот «симпатичный поэтический» человек «пересыпал» свои акафисты. Когда следующий абзац сообщает, что «звезды погасли», эти небесные тела напоминают не только о звездах, освещавших мир, но и о поэзии Николая. Сухая констатация факта («звезды погасли»), таким образом, наделяется эмоцией и глубиной.

Если вернуться к волнам, то колебание этого поэтического образа между прямым и переносным значениями прослеживается и в других рассказах. В «Володе» (1887), например, вначале это фигуративные волны, передающие внутреннее волнение юного героя во время неожиданной ночной встречи с Нютой:

---

[1] См. мифопоэтическую интерпретацию «волн» в [Axelrod 1993: 99–100].

«Руки у него дрожали, а в груди и в животе было такое ощущение, как будто по всем его внутренностям бегали холодные волны» (6: 203–204). Позже, незадолго перед самоубийством протагониста, этот образ возникает в прямом значении. Обратим также внимание на глагол *расплылось,* который частично буквализируется благодаря соседству с «волнами»:

> Захотелось возобновить в памяти цвет неба и океана, высоту волн и свое тогдашнее настроение, но это не удалось ему; девочки-англичанки промелькнули в воображении, как живые, все же остальное смешалось, беспорядочно расплылось (6: 207).

Сходная динамика в развитии этого поэтического образа (вначале переносное, затем — прямое значение) наблюдается в рассказе «Поцелуй», написанном в том же году: «Когда он проснулся <...> радость по-вчерашнему волной ходила в груди». Метафорическое использование «волны» кажется вполне банальным. В дальнейшем, однако, как было и в «Володе», в повествование вводятся реальные волны, которые ретроспективно оживляют предыдущее использование этого образа: «Красная луна отражалась у левого берега; маленькие волны бежали по ее отражению, растягивали его, разрывали на части и, казалось, хотели унести...» (6: 422). То, что река играет центральную роль в семантике рассказа, придает параллели дополнительную ощутимость.

Туман — еще один относящийся к природному миру образ, колебание которого между прямым и переносным значениями структурирует повествование. Паперный отметил соотнесенность между прямой и переносной формами тумана в повести «В овраге» [Паперный 1997: 274–275]. Вначале это туман-метафора: «...и грех, казалось, сгустившись, уже туманом стоял в воздухе» (10: 146). Затем, однако, тот же густой туман возникает уже как часть реального пейзажа — метафора реализуется:

> Солнце уже зашло, и над рекой, в церковной ограде и на полянах около фабрики поднимался густой туман, белый, как молоко. Теперь, когда быстро наступала темнота, мелькали внизу огни и когда казалось, что туман скрывает под собой бездонную пропасть... (10: 163).

Более того, повесть содержит еще одно упоминание тумана, на этот раз во внутреннем пространстве дома Цыбукиных[2]. Речь идет о сцене, в которой происходит убийство сына Липы, крошечного Никифора. Действие разворачивается на кухне: Липа занимается стиркой, вошедшая туда Аксинья «схватила ковш с кипятком и плеснула на ребенка» (10: 172). Но вот как описывается кухня непосредственно перед убийством: «От корыта и котла около плиты шел пар, и в кухне было душно и тускло от тумана» (10: 171). Заменяя «пар» на «туман» во второй части предложения, Чехов оживляет в памяти читателя предшествующее использование этого образа: туман-грех; туман, скрывающий «бездонную пропасть». Отметим попутно, что и на звуковом уровне духота и недостаток света требуют тумана, а не пара: **ду**ш**н**о и **ту**скло от **тума**н**а**. Таким образом, «невинное» и безукоризненное с миметической точки зрения описание кухни с самого начала заряжено символизмом и предощущением готовой совершиться трагедии.

В «Страхе», наоборот, сначала возникает природный туман, увиденный поэтическим зрением рассказчика: «На реке и кое-где на лугу поднимался туман. Высокие, узкие клочья тумана, густые и белые, как молоко, бродили над рекой, заслоняя отражения звезд и цепляясь за ивы» (8: 130). Затем фигуративная форма тумана возникает в «исповеди» Дмитрия Петровича Силина, рассказывающего о сложностях своих взаимоотношений с женой: «“Я вас не люблю, но буду вам верна” — что это значит? Это туман, потемки...» (8: 133). Следующее упоминание — возвращение к физическому туману и перспективе рассказчика: «Я взял трость и вышел в сад. Тут уж подымался туман, и около деревьев и кустов, обнимая их, бродили те самые высокие и узкие привидения, которых я видел давеча на реке» (8: 136). Наконец, финальное упоминание тумана отсылает одновременно к буквальному и фигуративному использованию этого образа: «Уже восходи-

---

[2] Элена Кларк, в то время аспирантка Университета Северной Каролины в Чапел-Хилле, отметила это в курсовой работе, выполненной в рамках чеховского курса, который я вел весной 2008 года.

ло солнце и вчерашний туман робко жался к кустам и пригоркам» (8: 138)[3].

Колебание чеховского слова между прямым и переносным значениями, естественно, не ограничивается «волнами» или «туманом». Одним из множества примеров такого колебания может служить использование слов с корнем *пуст-* в «Трех сестрах»:

> Сегодня только полтора человека и тихо, как в *пустыне* (13: 124).
>
> Мне кажется, человек должен быть верующим или должен искать веры, иначе жизнь его *пуста, пуста*... (13: 147).
>
> *Опустеет* город (13: 177).
>
> Прежде человечество было занято войнами, заполняя все свое существование походами, набегами, победами, теперь же все это отжило, оставив после себя громадное *пустое место*, которое пока нечем заполнить... (13: 184).

Реплики принадлежат разным героям, каждая из них имеет собственный контекст и собственное — ограниченное — значение в этом локальном контексте. В большом контексте, однако, разрозненные реплики как бы договаривают и переосмысливают друг друга, заставляя концепцию пустоты балансировать между прямым и переносным смыслами. Физическая пустота прозоровского дома и города в целом, таким образом, начинает восприниматься как проекция пустоты метафизической (жизнь без веры; «пустое место», оставшееся от прежних ценностей). Последняя, в свою очередь, перестает быть абстрактной концепцией и материализуется в форме опустевшего дома и города. С этой

---

[3] Ср. в «Новой даче» (1899): «В трех верстах от деревни Обручановой строился громадный мост. Из деревни, стоявшей высоко на крутом берегу, был виден его решётчатый остов, и в *туманную* погоду и в тихие зимние дни, когда его тонкие железные стропила и все леса кругом были покрыты инеем, он представлял живописную и даже фантастическую картину» (10: 114); «Что это был за *туман*, который застилал от глаз самое важное, и видны были только потравы, уздечки, клещи и все эти мелочи, которые теперь при воспоминании кажутся таким вздором?» (10: 127).

точки зрения следует говорить не о разрозненных упоминаниях пустоты, а о целостном образе, проходящем через различные воплощения.

В одном из самых последних рассказов («Архиерей», 1902) путем чередования прямого и переносного значений развивается концепция далекого — близкого:

> Белые стены, белые кресты на могилах, белые березы и черные тени и далекая луна на небе, стоявшая как раз над монастырем, казалось, теперь жили своей особой жизнью, непонятной, но близкой человеку (10: 187).

Рядом с «далекой» луной близость «особой жизни» перестает быть только фигурой речи и становится также реальной пространственной характеристикой, то есть частично буквализируется[4]. Затем, когда в том же абзаце мотив близости получает развитие, эта близость воспринимается и в прямом (пространственная), и в переносном (духовная) значении: «И все молчали, задумавшись, все было кругом приветливо, молодо, так *близко*, всё — и деревья и небо, и даже луна». Наложение прямого и переносного значений сохраняется и в сцене смерти архиерея. Оппозиция далекого и близкого возвращается, когда герой осознаёт: «...все то, что было, ушло куда-то очень-очень далеко» (10: 200). В следующем абзаце, когда в комнату вошла мать героя, она «целовала его, как ребенка, очень близкого, родного». Дистанция между архиереем и его матерью наконец преодолена, но достигается их единение ценой смерти протагониста.

Перечисленные примеры подтверждают, что и в целостном контексте произведения, как это было в малом контексте прозаической строфы, чеховское слово постоянно колеблется между прямым и переносным значениями. Для того чтобы выявить подобное колебание, впрочем, не обязательно выуживать из текста однокоренные слова, используемые то в прямом, то в переносном смысле. Чехов — повторим еще раз — создает единую

---

[4] Заметим также, как ассимилируют друг друга благодаря поэтической оркестровке контрастные цвета: б**е**лые **стен**ы — чер**н**ые **тен**и.

языковую среду, в которой это колебание становится нормой, а не исключением. Так же, как любое фигуративное выражение у Чехова заряжено возможностью буквализации, буквальное, житейски-непритязательное словоупотребление оказывается наделенным спящей поэтической многозначностью.

Вот почему, независимо от непосредственного соседства с «далекой» луной, близость «особой жизни», которой живут «белые стены, белые кресты на могилах, белые березы и черные тени», должна восприниматься не только как фигура речи, но и как реальная физическая характеристика.

«Частица» и «волна»: двойственность образов («Степь»)

В процессе повествования лексические повторы создают мотив. Любое из произведений Чехова может быть рассмотрено как «поле напряжения» между несколькими ключевыми мотивами, развитие и взаимодействие которых поглощает фабулу. Трудно найти лучший пример такого поглощения, чем «Степь», которую Бицилли называет «поэмой в прозе» и аналогом пушкинского «романа в стихах» [Бицилли 2000: 268], а Майкл Финк — «энциклопедией чеховской поэтики» [Finke 1995: 156].

Тот же Бицилли выделяет мотив одиночества, который «органически связан» с «мотивом однообразия, вечного повторения одного и того же» [Бицилли 2000: 271]. Исследователь предлагает развернутый список «одиноких» в «Степи»: «одиноко спящая на кладбище Егорушкина бабушка; одинокий тополь <...> одинокая степь, жизнь которой в силу этого пропадает даром; “почти одинокий” стол в комнате у Мойсея Мойсеича; одинокая могила в степи. Столь же одиноки и люди...» [Там же][5]. Сюда же следует добавить «одиночество, которое ждет каждого из нас в могиле». Любой из упомянутых в этом списке, естественно, связан с множеством других образов, отбрасывая тень одиночества и на них.

---

[5] См. также [Сухих 2007: 130].

Паперный обращает внимание на проходящие «поэтическим пунктиром» слова, в том числе «равнодушие» («безразличие»): «равнодушно» глядит собака, «равнодушные» грачи, ястребы, Кузьмичов «равнодушно» сует деньги в грязный мешок, звезды — «равнодушные к короткой жизни человека», гравюра в корчме — «Равнодушие человеков» [Паперный 1986: 90]. С мотивом равнодушия перекликается мотив «непонимания» и отсутствия смысла. При первом же знакомстве с главным героем мы узнаём, что Егорушка сидел, «не понимая, куда и зачем он едет» (7: 14). Несколько страниц спустя, уже в мире степи, этот мотив захватывает в свою орбиту такие несхожие поэтические образы, как коршун и тополь. «Непонятно, зачем он летает и что ему нужно» — сказано о коршуне (7: 17). На той же странице: «А вот на холме показывается одинокий тополь; кто его посадил и зачем он здесь — бог его знает». Как отметил, сопоставляя два этих образа, А. Б. Дерман, «вопрос “зачем”, на который нет и не может быть ответа, создает определенный оттенок бесцельности существования» [Дерман 2010: 248].

Можно предположить, что этот «оттенок» связан с перспективой Егорушки, проецирующего собственное «непонимание» на природный мир. Но вот одна из ключевых поэтических медитаций, явно относящаяся к голосу повествователя: «Звезды, глядящие с неба уже тысячи лет, само непонятное небо и мгла, равнодушные к короткой жизни человека, когда остаешься с ними с глазу на глаз и стараешься постигнуть их смысл, гнетут душу своим молчанием» (7: 65–66)[6]. Невозможность «постигнуть» смысл слышится и в «песне» травы, которую солнце выжгло «понапрасну» (7: 24). «Даром» гибнут богатство и вдохновение степи (7: 46). Без всякого смысла погибает от рук «озорника» Дымова ужик («За что ты ужика убил?» (7: 52)).

Мотив отсутствия смысла, в свою очередь, придает остроту мотиву жалобы. Вот упоминавшаяся уже песня травы, в которой

---

[6] «Авторство» этой медитации коротко обсуждает Джексон [Jackson 1991: 432–433]. Повествовательная структура «Степи» в целом проанализирована Чудаковым [Чудаков 1971: 107–117].

она «без слов, но жалобно и искренно убеждала кого-то, что она ни в чем не виновата» (7: 24). Затем: «...встревоженные чибисы где-то плакали и жаловались на судьбу» (7: 30). Катаев проводит параллель между этими чибисами и жалующимися на судьбу подводчиками [Катаев 2011: 179]. «Много грусти и жалобы» в крике ночных птиц: сплюка и совы (7: 45). А вот после путешествия по степи больной Егорушка воссоединяется с отцом Христофором и Кузьмичовым: «При первом взгляде на своих Егорушка почувствовал непреодолимую потребность жаловаться. Он не слушал о. Христофора и придумывал, с чего бы начать и на что особенно пожаловаться» (7: 94).

Действительно, как замечает Степанов, у Чехова «жалуется весь мир, живой и не живой» [Степанов 2005: 258]! Жалуется — и взывает к жалости, которая в «Степи» распространяется на все, чего касается способный к сопереживанию взгляд. Не случайно в первом же абзаце повести упоминаются «жалкие кожаные тряпочки», болтающиеся на облезлом теле брички (7: 13). В сцене грозы Егорушка достает из кармана «комок бурой, липкой замазки», который пахнет медом: «Ага, это еврейский пряник! Как он, бедный, размок!» Сразу же за этим следует целый абзац, посвященный Егорушкиному пальто, о котором, в частности, говорится: «Поглядев на него, Егорушка почувствовал к нему жалость, вспомнил, что он и пальто — оба брошены на произвол судьбы» (7: 91).

Вспомним известное обобщение из последней главы — о том, что «все рыжие собаки лают тенором» (7: 101). Так ли оно необычно, если учесть, что в одном из степных пейзажей уже описывались звучащие в ночной траве «степные басы, тенора и дисканты» (7: 45)? Отзываясь этому хору насекомых, позже в тексте упоминается «невидимый», но на этот раз человеческий хор, которым «дирижирует» бывший певчий Емельян (7: 53), а затем, также в связи с Емельяном, «люди, поющие в хоре тенором или басом» (7: 60). Особое место занимает описание пения Емельяна, в котором драма потерявшего голос героя проявляется с наибольшей остротой и наглядностью: «Он пел руками, головой, глазами и даже шишкой, пел страстно и с болью, и чем сильнее напрягал грудь, чтобы вырвать из нее хоть одну ноту, тем беззвучнее становилось его дыхание» (7: 78). Не забудем и других певцов, прежде всего, конечно, траву, чья жалобная песня напрямую предвосхищает «беззвучное» пение Емельяна. А есть еще кузнечик, который, после того как его отпустил кучер Дениска, «тотчас же затрещал свою песню» (7: 27). И помимо всех этих реальных и воображаемых певцов, есть «певец» идеальный, к которому степь обращает свой «безнадежный призыв» (7: 46).

Каждый из перечисленных мотивов разворачивается как цепочка «категориально различных» (Бицилли) образов, совокупность которых создает свой собственный мир, на равных правах включающий в себя людей, представителей флоры и фауны, неодушевленные предметы и даже абстрактные концепции («одиночество, которое ждет каждого из нас в могиле»). Внутри этого мира каждый из образов ведет двойную жизнь: существует сам по себе и одновременно — благодаря повышенной резонантности чеховского текста — как часть мотивной цепочки, а чаще всего сразу нескольких цепочек, что делает картину еще сложнее.

Чтобы передать эту двойственность, используем в качестве метафоры концепцию, заимствованную из квантовой механики. На этом языке поэтические образы могут быть описаны с двух дополняющих друг друга точек зрения: как индивидуальные, локализованные частицы (корпускулы) и как цельная, «растекающаяся» волна. Первый подход подчеркивает единичность и неповторимость каждого из таких образов, будь то человек, дерево или артефакт. Это взгляд писателя-реалиста, иначе говоря — миметическая перспектива, стремящаяся воспроизвести действительность в многоликости индивидуальных деталей и подробностей.

Второй — «волновой» — подход представляет собой поэтическую перспективу. Он выявляет глубинное родство мира на том уровне, где позволяется отступать от законов правдоподобия, игнорируя тем самым привычные пропорции и любого рода границы: между отдельными образами и между обособленными пространственными мирами, между одушевленным и неодушевленным, реальным и воображаемым. С этой точки зрения загорелые холмы, загорелое лицо мальчика и выжженная солнцем трава — понятия общего ряда. Соответственно, одинокие люди, одинокий тополь, «почти» одинокий стол и одинокая могила в степи — не что иное, как пики волны одиночества, которая, набирая силу, проходит через пространство повествования. То же можно было бы сказать об упоминавшихся выше волнах равнодушия, пения, отсутствия смысла или волне «пустоты» из «Трех сестер».

К счастью, читатель не должен выбирать между двумя перспективами. В отличие от физики, где квантовый объект, в зависимости от условий эксперимента, проявляет свойства частицы *или* волны, двойственность поэтического образа может — и должна — быть воспринята синхронно, как проявление его промежуточности. Постичь отдельный чеховский образ и мир произведения в целом — значит увидеть их на пересечении этих двух точек зрения, корпускулярной и волновой.

Между «здесь» и «там»: нелокальность образов (не только «Степь»)

Перегородок тонкоребрость
Пройду насквозь, пройду, как свет.
Пройду, как образ входит в образ
И как предмет сечет предмет.

Борис Пастернак

Волновая точка зрения на образы выявляет их особенность, которую можно назвать «нелокальностью» (вновь позаимствуем концепцию из квантовой механики). Нелокальность я определяю как способность автономных — разведенных во времени и пространстве — образов, событий, концепций вступать «поверх барьеров» в диалог и взаимодействия («пугающие взаимодействия на расстоянии», если использовать фразу Эйнштейна), обнаруживая при этом внутреннее родство и тайное знание друг о друге.

Вспомним некоторые из приведенных ранее примеров. Вышедшая из берегов река возвращается в повествование через людские «волны» во внутреннем пространстве церкви («Святою ночью»). Туман на горах в воспоминаниях Гурова о Ялте превращается в туман «повыше люстры» в провинциальном театре («Дама с собачкой»), а грех, который, «сгустившись, уже туманом стоял в воздухе», — в туман, «который скрывает под собой бездонную пропасть» («В овраге»).

Ни один из образов, сколь бы незначительным и проходным он ни представлялся, не исчезает из повествования бесследно. В «Поцелуе», например, возникает лирический микросюжет, связанный с «красным тусклым огоньком», который «показался» на другом берегу реки: «Рябович тоже глядел на огонь, и ему казалось, что этот огонь улыбался и подмигивал ему с таким видом, как будто знал о его существовании» (6: 414). После этого эпизода огонек ни разу больше не упоминается. Но в самом последнем предложении выбор глаголов подсказан его незримым присутствием: «На мгновение в груди Рябовича *вспыхнула* радость, но он тотчас же *потушил* ее...» (6: 423).

Так же в сцене на кладбище из «Ионыча» упоминается лампадка на памятнике Деметти (Деметти — итальянская певица, которая во время гастролей в С. умерла и была здесь похоронена): «В городе уже никто не помнил о ней, но лампадка над входом отражала лунный свет и, казалось, горела» (10: 31). Опять-таки, напрямую после этого речь о «горящей» лампадке не заходит, однако скрытым образом она присутствует в сцене финального объяснения между главным героем и девушкой, в которую он был когда-то влюблен: «И он вспомнил все, что было, все малейшие подробности, как он бродил по кладбищу, как потом под утро, утомленный, возвращался к себе домой, и ему вдруг стало грустно и жаль прошлого. В душе затеплился огонек» (10: 38). Чуть ниже: «Огонек все разгорался в душе» (Там же). И наконец: «...огонек в душе погас» (10: 39). Руфус Мэтьюсон прав, когда называет этот огонек «двойником» лампадки на памятнике Деметти [Mathewson 1968: 274].

«Долгота действия однажды созданного образа, разнообразие его действия в произведении гораздо больше, чем мы это обычно предполагаем». Характерно, что Виктор Шкловский высказал это общее наблюдение при обсуждении «Степи» [Шкловский 1961: 532]. Во второй главе мы узнаём, что капли и крупные веснушки, которыми было покрыто мокрое лицо кучера Дениски, делали это лицо похожим на мрамор (7: 26). Почти 70 страниц спустя (космическое, по чеховским меркам, расстояние!) — и уже за пределами степного мира — «мраморное лицо» станет отличительным признаком, по которому только что отошедший от болезни Егорушка будет способен узнать Дениску.

Вспомним мотив отсутствия смысла из «Степи». Кульминационная медитация о «непонятном» небе и мгле, равнодушных к короткой жизни человека, и о сущности жизни, которая представляется «отчаянной, ужасной», — вырастает из череды «непониманий», связанных с образами Егорушки, коршуна, тополя, выжженной «понапрасну» травы... С другой стороны, благодаря этой медитации каждое из конкретных «непониманий» — задним числом — получает экзистенциальную окраску и глубину[7]. Через призму данного мотива вся повесть может быть прочитана как путешествие в поисках смысла, в которое вовлечены и повествователь, и Егорушка, и задумавшийся о «скуке жизни» коршун, и одинокий красавец-тополь, и выжженная трава. С корпускулярной точки зрения это отдельные образы; с волновой — между ними, если использовать цитату из другого чеховского рассказа, существует «какая-то связь, невидимая, но значительная и необходимая» («По делам службы», 1899 (10: 99)). Связь — и взаимодействия «на расстоянии».

В этом смысле можно сказать, что без «озорника» Дымова не было бы тучи, чей «оборванный, разлохмаченный вид <...> придавал ей какое-то пьяное, озорническое выражение» (7: 84). Но и поведение Дымова при сопоставлении с тучей приобретает — опять-таки ретроспективно — характер неуправляемой природ-

---

7 Применительно к образу Егорушки экзистенциальный характер «Степи» показан Мареной Сендерович, рассматривающей «Степь» как часть «экзистенциальной трилогии» Чехова, в которую, помимо этой повести, входят «Припадок» и «Скучная история» [M. Senderovich 1987].

ной стихии. Перед нами не просто перекличка, а именно взаимодействие поверх пространственных и временны́х барьеров, выявление неочевидных причинно-следственных связей.

Старый дубовый стол в комнате у Мойсея Мойсеича вряд ли казался бы «почти одиноким», не встреться до этого путникам «одинокий» тополь в степи. С другой стороны, соотнесение с тополем наделяет упомянутый мимоходом предмет мебели статусом поэтического образа, позволяя увидеть в нем некогда могучее дерево (стол — дубовый), что, в свою очередь, сближает «почти одинокий» стол с другими персонажами повести, чьи лучшие дни остались в прошлом.

Еще один, казалось бы, эпизодический и не заслуживающий внимания «персонаж» — молодая щука с «некрасивой» мордой, которую увидел, заглянув в ведро с уловом, Егорушка (7: 60). «Некрасивая» морда молодой щуки побуждает вспомнить о красавце-тополе, об «очень красивой» графине Драницкой, а кроме того, отсылает к одному из наиболее поэтичных фрагментов повести — уже не раз упоминавшейся нами песне травы: «...она уверяла, что ей страстно хочется жить, что она еще молода и была бы красивой, если бы не зной и не засуха» (7: 24).

Как видим, единичный образ становится заметным и обретает самобытность именно потому, что существует как часть волны. Кто бы иначе разглядел щуку с «некрасивой» мордой или обратил внимание на «почти одинокий» стол? Вот почему две дополняющих друг друга перспективы — корпускулярная (миметическая) и волновая (поэтическая) — обязательно должны рассматриваться в их взаимодействии, а не изолированно.

Распространяется нелокальность и на изображенные события. Кульминация «Степи» — сцена грозы. Но как заметил Финк, гроза была обещана уже в первом предложении, когда бричка покатила по почтовому тракту «с громом» [Finke 1995: 150]. В следующем же предложении описывается «внешность» брички, в частности уже упоминавшиеся «жалкие кожаные тряпочки, болтавшиеся на ее облезлом теле» (7: 13). В сцене грозы эти тряпочки превращаются в «большие, черные лохмотья», что «висели» на краю «страшной» тучи (7: 84). Кроме того, черные лохмотья отсылают к «поношенному черному сюртуку», который «болтался» на узких плечах Мойсея Мойсеича (7: 30). Таким образом, поношенный сюртук служит промежуточным звеном между «тряпочками» на облезлом теле брички и «лохмотьями» тучи.

Предвосхищает Мойсей Мойсеич грозу и своими физическими движениями. Приглашая графиню Драницкую зайти, он, «точно его тело разломалось на три части, балансировал и всячески старался не рассыпаться» (7: 42). Сорок страниц спустя (колоссальное, подчеркнем опять, по чеховским меркам расстояние), словно принимая эстафету от Мойсея Мойсеича, над Егорушкиной головой «с страшным, оглушительным треском разломалось небо; он нагнулся и притаил дыхание, ожидая, когда на его затылок и спину посыпятся обломки» (7: 86). Получается, что описание грозового неба дорисовывает образ Мойсея Мойсеича, в то время как комическая жестикуляция последнего предвосхищает событие космического масштаба!

В диалог вступают не только отдельные образы, события, но и разрозненные пространственные миры. В наиболее очевидных случаях их взаимопроникновение мотивируется состоянием главного героя, его полусном или болезнью:

> Егорушка закрыл глаза, и ему тотчас же стало казаться, что он не в номере, а на большой дороге около костра; Емельян махнул рукой, а Дымов с красными глазами лежал на животе и насмешливо глядел на Егорушку.
>
> — Бейте его! Бейте его! — крикнул Егорушка.
>
> — Бредит... — проговорил вполголоса о. Христофор.
>
> — Хлопоты! — вздохнул Иван Иваныч.
>
> — Надо будет его маслом с уксусом смазать. Бог даст, к завтраму выздоровеет (7: 95).

Когда на следующее утро Егорушка действительно выздоравливает, разобщенные миры по-прежнему проглядывают друг сквозь друга: «Ему казалось странным, что он не на тюке, что кругом всё сухо и на потолке нет молний и грома» (7: 97).

Подобные случаи, однако, нельзя ограничивать восприятием героя. Нелокальность в этом значении (взаимопроникновение пространственных миров) — неотъемлемое свойство чеховской реальности, которое может быть прослежено на протяжении всей повести. Поэтому, когда после путешествия через степь путники въезжают на постоялый двор, последний можно охарактеризовать как «микрокосм степи» [Maxwell 1973: 148][8]. Соответственно, когда путешественники покидают постоялый двор и возвращаются в степь, она уже не та, что была прежде: «...вся степь пряталась во мгле, как дети Мойсея Мойсеича под одеялом» (7: 45). Дерзкое поэтическое сравнение отсылает к «небольшой» комнате с запахом «чего-то кислого и затхлого» и «сальным» одеялом, из-под которого одна за другой «выглядывали» головы детей Мойсея Мойсеича (7: 39). Но и этот образ, в свою очередь, попадает в повествование благодаря предыдущему описанию холмов: «Теснясь и выглядывая друг из-за друга, эти холмы сливаются в возвышенность, которая тянется вправо от дороги до самого горизонта и исчезает в лиловой дали» (7: 16). Контраст между «небольшой» комнатой и бесконечной степью неоспорим и впечатляющ. Но столь же впечатляюща интенсивность внутреннего диалога и взаимодействий «на расстоянии» между этими, казалось бы, несопоставимыми мирами.

С волновой (поэтической) точки зрения в чеховском мире нет изолированных и статичных образов, а есть только сети постоянно развивающихся взаимоотношений. Соответственно, нет здесь и изолированных пространственных миров, а также событий, локализованных в пространстве и времени. В этой перспективе все происходит везде — и одновременно.

Образ как место встречи: «Черный монах»

Реальность чеховского текста — переплетение и наложение мотивов, сложно взаимодействующих друг с другом в каждой точке повествования. Картина еще усложняется, если учесть, что

---

[8] См. также [Finke 1995: 145].

чаще всего в мотивные «волны» вовлекаются не целостные образы или детали, а какие-то их грани, сегменты, так что один и тот же образ ведет параллельное существование, как бы разрывается на части. Возможность противоречивых, а иногда и взаимоисключающих прочтений в значительной степени объясняется метонимической аберрацией, когда часть принимается за целое.

Приведем для иллюстрации пример, взятый из повести «В овраге». В сцене, где Липа с мертвым ребенком возвращается из больницы, на мгновение появляется мальчик «в красной рубахе», моющий «отцовские сапоги» (10: 172). На эту деталь в свое время обратил внимание Бицилли. Дадим ему слово (курсив в цитате принадлежит ее автору):

> Почему упомянуто, что мальчик мыл отцовские сапоги и что он был в *красной* рубахе? «Сапоги» связаны с предыдущим эпизодом — возвращения Липы с матерью с богомолья, тогда, когда она еще была счастлива: «Одна старуха вела мальчика в большой шапке, в *больших сапогах*; мальчик изнемог от жары и тяжелых сапог <...> но все же изо всей силы, не переставая, дул в игрушечную трубу...» Читатель невольно вспоминает за Липу о том, как она тогда, в первый раз, возвращалась домой, становится на ее место. *Красная рубаха* подготавливает к восприятию следующего за этим образа: «Но вот женщина и мальчик с сапогами ушли, и уже никого не было видно. Солнце легло спать и укрылось *багряной* золотой парчой, и длинные облака, *красные* и лиловые, сторожили его покой, протянувшись по небу». Мальчик, женщина, солнце и прочее — все это сливается в один образ. *Что-то* уходящее на покой, оставляющее Липу наедине с ее горем [Бицилли 2000: 242–243].

Бицилли тонко улавливает поэтическую соотнесенность вроде бы несоизмеримых и никак между собой не связанных образов: с одной стороны, мальчик в красной рубахе, с другой — заходящее солнце и окрашенные им облака. Но красная рубаха соотносится и с возникающим лишь несколькими строчками выше описанием больницы: «...она вся светилась от заходившего солнца и, казалось, горела внутри» (10: 172). Образ «горящей» больницы, в свою очередь, приобретает трагические, реквиемные тона, если рассматривать его как реакцию на то, что случилось с ребенком Липы (подчеркнем: «кипяток», которым Аксинья «плеснула» на ребенка, и «горящая» — словно в ответ на оставшееся незамеченным преступление — больница возникают в непосредственной текстовой близости друг от друга).

С одной стороны, по справедливому наблюдению Бицилли, мальчик в красной рубахе, солнце и облака сливаются в образ «чего-то», что может быть охарактеризовано как равнодушная к страданиям героини природа. С другой стороны — в параллельной поэтической реальности — перекличка образов может привести и к прямо противоположному выводу: через соотнесенность с «горящей» больницей «красная» рубаха мальчика, «багряная» парча, которой «укрылось» солнце, и «красные» облака соединяются в образ природы сочувствующей и сострадающей. Последнее заключение может быть подкреплено дополнительной параллелью между облаками, которые «сторожили» покой солнца, и взглядом «с высоты неба», который ранее в тексте возникал в ответ на «чувство безутешной скорби», готовое овладеть Липой и ее матерью: «...казалось им, кто-то смотрит с высоты неба, из синевы, оттуда, где звезды, видит все, что происходит в Уклееве, *сторожит*» (10: 165).

Кроме конкурирующих поэтических интерпретаций, сохраняется, конечно, возможность воспринять эту деталь в миметической перспективе, не превращая ее в символ. Самая плодотворная позиция — повторим еще раз — заключается в том, чтобы увидеть поэтический образ как место встречи расходящихся интерпретационных тропинок, поэтических и миметических.

Этот пример показывает: даже «второстепенная» деталь становится у Чехова резонантным пространством, внутри которого сталкиваются, оспаривают, усиливают и нейтрализуют друг друга противоположные смыслы. Соответственно, самый, казалось бы, непротиворечивый образ или утверждение способны обнаружить свою «обратную» сторону и скрытую драму. Взять хотя бы чеховские гармонические пейзажи. Отмеченные особым лирико-мелодическим строем, они нередко воспринимаются как воплощение «правды и красоты» и важный ценностный ориентир в чеховском мире. Характерно, что критическая традиция склонна приписывать эти пейзажи авторскому голосу, что делает их еще более важными при интерпретации конкретного произведения. В известном письме А. Н. Плещееву от 9 апреля 1889 года Чехов признался: «Норма мне неизвестна, как неизвестна никому из нас» (П 3: 185). Но, перефразируя цитату из Леонида Андреева, приведенную раньше («Чехов пишет своих героев облаками»), нельзя ли предположить, что представление о норме вписывается в чеховский текст с помощью пейзажа?[9]

Описание залитой лунным светом бухты из «Черного монаха» — один из таких пейзажей:

> Коврин вышел на балкон; была тихая теплая погода, и пахло морем. Чудесная бухта отражала в себе луну и огни и имела цвет, которому трудно подобрать название. Это было нежное и мягкое сочетание синего с зеленым; местами вода походила цветом на синий купорос, а местами, казалось, лунный свет сгущался и вместо воды наполнял бухту, а в общем какое согласие цветов, какое мирное, покойное и высокое настроение! (8: 254–255).

Чей это голос? Главный герой, Коврин, который наблюдает лунный пейзаж, в данный момент повествования кажется не способным так остро ощущать красоту и гармонию окружающего мира. Особая же «музыкальность» описания, его эмоциональная выделенность и смысловая значительность в контексте целого как будто указывают на присутствие авторского голоса. Представляется вполне законным предположение, что таким — чеховским — способом (то есть без всякой дидактики и не напрямую) автор в этом фрагменте дает читателю представление о «норме» и о том, насколько реальная жизнь героев рассказа от этой нормы уклонилась.

Иными словами, гармоничный мир природы противопоставляется (опять же, по-чеховски деликатно) дисгармоничному

---

9 Как отмечает Сухих: «Мысль о природе как “норме” нигде, кроме “Степи”, не присутствует так открыто, но она многое определяет в чеховском художественном мире, возникая всякий раз в самых неожиданных поворотах» [Сухих 2007: 319].

миру главных героев, оказавшихся, подобно большинству протагонистов писателя, не в состоянии прийти к «согласию», то есть понять и расслышать друг друга, ослепленных — каждый на свой лад — собственной «правдой»[10]. Может быть, как раз для того, чтобы подчеркнуть дистанцию между голосами автора и героя, Чехов соотносит «мирное, покойное и высокое настроение», возникающее при созерцании ночного пейзажа, с «мирным, покорным, безразличным настроением» Коврина (обратим внимание, что настроение Коврина в сходных выражениях описывается дважды в последней главе — до и после морского пейзажа: «Настроение у него было мирное, покорное», «...ему казалось, что к нему возвращается его мирное, покорное, безразличное настроение»).

И все же одновременно с контрастом нельзя не заметить очевидного сходства этих двух «настроений». Для наглядности расположим соответствующие сегменты в столбик, друг напротив друга:

мирное	мирное
покойное	покорное
и высокое	безразличное
настроение	настроение

Первые и последние слова обоих сегментов совпадают. Вторые явственно перекликаются на уровне звука и совпадают ритмически. Можно сказать, что Чехов зарифмовывает — в прямом смысле слова — покой и покорность. Только на последнем этапе движение по-настоящему разветвляется: «покойное» ведет к «высокому», а «покорное» — к «безразличному». Итак, контраст между двумя «настроениями», представляющими, как мы предположили, соответственно мир автора и мир героя, очевиден. Но не менее очевидны их сходство и общий исток, иначе говоря — их «зарифмованность», предполагающая, по законам рифмы, одновременно контраст и подспудное родство рифмующихся понятий.

---

10 См. [Катаев 1979: 192–203; Сухих 2007: 169–175].

Рифмуются, резонируют не только покой и покорность. В поэтическом контексте рассказа «согласие цветов» в ночном море напоминает о «гармонии священной, которая нам, смертным, непонятна» из текста серенады Гаэтано Браги. Кроме того, сама грамматическая форма «согласие цветов» отсылает не только к краскам моря («цвета»), но и к «богатству цветов» («цветы») из сада Песоцкого. Интересно, что ранее в тексте эти омонимические формы уже ставились рядом, словно перетекая друг в друга: «Таких удивительных роз, лилий, камелий, таких тюльпанов всевозможных *цветов*, начиная с ярко-белого и кончая черным как сажа, вообще такого богатства *цветов*, как у Песоцкого, Коврину не случалось видеть нигде в другом месте» (8: 226–227).

Можно привести еще целый ряд соответствий: «нежное и мягкое сочетание синего с зеленым», созданное лунным светом, возвращает к описанию дома Песоцкого в предыдущей главе, где «в громадном темном зале на полу и на рояли зелеными пятнами лежал лунный свет» (8: 252). Рояль ассоциируется с музицированием в доме Песоцких, а значит, и с серенадой Браги. Таким образом, еще до того, как серенада начинает звучать в последней главе, она незримо (лучше сказать — беззвучно) присутствует в описании «чудесной бухты».

Еще одна интерпретационная тропинка ведет от «нежного» сочетания цветов в бухте к моменту, когда Коврин в первый раз видит черного монаха: «Но вот по ржи пробежали волны, и легкий вечерний ветерок нежно коснулся его непокрытой головы» (8: 234). Метафорические волны в этом предложении тоже в определенной степени подготавливают морской пейзаж заключительной главы. Таким образом, в соответствии с принципом нелокальности, размывается граница между разрозненными пространственными мирами, между прошлым и настоящим.

Как всегда у Чехова, в процессе семантического обмена возникают «странные сближения». Одно из них — параллель между Таней и бухтой, проявляющаяся через мотив бестелесного взгляда. Акцентная деталь в Танином портрете — ее глаза, «широко раскрытые, темные, умные»: они «всё куда-то вглядываются и чего-то ищут» (8: 238). Мотив получает развитие в последней главе: «...воспоминание об этой женщине, которая в конце концов обратилась в ходячие живые мощи и в которой, как кажется, все уже умерло, кроме больших, пристально вглядывающихся глаз» (8: 254). Такой — бесплотной, превратившейся в сплошной взгляд — предстает Таня в восприятии Коврина. Но в той же главе мотив бестелесного взгляда возникает при описании ночного моря: «Бухта, как живая, глядела на него множеством голубых, синих, бирюзовых и огненных глаз и манила к себе» (8: 256). Случайно ли, что сразу же после этого описания начинают звучать «два нежных женских голоса», напоминая, естественно, о голосах самой Тани и «одной из барышень», исполнявших когда-то серенаду в имении Песоцкого? А может быть, это действительно *их* голоса, которые, следовательно, слышны лишь Коврину? В поэтическом контексте, где присутствие прежней Тани обнаруживается задолго до того, как Коврин неожиданно «зовет» ее, подобные вопросы кажутся вполне законными, хотя и не имеющими однозначного ответа.

С другой стороны, от «нежного и мягкого» сочетания можно провести соединительную линию к саду, причем одновременно к его «коммерческой» и «декоративной» частям: «нежным и прихотливым грузом» называются персики и сливы, которые необходимо упаковать и отправить в Москву (8: 245), «царством нежных красок» предстает Коврину цветник в первой главе (8: 227). «Царство нежных красок», в свою очередь, отзывается «царством вечной правды», которое обещает человечеству черный монах (8: 242).

Точно так же «чудесная» бухта окликает, с одной стороны, «чудесную, сладкую радость», которую — буквально на следующей странице — будет испытывать Коврин, слушая серенаду Брага (8: 256), а с другой — его «чудесную науку», которую среди прочих наиболее важных ценностей герой будет «звать» непосредственно перед смертью:

> Он звал Таню, звал большой сад с роскошными цветами, обрызганными росой, звал парк, сосны с мохнатыми корнями, ржаное поле, свою чудесную науку, свою молодость, смелость, радость, звал жизнь, которая была так прекрасна (8: 257).

Трудно найти более выразительный пример того, как перечисление у Чехова приобретает поэтическую форму: анафорические повторы, ритм, звукопись, которая включает неточные рифмы (Таню — цветами). При этом звуковая, ритмическая соотнесенность отличает и непосредственно граничащие друг с другом слова: «ржаное поле», «звал парк» или, например, «молодость, смелость, радость», отзывающиеся в следующем предложении «слабостью» умирающего героя. Снова можно видеть, как — теперь уже в рамках отдельного предложения — размывается благодаря звуковым мотивам граница между поэтическим и прозаическим, конкретным и отвлеченным: **рос**кошными — **рос**ой; **р**оско**шн**ыми — **ржан**ое; п**ол**е — м**ол**одость; **корн**ями — п**рекр**ас**н**а; р**ж**а**н**ое — **жизн**ь. Особенно примечательно то, как «мохнатые» корни скрывают в себе черного монаха, не упомянутого в предложении (**мохна**тыми — **монах**)!

Кроме того, в определении «чудесная» можно уловить буквальное присутствие чуда, резонирующее со «сказочным» впечатлением, которое производила на Коврина в детстве декоративная часть сада (8: 227), и «волшебным» полусном, в котором пребывал Песоцкий накануне свадьбы Коврина и Тани (8: 246). В последней главе сходство между Ковриным и Песоцким дополнено тем, как в почти идентичных выражениях описывается состояние немоты обоих героев: «с отчаяния не мог выговорить ни одного слова» (8: 254) и «не мог уже от слабости выговорить ни одного слова» (8: 257). Таким образом, поставлена под сомнение граница не только между автором и героем, но и между двумя находящимися в состоянии антагонизма персонажами.

Отметим и параллель, ведущую от «высокого» настроения к «высокому» столбу, который оказывается черным монахом, — еще один пример того, как чеховское слово колеблется между прямым и переносным значениями.

Кроме прямых лексических перекличек, в действие, как всегда у Чехова, вступают аналогии, ассоциации. Вода в бухте «кажется» сгустившимся лунным светом, что позволяет вспомнить другие случаи зрительного или слухового обмана, вольной или невольной подмены: дым, который «заменяет облака, когда их нет» (8: 228), скрипку, которая «производила впечатление человеческого голоса» (8: 234). Сюда же можно отнести «причуды» декоративной части сада: «Попадались тут и красивые стройные деревца с прямыми и крепкими, как у пальм, стволами, и только пристально всмотревшись, можно было узнать в этих деревцах крыжовник или смородину» (8: 227). В этом контексте может быть воспринята и аберрация зрения героини в отношении Коврина: «Я приняла тебя за необыкновенного человека, за гения, я полюбила тебя, но ты оказался сумасшедшим...» (8: 255). В конце концов, и черный монах — только предельный случай неразличения «кажущегося» и «действительного».

Каков же в таком случае итоговый образ «чудесной бухты»? Является она пространством авторского голоса, выражающего в поэтически-неявной форме свое представление о «норме» и гармонии, или становится местом встречи автора и героя, в которой сквозь внешнюю дистанцированность начинает просвечивать их тайное родство?[11] Отделяет «нормальное» (гармония цветов) от «ненормального» (ковринская мания величия) или скорее указывает на текучесть и взаимообусловленность этих концепций? Свидетельствует о принципиальной достижимости гармонии и ее неотменяемом присутствии в жизни или указывает — через систему разветвленных поэтических перекличек — на трагическую подоснову этой гармонии, неотделимой на самом деле от «разрушений», а в конечном счете и от гибели героев и сада?

Возможность «противоположных решений» (Чудаков) не должна удивлять. Вызов заключается в том, чтобы воспринять эти решения в их взаимодействии — как обуславливающие и окликающие друг друга.

---

[11] Автобиографическая подоплека образа Коврина выявляется С. В. Тихомировым [Тихомиров 2002: 61–70]. См. также [Finke 2005: 120–128].

Стадии семантического обмена: «Доктор»

На всех уровнях чеховского мира происходит постоянный семантический обмен между отдельными элементами, будь то образы, мотивы, пространственные миры или общие идеи. Можно ли уловить определенную логику и последовательность в этом процессе?

Как обычно, в качестве отправной точки используем конкретный текст, на сей раз — рассказ «Доктор» (1887). Следующий диалог происходит в начале этого рассказа между умирающим от «бугорчатки мозга» мальчиком и заглавным героем, который, возможно, является его отцом:

> Мальчик по-прежнему лежал на спине и неподвижно глядел в одну точку, точно прислушиваясь. Доктор сел на его кровать и пощупал пульс.
> — Миша, болит голова? — спросил он.
> Миша ответил не сразу:
> — Да. Мне всё снится.
> — Что тебе снится?
> — Всё...
> <...>
> — Очень голова болит?
> — О... очень. Мне всё снится (6: 310).

Загадочная реплика («Мне всё снится») повторяется в конце диалога, как бы настаивая на своей важности и придавая повествованию сновидческое измерение, благодаря которому реплики персонажей обретают дополнительный смысл.

«Нужно глядеть чудовищу прямо в глаза», — скажет матери мальчика доктор, имея в виду фатальный характер болезни (Там же).

Эмоциональное восклицание матери — «если он... умрет, то от меня останется одна только тень» (6: 309) — тоже, на первый взгляд, всего лишь фигура речи.

Но вскоре после этого, когда доктор возвращается из детской в гостиную, метафора частично реализуется: «Там уже было темно, и Ольга Ивановна, стоявшая у окна, казалась силуэтом».

Почему реализация метафоры частичная? Прежде всего, героиня только «кажется» силуэтом, так что ее трансформация в «тень» не окончательна и не безусловна. С другой стороны, поскольку мальчик еще не умер, незавершенность трансформации не отрицает ее процесса.

С миметической точки зрения, однако, никакого процесса нет, а есть только мгновенное восприятие, проистекающее из слабого освещения в комнате.

В результате — изображение, которое соединяет в себе признаки яви и сна, пограничное пространство (в следующем разделе будет показано, что такое смешение сна и реальности характеризует мир Чехова в целом).

Как и многие фундаментальные признаки этого мира, пограничье между сном и реальностью укоренено в природе чеховского слова, в частности в его колебаниях между прямым и переносным смыслами. Реплика героини о том, что от нее останется «одна только тень», — метафора, которая впоследствии частично материализуется. С другой стороны, кажущееся превращение в силуэт сдвигается в сторону метафоры, утрачивая в определенной степени свою буквальность.

Сходное напряжение — между комическим и драматическим. В первом же абзаце читаем: «Хозяйка дачи, Ольга Ивановна, стояла у окна, глядела на *цветочную* клумбу и думала. Доктор *Цветков*, ее домашний врач и старинный знакомый...» В рассказе, лишенном юмористического элемента, подобное обыгрывание фамилии героя могло бы показаться случайным, но прием повторяется позднее, в один из самых напряженных моментов повествования: «Ольга Ивановна уже не плакала, а по-прежнему в глубоком молчании глядела на *цветочную* клумбу. Когда *Цветков* подошел к ней...» (6: 311)[12]. Прочитанная как пережиток юмористического прошлого, говорящая фамилия Цветков содер-

[12] Ср. с тем, как фамилия героя обыгрывается в юмористическом рассказе «Заблудшие» (1885): «Но вот сквозь сон слышит он собачий *лай*. *Лает* сначала одна собака, потом другая, третья... и собачий *лай*, мешаясь с кудахтаньем, дает какую-то дикую музыку. Кто-то подходит к *Лаеву*...» (4: 78).

жит оттенок иронии в отношении героя, словно бы запрыгнувшего в комнату прямо с цветочной клумбы. Ирония может быть направлена и в адрес матери мальчика, свидетельствуя о некой театральности поведения обоих героев — при всей подлинности их страдания.

Кроме того, говорящая фамилия указывает на связь происходящего в комнате, где умирает Миша, с безмятежно-радостной атмосферой бала, который начинается в это время на дачном кругу. Контраст между комнатой и внешним миром очевиден. Но только ли это контраст? Почему повествователь подчеркивает, что «не только трубы, но даже скрипки и флейты» могли быть слышны, — как бы предлагая читателю детальный звукоряд этой сцены, ее звуковую дорожку? Можно предположить, что голос лирических инструментов (вспомним функцию скрипок и флейты в «Даме с собачкой») — внутренний голос самого мальчика, голос его страданий и снов, который не в состоянии расслышать его мать и эгоистичный доктор.

В поэтически-сновидческой перспективе устанавливается параллель между катастрофой и балом, молчанием умирающего мальчика и звуками марша, а затем — «веселого вальса», аккомпанирующих этому молчанию. Данная параллель усиливается общим контекстом чеховского творчества, в частности такими непохожими произведениями, как «В сарае» (1887), «Три года», «Три сестры» и «Вишневый сад».

В первом из них описывается скорбная атмосфера в усадьбе, где только что произошло самоубийство хозяина. Среди разнообразных деталей есть и такая: «В окнах флигеля замелькали тени, похожие на танцующие пары» (6: 281).

Аналогичное «сопряжение далековатых идей» — в описании смерти Нины Федоровны (сестры главного героя) из повести «Три года»: «С реки, где был каток, доносились звуки военной музыки.

— Няня, мама умирает! — сказала Саша, рыдая» (9: 47).

Звуки военного оркестра сопровождают скорбный финал «Трех сестер»: смерть Тузенбаха, уход военной бригады, крушение всех надежд, но «музыка играет так весело» (13: 187). Наконец, соединение катастрофы (потеря вишневого сада) и бала, проходящего под звуки еврейского оркестра в третьем акте «Вишневого сада». Комментируя этот акт в письме к Чехову, В. Э. Мейерхольд писал:

> «Вишневый сад продан». Танцуют. «Продан». Танцуют. И так до конца. Когда читаешь пьесу, третий акт производит такое же впечатление, как тот звон в ушах больного в вашем рассказе «Тиф». Зуд какой-то. Веселье, в котором слышны звуки смерти [Переписка Чехова 1996, 3: 398].

Обратное — смерть, в которой слышны звуки веселья, — не менее характерно для Чехова. Каждый из полюсов оппозиции изначально включает в себя другой полюс.

В случае с «Доктором» параллель между смертью и балом соотносится с общей динамикой сходства-различия между внешним миром и внутренним пространством дачи. Вначале кажется, что они существуют независимо и отдельно друг от друга. Затем возникает поэтическая соотнесенность, благодаря которой мир начинает восприниматься как единый: «Со двора не доносилось ни звука, точно *весь мир* заодно с доктором думал и не решался говорить» (6: 311). Позже, однако, дает о себе знать очевидный контраст между внутренним (гостиная) и внешним пространствами, каждое из которых к тому же обладает своей концепцией времени:

> Прошел ряд томительных пауз, прерываемых плачем и вопросами, которые ни к чему не ведут. Оркестр успел уже сыграть кадриль, польку и еще кадриль. Стало совсем темно. <...>
>
> В полночь, когда оркестр сыграл котильон и умолк, доктор собрался уезжать (6: 311–312).

В интерьере гостиной (первое предложение) время измеряется не минутами и часами, а «томительными паузами», то есть пустотами (заметим непривычную комбинацию сказуемого «прошел» с подлежащим «ряд томительных пауз» вместо ожидаемой единицы отсчета времени: час, полчаса и т. д.). Это статичное и застывшее время, которое «ни к чему не ведет».

Какой разительный контраст с движением времени во внешнем мире (второе предложение), где оркестр переходит от одного танца к другому! Но вновь контраст отсвечивает подобием. Во-первых, движение во внешнем мире — круговое (кадриль, полька и еще кадриль), то есть в определенной степени оно тоже «ни к чему не ведет», да и сам оркестр играет на дачном «кругу». Во-вторых, следующее же предложение — «Стало совсем темно» — снова соединяет два мира, на этот раз под покровом темноты.

Наконец, последнее предложение самой своей синтаксической структурой устанавливает корреляцию между завершением бала и отъездом доктора. Природа и уровень этой корреляции, однако, остаются непроясненными и предполагают целый спектр интерпретаций: от простого совпадения до того, что на языке другого рассказа можно назвать «какой-то невидимой, но значительной и необходимой связью» (10: 99).

Подводя итог, можно выделить четыре стадии семантического обмена. На первой стадии два элемента предстают как изолированные или контрастно противопоставленные друг другу. Вторая стадия обнаруживает скрытое родство этих элементов, проявляющееся через систему поэтических перекличек и мотивов. При этом вторая стадия заставляет по-новому взглянуть на первую. В частности, она побуждает увидеть, что противопоставленные или несвязанные элементы изначально заряжены друг другом и взаимопроницаемы (скрипки и флейты как голос мальчика, фамилия доктора как знак «внешнего» мира), иначе говоря — пребывают в процессе постоянного взаимодействия и взаимообмена.

Третья стадия — завершение предыдущей. На ней происходит своего рода конвергенция, иначе говоря — рождается новое целое, соединяющее в себе признаки обоих элементов, но не сводимое ни к одному из них по отдельности. «Весь мир», который «заодно с доктором думал и не решался говорить», — органическое единство, не могущее быть разделенным на внутреннее и внешнее пространства. Так же, если вспомнить недавний пример, «вся степь», которая «пряталась во мгле, как дети Мойсея Мойсеича под одеялом», — это новый, синкретический образ, не являющийся суммой своих составляющих.

Говоря более широко, моменты озарений в чеховских произведениях часто вызываются такой конвергенцией, когда разделенное осознается как неделимое, а, казалось бы, невозможное — как действительное. Кроме «больших» озарений, не следует пропускать и «малые», щедро разбросанные, как было показано при чтении отдельных предложений и абзацев, по страницам чеховских текстов (по аналогии с микрособытиями можно назвать их микроозарениями). Каждый раз, когда преодолеваются барьеры между разделенными — пространственными, темпоральными, концептуальными — сферами и возникает, пусть на короткое время, образ мира, где «все полно одной общей мысли, все имеет одну душу, одну цель» (10: 99), — в действие вступает стадия конвергенции.

Заключительная стадия — неизбежное последствие предыдущей. Как только возникает новая целостность, в действие вступают центробежные силы. В определенной степени эта стадия может рассматриваться как возвращение к первой (или, по крайней мере, как движение в таком направлении). Если вернуться к «Доктору»: бал закончен, музыка смолкла — и восстанавливается начальное разделение мира на автономные сферы. Однако, как было показано раньше, возвращение у Чехова никогда не является повторением. Ни одно озарение здесь не окончательно и не бесспорно. Но ни одно из них не может быть также аннулировано последующим ходом жизни (вспомним нелокальность образов и событий). Любое, самое мимолетное впечатление остается вписанным в поэтическую ткань повествования, изменяя нечто существенное в «составе» и «свойствах» изображаемого мира.

Первая и последняя стадии связаны с миметической (корпускулярной) перспективой, а вторая и третья — с поэтической (волновой).

Стадии семантического обмена характеризуют пространственные и темпоральные отношения, отражая динамику таких оппозиций, как внешнее и внутреннее пространства, «верх» и «низ», столица и провинция, деревня и город, прошлое и настоящее, мимолетное и вечное. Они могут быть прослежены и на уровне персонажей и художественной философии, определяя взаимоотношения между «антагонистами», между автором и героем, между противопоставленными друг другу суждениями, концепциями, мировоззрениями. В сущности, эти стадии способны описать (разумеется, не обязательно в такой последовательности) развитие любой бинарной оппозиции, будь то сон и явь, смерть и «веселье» или, например, «есть Бог» и «нет Бога», выявляя противоположные полюса как изначально включающие друг друга.

Особенно важно то, что все эти стадии протекают не только диахронно, но и синхронно. Доминирование любой из них в данный момент повествования не отменяет подводного течения остальных. Например, стадии сближения и даже конвергенции не перечеркивают антагонизма конвергируемых элементов, а просто на время выводят его из фокуса. Соответственно, стадия дезинтеграции подрывает, но не отменяет факта конвергенции.

Подобно «волновой» интерпретации отдельных образов, все эти стадии могут быть увидены как эманации единого процесса. Но даже рассматриваемая отдельно, каждая из стадий предполагает подспудное присутствие всех остальных и обязательно является промежуточной. Подобная текучесть не исключает моментов истины и определенности. Скорее она означает постоянно присутствующую в чеховском мире возможность того, что любой образ или идея могут быть увидены в иной — пространственной, темпоральной, концептуальной — перспективе, не только в своей актуальности, но и как нереализованный потенциал.

Между явью и сном: пограничная реальность (I)

> Есть бытие; но именем каким
> Его назвать? Ни сон оно, ни бденье:
> Меж них оно...
>
> *Евгений Баратынский*

«Мы пишем жизнь такою, какая она есть, а дальше — ни тпрру ни ну...» — заметил Чехов в известном письме А. С. Суворину от 25 ноября 1892 года (П 5: 133). Действительно, даже сны у Чехова редко заступают за границы жизни, «какая она есть». Часто они — перечисления, каталоги произошедших в реальности событий, иногда просто картинки с натуры: «Ему снилась печка. На печи сидит дед, свесив босые ноги, и читает письмо кухаркам... Около печи ходит Вьюн и вертит хвостом...» («Ванька», 1886 (5: 481)); «Тетке приснился собачий сон, будто за нею гонится дворник с метлой, и она проснулась» («Каштанка» (6: 440)); «Снился ему стук лошадиных копыт о бревенчатый пол, снилось, как из конюшни вывели сначала вороного Графа Нулина, потом белого Великана, потом сестру его Майку» («Учитель словесности» (8: 324)).

Переход в состояние сна не прерывает у Чехова течения действительной жизни, а соответственно — и течения мыслей героя: «Скоро он уснул. И последней его мыслью было то, что кто-то обласкал и обрадовал его, что в его жизни совершилось что-то необыкновенное, глупое, но чрезвычайно хорошее и радостное. Эта мысль не оставляла его и во сне» («Поцелуй» (6: 415–416)); «Фанатик своего дела, Кузьмичов всегда, даже во сне и за молитвой в церкви, когда пели “Иже херувимы”, думал о своих делах, ни на минуту не мог забыть о них, и теперь, вероятно, ему снились тюки с шерстью, подводы, цены, Варламов...» («Степь» (7: 23–24)); «Она засыпает и все думает о том же, и слезы текут у нее по щекам из закрытых глаз» («Душечка», 1899 (10: 113)).

Но вот что интересно: наряду со снами, неотличимыми от реальности, у Чехова — и в значительно большей степени — распространены описания действительности, неотличимые от сновидений. Кажется даже, что в этих квазиснах Чехов разрешает себе бóльшую свободу, чем при изображении снов реальных. Вспомним, например, описание тумана из рассказа «Мечты», придающее, по меткому наблюдению Дональда Рейфилда, «кафкианскую интенсивность» этому произведению [Rayfield 1999: 39–40]: «Путники давно уже идут, но никак не могут сойти с небольшого клочка земли. Впереди них сажен пять грязной, черно-бурой дороги, позади столько же, а дальше, куда ни взглянешь, непроглядная стена белого тумана. Они идут, идут, но земля все та же, стена не ближе, и клочок остается клочком» (5: 396). Не отличить от кошмарного сна то, что наяву переживает во время своей «воробьиной ночи» протагонист «Скучной истории»:

> Жутко. Закрываю окно и бегу к постели. Щупаю у себя пульс и, не найдя на руке, ищу его в висках, потом в подбородке и опять на руке, и все это у меня холодно, склизко от пота. Дыхание становится все чаще и чаще, тело дрожит, все внутренности в движении, на лице и на лысине такое ощущение, как будто на них садится паутина...
>
> Я прячу голову под подушку, закрываю глаза и жду, жду... Спине моей холодно, она точно втягивается вовнутрь, и такое у меня чувство, как будто смерть подойдет ко мне непременно сзади, потихоньку...
>
> — Киви-киви! — раздается вдруг писк в ночной тишине, и я не знаю, где это: в моей груди или на улице?
>
> — Киви-киви! (7: 301).

Вот почему даже там, где мы имеем дело с настоящими, то есть очевидно не укладывающимися в рамки жизнеподобия, снами, эти сны не выбиваются из общего тона изображения действительности. Уже упоминался сон из «Каштанки», лишенный признаков сна. В рассказе есть другой сон:

> Ей приснились две большие черные собаки с клочьями прошлогодней шерсти на бедрах и на боках; они из большой лохани с жадностью ели помои, от которых шел белый пар и очень вкусный запах; изредка они оглядывались на Тетку, скалили зубы и ворчали: «А тебе мы не дадим!» Но из дому выбежал мужик в шубе и прогнал их кнутом; тогда Тетка подошла к лохани и стала кушать, но как только мужик ушел за ворота, обе черные собаки с ревом бросились на нее, и вдруг опять раздался пронзительный крик (6: 441).

В отличие от первого, этот сон, при всем жизнеподобии, символичен: за «черными собаками» угадывается присутствие смерти. Однако вот как близость смерти переживается в той же главе Каштанкой наяву: «Тетке было страшно. Гусь не кричал, но ей опять стало чудиться, что в потемках стоит кто-то чужой. Страшнее всего было то, что этого чужого нельзя было укусить, так как он был невидим и не имел формы» (6: 442). Легко ли без соответствующей маркировки определить, какой из этих фрагментов принадлежит сфере сна, а какой — реальности?

Снова непосредственный сон — теперь из «Степи»: «Тит на тонких ножках подошел к постели и замахал руками, потом вырос до потолка и обратился в мельницу. О. Христофор, не такой, каким он сидел в бричке, а в полном облачении и с кропилом в руке, прошелся вокруг мельницы, покропил ее святой водой, и она перестала махать» (7: 90). А за несколько страниц до этого — реальность:

> Глаза опять нечаянно открылись, и Егорушка увидел новую опасность: за возом шли три громадных великана с длинными пиками. Молния блеснула на остриях их пик и очень явственно осветила их фигуры. То были люди громадных размеров, с закрытыми лицами, поникшими головами и с тяжелою поступью. Они казались печальными и унылыми, погруженными в раздумье. Быть может, шли они за обозом не для того, чтобы причинить вред, но все-таки в их близости было что-то ужасное (7: 87).

Еще один пример — из «Попрыгуньи»:

> Время тянулось ужасно долго. Ольга Ивановна лежала одетая в неубранной с утра постели и дремала. Ей чудилось, что вся квартира от полу до потолка занята громадным куском железа и что стоит только вынести вон железо, как всем станет весело и легко (8: 29).

Сон героини (заметим при этом, что она не спит, а только дремлет, и «кусок железа» ей не снится, а «чудится»), переходя границу жизнеподобия, все же не переступает границ реальности, какой она предстает — через восприятие Ольги Ивановны — в той же главе наяву: «Стены, потолок, лампа и ковер на полу замигали ей насмешливо, как бы желая сказать: “Прозевала! прозевала!”» (8: 30). Вполне сновидческим выглядит и описание в одной из предыдущих глав: «И казалось, что роскошные зеленые ковры на берегах, алмазные отражения лучей, прозрачную синюю даль и все щегольское и парадное природа сняла теперь с Волги и уложила в сундуки до будущей весны, и вороны летали около

Волги и дразнили ее: "Голая! голая!"» (8: 17). Сам же образ «громадного куска железа» может быть сопоставлен со «страшным громадным белым медведем» как воплощением безжалостной внешней силы — образом, который в сознании героини из «Анны на шее» (1895) (и уже не во сне, а наяву) надвигается на «слабых и виноватых» (9: 166–167).

Итак, если сны у Чехова обычно не выделяются по тону и духу из общего фона действительности, то действительность в восприятии героев настойчиво наделяется признаками сновидения. Поэтому, в частности, оказывается возможным переосмысление сна как действительности и действительности как сна. Так происходит в рассказе «В ссылке»:

> Рыжий глинистый обрыв, баржа, река, чужие, недобрые люди, голод, холод, болезни — быть может, всего этого нет на самом деле. Вероятно, все это только снится, — думал татарин. Он чувствовал, что спит, и слышал свой храп... Конечно, он дома, в Симбирской губернии, и стоит ему только назвать жену по имени, как она откликнется; а в соседней комнате мать... Однако, какие бывают страшные сны! К чему они? Татарин улыбнулся и открыл глаза. Какая это река? Волга? (8: 47–48).

Еще более показательный пример — в рассказе «На подводе». В исходной точке повествования героиня оторвана от прошлого, даже «отвыкла вспоминать» о нем: «Когда-то были у нее отец и мать, жили в Москве, около Красных ворот, в большой квартире, но от всей этой жизни осталось в памяти что-то смутное и расплывчатое, точно сон» (9: 335). На другом конце цепи: «Да, никогда не умирали ее отец и мать, никогда она не была учительницей, то был длинный, тяжелый, странный сон, а теперь она проснулась» (9: 342). Такова кульминация рассказа, но не его финал. В самых последних строчках героиня снова просыпается (а можно было бы сказать — снова погружается в сон). Она возвращается к прежнему, но можно ли однозначно сказать куда — из сна в реальность или из реальности в сон? У Чехова есть загадочная запись, которую можно считать ответом на этот вопрос: «И мне снилось, будто то, что я считал действительностью, есть сон, а сон есть действительность» (Записные книжки; 17: 156).

«Не спишь, но видишь сны»: визионеры

Игорь спит, Игорь бдит...
Слово о полку Игореве

Образ мира, где сон и действительность постоянно перетекают друг в друга, связан прежде всего с восприятием героев (не забудем, что образ мира у Чехова «пропущен» сквозь призму конкретного воспринимающего сознания). Герой у Чехова может спать и одновременно бодрствовать: «Громадное впечатление росло и росло, заволокло собой сознание и обратилось в сладкий сон. Иловайская спала, но видела лампадку и толстый нос, по которому прыгал красный свет» (5: 474). Для того чтобы ощутить себя за порогом реальности, не обязательно закрывать глаза:

> Я отворяю окно, и мне кажется, что я вижу сон: под окном, прижавшись к дереву, стоит женщина в черном платье, ярко освещенная луной, и глядит на меня большими глазами. Лицо ее строго и фантастично от луны, как мраморное (7: 303).

В «Доме с мезонином» после первой встречи с Лидой и Мисюсь художник описывает свое состояние так: «И я вернулся домой с таким чувством, как будто видел хороший сон» (9: 175). Показателен кульминационный момент повести «Моя жизнь»:

> И вдруг что-то сделалось с моим сознанием; точно мне приснилось, будто зимой, ночью, я стою в бойне на дворе, а рядом со мною Прокофий, от которого пахнет перцовкой; я сделал над собой усилие и протер глаза, и тотчас же мне представилось, будто я иду к губернатору для объяснений. Ничего подобного не было со мной ни раньше, ни потом, и эти странные воспоминания, похожие на сон, я объясняю переутомлением нервов. Я переживал и бойню, и объяснение с губернатором и в то же время смутно сознавал, что этого нет на самом деле (9: 274).

«Спала, но видела», «кажется, что я вижу сон», «точно мне приснилось»... Чтобы понять, насколько подобные состояния характерны для чеховских героев, стоит вспомнить, как часто они страдают бессонницей, хотят, но не имеют возможности заснуть и в этом пограничном между сном и бодрствованием положении переживают видения, как бы сны наяву[13]. Мотивацией таких видений, причудливо переплетающих фантастическое с реальным, могут служить болезнь и связанный с ней бред, расстройство нервов, иногда просто усталость, перенапряжение чувств, мыслей. Памятно первое предложение «Черного монаха»: «Андрей Васильич Коврин, магистр, утомился и расстроил себе нервы» (8: 226). Но кто из чеховских протагонистов, включая детей и животных, не утомлен и у кого не расстроены нервы?[14]

На границе между сном и реальностью развивается действие в рассказе «Спать хочется» (1888), где сны и реальность, как пишет Г. П. Струве, «теснят друг друга, вторгаются друг в друга, друг с другом сливаются» [Struve 1961: 466]. Подобное происходит в комическом «дублете» (термин Сухих) этого рассказа — «Драме» (1887), где герой, который безуспешно борется с желанием заснуть, начинает видеть галлюцинации: «Мурашкина стала пухнуть, распухла в громадину и слилась с серым воздухом кабинета; виден был только один ее двигающийся рот; потом она вдруг стала маленькой, как бутылка, закачалась и вместе со столом ушла в глубину комнаты...» (6: 229). Так же, как в «Спать хочется», «ложное представление» приводит к убийству.

«Спать хочется» — так можно было бы назвать и первых четыре главы «Степи», где Егорушка «изнеможен зноем и полусном» (7: 26), «сквозь полусон слышал» (7: 40); «на пути <...> открыл наполовину глаза» (7: 43), где «его голову тянуло вниз, глаза слипались, и мысли путались, как нитки» (7: 37), «сонный мозг совсем отказался от обыкновенных мыслей, туманился и удерживал одни только сказочные фантастические образы» (7: 44). Предчувствием галлюцинаций магистра Коврина среди этих «фантасти-

---

13 См. краткую типологию этих видений в [Архипов 2001: 161–165].

14 См. [Сухих 2015].

ческих» образов возникает и «силуэт, похожий на монаха». Егорушка не спит, а бодрствует, и то, что он видит, точнее было бы назвать видениями, а не снами. Именно видения, а не сны, характерны для чеховских героев. Лучше всего, кажется, особенность таких состояний выразил герой «Скучной истории»: «Я не сплю, а переживаю сонливое состояние, полузабытье, когда знаешь, что не спишь, но видишь сны» (7: 292).

Такого рода визионерство среди героев Чехова — не исключение, а правило. Эти, по расхожему мнению, заурядные, скучные, ничем не выдающиеся люди воображают земной шар «через миллион лет» («Палата № 6» (8: 116)), слышат в шуме моря «бесконечно далекое, невообразимое время, когда Бог носился над хаосом» («Дуэль», 1891 (7: 440)), видят, как им кажется, «сквозь тысячи верст этой тьмы» («Убийство» (9: 160)), прозревают в могильных памятниках «прекрасные тела», «формы, которые стыдливо прятались в тени деревьев» («Ионыч» (10: 32)), одушевляют любой клочок тумана или мимолетное очертание облака, переводят на человеческий язык голоса птиц, шум метели и ветра. Практически все они — от собаки Каштанки до профессора Николая Степаныча, от Варьки из «Спать хочется» до Ольги Ивановны из «Попрыгуньи», от бессрочноотпускного рядового Гусева до магистра Коврина, архиерея или старой «мнительной» волчихи из «Белолобого» (1892) — наделены этой особой поэтической восприимчивостью, способной порождать видения.

Сама по себе распространенность данного феномена свидетельствует о том, что нельзя говорить только об особенностях отдельных персонажей. Речь должна идти о поэтическом ви́дении автора, последовательно реализующем себя в том, как герои произведений воспринимают мир.

Благодаря такому ви́дению жизнь, «какая она есть», обретает ночное, сновидческое измерение.

Ночная сторона: «Страхи»

Так, в Нагорном Карабахе,
В хищном городе Шуше
Я изведал эти страхи,
Соприродные душе.

Осип Мандельштам

Рассказ «Страхи» можно рассматривать как введение в ночного Чехова. «За все время, пока я живу на этом свете, мне было страшно только три раза» (5: 186) — выделенное в абзац первое предложение сразу же вводит тему страха, представляет рассказчика (человек, которому было страшно «только три раза», явно не из пугливых), создает атмосферу таинственности и тревожного ожидания.

Действие первого эпизода происходит июльским вечером. По дороге на почтовую станцию рассказчик замечает «странное» явление: в верхнем ярусе колокольни мерцает огонек, происхождение которого невозможно объяснить рационально. С этим загадочным огоньком и связано возникновение страха.

В поэтической перспективе, однако, страх подготавливается исподволь. Вслушаемся в безобидное на первый взгляд предложение, открывающее третий абзац: «Солнце давно уже село, и на всей земле лежала сплошная серая тень» (5: 186). «Пугающая» звукопись (се́ло — серая) соединяется с тотальностью пространственного охвата («на всей земле», «сплошная» тень). Скрытая угроза — с самого начала, еще до появления огонька — таится и в образности: «Путь наш лежал по узкой, но прямой, как линейка, проселочной дороге, которая, как большая змея, пряталась в высокой густой ржи». Следующее предложение переводит взгляд снизу вверх, на небо: «Бледно догорала вечерняя заря; светлая полоса перерезывалась узким неуклюжим облаком, которое походило то на лодку, то на человека, окутанного в одеяло...» При переходе к небу страшное приобретает форму таинственного, но «узкое» облако возвращает к «узкой» дороге, а зловещее «перерезывалось» — через *з* — не позволяет забыть о змее.

Магия реального проявляется и в общем описании села, где находится колокольня. «Как по волшебству», перед рассказчиком и его спутником раскинулась «богатая картина»:

> Мы стояли на горе, а внизу под нами находилась большая яма, полная сумерек, причудливых форм и простора. На дне этой ямы, на широкой равнине, сторожимое тополями и ласкаемое блеском реки, ютилось село. Оно теперь спало... Его избы, церковь с колокольней и деревья вырисовывались из серых сумерек, и на гладкой поверхности реки темнели их отражения (5: 186–187).

Снова вслушаемся — рассказы Чехова обязательно нужно расслышать, не только прочитать глазами, — как повествование развивается через развертывание звуковых мотивов («ла**ск**аемое бле**ск**ом», «юти**лось** **село**», «**серых** **с**уме**рек**»), а труднопроизносимое «вырисовывались» ритмически возвращает к «перерезывалось».

Кроме того, так же как в компактном поэтическом тексте, многочисленные переклички и ассоциации сближают «далековатые идеи», заставляя разрозненные пространственные миры, «верх» и «низ» отсвечивать друг другом. Например, «причудливые формы», которыми полна яма, напоминают об изменчивости форм «неуклюжего» облака: «лодка» подготавливает появление реальной реки, а «окутанный в одеяло» человек — «сторожимое тополями» село. Так же — на уровне эпитетов — «большая» яма отсылает к «большой» змее, а «серые сумерки» — к «сплошной серой тени».

Поэтическое ви́дение рассказчика создает образ мира, в котором все, чего касается его взгляд, становится одушевленным, а таинственное, пугающее, странное как будто растворено в воздухе. Хотя самому рассказчику огонек в верхнем ярусе колокольни кажется «одним странным обстоятельством», в поэтической ткани повествования этот образ — органичная часть пейзажа, с необходимостью проступающая из его глубины.

Важно отметить, что, по мере того как рассказчиком овладевает страх, огонек претерпевает метаморфозу: «Меня охватило чувство одиночества, тоски и ужаса, точно меня против воли бросили в эту большую, полную сумерек яму, где я один на один стоял с колокольней, глядевшей на меня своим красным глазом» (5: 187–188). «Красный глаз» колокольни — взгляд самой реальности, какой она предстает в рассказе. В «поэтическом хозяйстве» Чехова этот образ-символ не пропадет. Спустя годы он возникнет в книге иного жанра — документальном «Острове Сахалин» (1893–1895): «Днем маяк, если посмотреть на него снизу, — скромный белый домик с мачтой и с фонарем, ночью же он ярко светит в потемках, и кажется тогда, что каторга глядит на мир своим красным глазом» (14: 106).

Обстановка, предшествующая возникновению «другого страха», казалось бы, не содержит в себе ничего пугающего. Наоборот, ночной пейзаж описывается в подчеркнуто жизнеутверждающих тонах: «Не спала природа, точно боялась проспать лучшие мгновения своей жизни» (5: 188). Соответствующим оказывается и настроение рассказчика, который возвращается со свидания: «...здоровье и молодость чувствовались в каждом вздохе, в каждом моем шаге, глухо раздававшемся в однообразном гуле ночи. Не помню, что я тогда чувствовал, но помню, что мне было хорошо, очень хорошо!» (5: 188).

Характерная деталь: на месте таинственного красного огонька теперь оказывается его антагонист — «тусклый зеленый огонек». Красный огонек «то замирал на мгновение, то ярко вспыхивал», в то время как зеленый горит «покойно», усиливая ощущение общего «благополучия». Внимательный читатель, однако, может заметить и настораживающие детали: рассказчик шел «по узкой тропинке у самого края железнодорожной насыпи». Упоминание «края» вносит тревожную ноту, а «узкая» тропинка напоминает об «узкой» дороге, которая, как мы помним, сравнивалась с большой змеей, и «узком неуклюжем» облаке, постоянно менявшем свои очертания. К ситуации страха возвращает и упоминание о том, что «на небе мимо луны куда-то без оглядки бежали облака».

В целом же описание выдержано в мажорном ключе, и источник страха появляется неожиданно: «...я вдруг услышал позади себя однозвучный, похожий на журчанье большого ручья, рокот. С каждой секундой он становился все громче и громче и слышался все ближе и ближе». Звуковой образ тут же сменяется зрительным: «...на повороте показалось большое черное тело, которое с шумом понеслось по направлению ко мне и с быстротою птицы пролетело возле меня, по рельсам» (5: 189).

В поэтическом контексте рассказа «большое черное тело» (как выяснится впоследствии, это был «обыкновенный товарный вагон») находится в одном ряду с «большой змеей» и «большой ямой». Отметим, забегая вперед, что источником третьего «хорошего страха» станет встреча с «большой черной собакой».

Как и в первом случае, рассказчик не может рационально объяснить таинственное явление. Сходной оказывается и его реакция: чувство одиночества («я вдруг почувствовал, что я одинок, один как перст на всем громадном пространстве») и беззащитности перед чьим-то неотступным взглядом («ночь, которая казалась уже нелюдимой, засматривает мне в лицо и сторожит мои шаги»). В результате окружающий мир предстает враждебным по отношению к человеку («...все звуки, крики птиц и шепот деревьев казались уже зловещими, существующими только для того, чтобы пугать мое воображение»). Не в силах совладать со страхом, рассказчик «побежал, стараясь бежать быстрей и быстрей»: напоминание о том, как в начале эпизода, посреди, казалось бы, оптимистического пейзажа, бежали куда-то «без оглядки» облака!

Мотив «пристального взгляда» настойчиво повторяется и в третьем эпизоде (встреча с черной собакой): «пес пристально посмотрел на меня, прямо мне в лицо», «не отрывал глаз от меня», «устремил на меня пристальный взор», «глядел и не моргал», «от пристального взгляда обыкновенных собачьих глаз мне стало вдруг жутко», «пес оглянулся, пристально поглядел на меня». На пространстве последней страницы рассказа эти повторения буквально наплывают друг на друга.

В отличие от первого случая, фантастическое во втором и третьем эпизодах получает объяснение. Соответственно, согласно утверждению рассказчика, пропадает его страх. Но в поэтическом контексте рассказа «большое черное тело» не отменяется «обыкновенным товарным вагоном». Дневное (рациональное) и ночное (таинственное) у Чехова — две стороны одной реальности, которые постоянно отсвечивают друг другом.

Двойственностью отличается и образ рассказчика. «Я вспомнил про Фауста и его бульдога и про то, что нервные люди иногда вследствие утомления бывают подвержены галлюцинациям» (5: 191). Рассказчик не говорит прямо, что сам он относится к таким людям, но ситуация страхов выявляет то, чего «дневной» рассказчик не знает — или не хочет знать — о себе самом: его внутреннее смятение, тревогу, «непоправимое» одиночество. Страх растворен в реальности, однако сама эта реальность, не будем забывать, представлена через восприятие рассказчика, увидена его глазами, создана его художественным воображением. Взгляд колокольни, ночи, собаки в таком случае может быть понят и как объективированный взгляд самого рассказчика, возвращенный ему реальностью.

И все же не случайно страх сопровождается эпитетом «хороший». У страха есть другая сторона, связанная с творчеством. «На обратном пути огонька уже не было, но зато силуэты изб, тополей и гора, на которую пришлось въезжать, казались мне одушевленными» (5: 188). «И тотчас же я услышал то, на что раньше не обращал внимания, а именно жалобный стон телеграфных проволок» (5: 189–190). Практически в каждом произведении Чехова можно найти примеры подобного «одушевления», являющиеся во многом визитной карточкой чеховского стиля. Рассказ демонстрирует связь между таким — поэтическим — ви́дением мира и чувством страха перед «непостигаемым бытием». Страх здесь оказывается синонимом художественной восприимчивости: он подпитывает воображение, одушевляет неодушевленное и стимулирует тем самым возникновение поэтических образов.

Между обыденным и таинственным: пограничная реальность (II)

> И мир опять предстанет странным,
> Закутанным в цветной туман.
>
> *Александр Блок*

«Скромный белый домик» и «красный глаз» каторги; «большое черное тело» и «обыкновенный товарный вагон»; «большая черная собака» старого приятеля и реинкарнация черта или галлюцинация... В терминах промежуточности эта двойственность может быть определена как колебание между обыденным и таинственным. Подобное колебание характеризует и мир в целом, и отдельные образы.

В рассказе «Мертвое тело» (1885) два мужика — безымянный молодой парень и его старший напарник Сема — исполняют «одну из самых тяжелых и неприглядных крестьянских повинностей»: стерегут мертвое тело. Одни в ночной темноте, персонажи напуганы близостью трупа. Атмосфера страха и тревожного ожидания, как часто у Чехова, подпитывается присутствием тумана, который «матовой пеленой застилает все, доступное для глаза» и «дает впечатление то спокойного, беспредельного моря, то громадной белой стены» (4: 126):

> Вдруг в лесу раздается протяжный, стонущий звук. Что-то, как будто сорвавшись с самой верхушки дерева, шелестит листвой и падает на землю. Всему этому глухо вторит эхо. Молодой вздрагивает и вопросительно глядит на своего товарища.
>
> — Это сова пташек забижает, — говорит угрюмо Сема (4: 127).

«Протяжный, стонущий звук» обретает собственную жизнь до того, как получает объяснение. В символическом плане этот звук — голос самой темноты. Как таковой он не может быть исчерпан рациональным объяснением (сова «забижает» пташек).

Оптические иллюзии играют сходную роль тем, что выводят на поверхность «теневую» сторону отдельных образов (и реальности в целом). Типичное чеховское описание: «Послышался плеск воды, и под ногами лошадей и около колес запрыгали звезды, отражавшиеся в воде» («Почта», 1887 (6: 336)). Образ «прыгающих» звезд предшествует уточняющему сообщению о том, что на самом деле это были не звезды, а их отражения. Поэтический образ успевает закрепиться в сознании читателя до того, как следует «прозаическое» разъяснение. Две реальности — поэтически-сновидческая и основанная на жизнеподобии — накладываются друг на друга в границах одного предложения.

Сновидческая картина предшествует миметическому объяснению и в следующем описании из рассказа «Холодная кровь»:

> Вагон полон груза. Если сквозь тусклый свет фонаря вглядеться в этот груз, то в первую минуту глазам представится что-то бесформенно-чудовищное и несомненно живое, что-то очень похожее на гигантских раков, которые шевелят клешнями и усами, теснятся и бесшумно карабкаются по скользкой стене вверх к потолку; но вглядишься попристальнее, и в сумерках начинают явственно вырастать рога и их отражения, затем тощие, длинные спины, грязная шерсть, хвосты, глаза. Это быки и их тени (6: 371).

Вновь можно заметить, что рациональное объяснение не перечеркивает фантастической образности. Скорее наоборот, это объяснение создает предпосылку для нового цикла таинственного: быки и их тени представлены так, как будто они существуют независимо друг от друга. Стоит ли удивляться, что на следующей странице мы прочтем: «Старик встает и вместе со своею длинною тенью осторожно спускается из вагона в потемки» (6: 372)? Мог ли персонаж спуститься из вагона без своей тени? С миметической точки зрения упоминание тени излишне[15]. В поэтической перспективе оно расширяет границы реального, добавляя в него элемент таинственного и сновидческого.

Собственным существованием наделяется тень и в восприятии больного протагониста из рассказа «Тиф»: «Ночью раз за разом

---

[15] Можно понять раздражение Н. К. Михайловского, утверждавшего, в том числе и в связи с этим рассказом: «...г-ну Чехову все едино: что человек, что его тень, что колокольчик, что самоубийца» [Михайловский 2002: 84].

бесшумно входили и выходили две тени. То были тетка и сестра. Тень сестры становилась на колени и молилась: она кланялась образу, кланялась на стене и ее серая тень, так что Богу молились две тени» (6: 134). Для того чтобы осознать независимость тени, не обязательно находиться в бреду. В рассказе «В усадьбе» (1894) первое же предложение упоминает «длинную, узкую тень», которую «бросает» на стену и потолок главный герой. Чуть ниже: «Когда он широко расставлял ноги, то длинная тень его походила на ножницы». В этом предложении тень уже подлежащее, а не дополнение. Кроме того, она получила индивидуальное очертание в форме ножниц. Наконец, при третьем упоминании тень становится независимым субъектом действия: «Рашевич остановился, расчесывая бороду обеими руками; остановилась и его тень, похожая на ножницы» (8: 335).

В «Спать хочется» важную роль играют тени и «большое зеленое пятно» на потолке. Сперва мы узнаём, что зеленое пятно — всего лишь отражение лампадки, а тени падают от пеленок и панталон. По ходу действия, однако, они наделяются субъектностью и становятся — через восприятие героини — полноправными участниками разворачивающейся трагедии, воплощением внешних сил, старающихся овладеть сознанием Варьки.

Колебание поэтических образов между таинственным и обыденным особенно ощутимо в «Степи». Откроем начало второй главы: «Егорушка услышал тихое, очень ласковое журчанье и почувствовал, что к его лицу прохладным бархатом прикоснулся какой-то другой воздух» (7: 20). Следующее предложение дает рациональное объяснение и «другому» воздуху, и «прохладному бархату»: речь идет о «тонкой струйке воды», которая бежала сквозь трубочку болиголова. Однако холм в этом объясняющем предложении представлен в достаточно фантастическом свете: он «склеен природой из громадных, уродливых камней». Соответственно, и трубочка вставлена «каким-то неведомым благодетелем», что открывает возможность для фантастического прочтения. Струйка воды, в свою очередь, тут же обретает статус микропротагониста с полагающимися этому статусу индивидуальностью и собственной драмой: «Она падала на землю и, прозрачная, веселая, сверкающая на солнце и тихо ворча, точно воображая себя сильным и бурным потоком, быстро бежала куда-то влево» (Там же).

Основываясь на приведенных примерах, можно заметить определенную закономерность: таинственное у Чехова немедленно получает рациональное объяснение, но само это объяснение наделено потенциалом таинственного и потому становится источником новых поэтических образов и метаморфоз. Трудно было бы подобрать лучший пример для иллюстрации подобной динамики, чем песня травы.

На поверхности никакой тайны нет. С самого начала Егорушка понимает, что песню «где-то неблизко» пела женщина. Невозможность определить местонахождение этой женщины переадресовывает песню другому потенциальному исполнителю, добавляя к изображаемой картине фантастическое измерение: «Песня тихая, тягучая и заунывная, похожая на плач и едва уловимая слухом, слышалась то справа, то слева, то сверху, то из-под земли, точно над степью носился невидимый дух и пел» (7: 24). Следующая ступень: переход от «невидимого духа» к новому потенциальному исполнителю — траве. После описания песни травы, превращающего ее в лирического микропротагониста, Егорушка наконец способен разглядеть «подлинную» исполнительницу песни — бабу в короткой исподнице, «длинноногую и голенастую, как цапля» (Там же).

Итак, в поисках исполнителя Егорушка совершает круговое движение: от невидимой женщины к тоже невидимому и вездесущему духу, затем к траве и — назад к женщине, на сей раз локализованной в пространстве. С миметической точки зрения эта женщина и есть единственная исполнительница песни. В поэтической перспективе, однако, мы не вправе рассматривать «невидимого духа» и «поющую траву» только как продукты Егорушкиного воображения: они ничуть не менее реальны, чем баба в исподнице. С другой стороны, по соседству с фантастическими образами сама эта женщина обретает ауру таинственного: обратим внимание на ее сравнение с цаплей.

Любой чеховский образ обладает потенциалом таинственного, который может быть активирован в определенной точке повествования. Вот, например, начало абзаца из рассказа «В ссылке»:

> Тяжелая неуклюжая баржа отделилась от берега и поплыла меж кустов тальника, и только по тому, что тальник медленно уходил назад, заметно было, что она не стояла на одном месте, а двигалась. Перевозчики мерно, враз, взмахивали веслами; Толковый лежал животом на руле и, описывая в воздухе дугу, летал с одного борта на другой (8: 48).

Описание — целиком в границах жизнеподобия. Чехов, однако, не останавливается здесь и, не переводя дыхания, завершает абзац еще одним предложением, в котором это описание обретает сновидческое измерение: «Было в потемках похоже на то, как будто люди сидели на каком-то допотопном животном с длинными лапами и уплывали на нем в холодную унылую страну, ту самую, которая иногда снится во время кошмара» (Там же).

Первоначальное описание фабричных корпусов и бараков из рассказа «Случай из практики» (1898) также безупречно с точки зрения жизнеподобия и как будто не содержит фантастического элемента: «По случаю праздника не работали, было в окнах темно, и только в одном из корпусов горела еще печь, два окна были багровы, и из трубы вместе с дымом изредка выходил огонь» (10: 80). Однако, следуя за мыслями главного героя, читатель становится свидетелем внезапной метаморфозы:

> Послышалось около третьего корпуса: “жак... жак... жак...” И так около всех корпусов и потом за бараками и за воротами. И похоже было, как будто среди ночной тишины издавало эти звуки само чудовище с багровыми глазами, сам дьявол, который владел тут и хозяевами, и рабочими, и обманывал и тех и других (10: 81).

На месте «багровых окон» оказывается «чудовище с багровыми глазами». Двойственность сохраняется и при последующем развитии этого образа: «И он думал о дьяволе, в которого не верил, и оглядывался на два окна, в которых светился огонь. Ему казалось, что этими багровыми глазами смотрел на него сам дьявол...» (10: 81–82).

Вот почему такой неслучайной, уводящей в глубины чеховского мира, представляется запись о видениях, которые посещают «самое жизнь»: «Зачем Гамлету было хлопотать о видениях после смерти, когда самое жизнь посещают видения пострашнее?!» (Записные книжки; 17: 152)[16]. Принять ее, однако, следует с одним уточнением: эти видения не обязательно являются «страшными». Здесь уместно еще раз процитировать записные книжки: «Мне хочется, чтобы на том свете я мог думать про эту жизнь так: то были прекрасные видения» (17: 102). Вспомним хотя бы «стадо оленей, необыкновенно красивых и грациозных», пробегающих «мимо» Рагина за мгновение до его смерти и как бы разрывающих замкнутое пространство палаты № 6 (8: 126). Или — не менее известный пример — реплика Раневской из «Вишневого сада»: «Посмотрите, покойная мама идет по саду... в белом платье! (*Смеется от радости.*) Это она» (13: 210). Как всегда у Чехова, таинственное укоренено в реальном: «Направо, на повороте к беседке, белое дерево склонилось, похоже на женщину». Без «белого дерева» не ожил бы образ мамы. Но верно и обратное: память о маме трансформирует образ белого дерева и выявляет его «женственность». Сновидческое и реальное, таинственное и обыденное не просто связаны «непрерывною цепью»: они постоянно отсвечивают друг другом.

---

[16] Подробнее об этой записи и ее отражении в творчестве Чехова см. [Паперный 1976: 361–368].

Глава 2

От «облаков пыли» к «облакам на горизонте»: «Красавицы»

«Красота страшна» — Вам скажут...
Александр Блок

В начале были облака

Рассказ «Красавицы» (1888) интересен не только сам по себе, но и как свидетельство поэтической природы чеховской прозы, проявляющейся здесь с особенной наглядностью. Практически лишенный фабулы, рассказ строится на развитии мотивов, наиболее важный среди которых — мотив облаков.

Первое их воплощение — «облака пыли», неотделимые от «сухого, горячего ветра», жары и скуки путешествия по степи. Из-за пыли и ветра рассказчик (первая главка возвращает нас ко времени его детства) находится в состоянии «полусна», когда ему «не хотелось ни глядеть, ни говорить, ни думать». Мир, ассоциирующийся с «облаками пыли», погружен в спячку, лишен горизонта, основан на круговом, «екклесиастическом» движении и бессмысленных повторениях[1].

---

[1] Екклесиастические мотивы у Чехова неоднократно становились предметом исследования. См. [Капустин 1993; Собенников 1997: 36–50; Лапушин 1998: 10–16; Долженков 2009]. См. также [Rossbacher 1968; Swift 2004].

Трансформация этого мира связана с появлением армянской девушки Маши, в чьем доме путешественники остановились на короткое время. Особенно важно, что проводники этой трансформации — те же природные элементы: ветер и облака. Случайно ли, что на пространстве двух страниц Чехов дает одинаковые имена силам, которые ведут рассказчика в подчеркнуто противоположных направлениях: с одной стороны, к душевной спячке и летаргии, с другой, как будет видно, — к душевному пробуждению?

Сперва — ветер: «Садясь за стол, я взглянул в лицо девушки, подававшей мне стакан, и вдруг почувствовал, что точно ветер пробежал по моей душе и сдунул с нее все впечатления дня с их скукой и пылью» (7: 160).

Затем — облака. Интересно, что эти облака входят в повествование в качестве иллюстративного примера: невозможность постичь и «доказать» Машину красоту вызывает к жизни воображаемый пейзаж, который разворачивается перед глазами читателя, обретая при этом статус объективной реальности — ничуть не менее подлинной, чем та, что окружает рассказчика в душном доме:

> Иногда бывает, что облака в беспорядке толпятся на горизонте, и солнце, прячась за них, красит их и небо во всевозможные цвета: в багряный, оранжевый, золотой, лиловый, грязно-розовый; одно облачко похоже на монаха, другое на рыбу, третье на турка в чалме. Зарево охватило треть неба, блестит в церковном кресте и в стеклах господского дома, отсвечивает в реке и лужах, дрожит на деревьях; далеко-далеко на фоне зари летит куда-то ночевать стая диких уток... И подпасок, гонящий коров, и землемер, едущий в бричке через плотину, и гуляющие господа — все глядят на закат и все до одного находят, что он страшно красив, но никто не знает и не скажет, в чем тут красота (7: 160–161).

Пейзаж противопоставлен первоначальному описанию степи, в котором «облака пыли» поглощали пространство. Оба пейзажа отличает универсальный характер, стремление охватить собою весь мир. В первом случае это ведет к стиранию индивидуальных черт и нивелировке. Во втором, наоборот, ни одно из индивидуальных очертаний, ни один из цветов не потеряны. Более того, сохраняя свою индивидуальность и общий «беспорядок», отдельные элементы образуют неиерархичное и гармоническое целое, в котором стекла господского дома естественно сочетаются с церковным крестом, лужи уравниваются с рекой, а подпасок, гонящий коров, испытывает те же чувства, что «гуляющие господа». Сама непостижимость красоты становится объединяющим фактором: представители разных социальных групп сближаются не только через общее для них представление о красоте, но и через невозможность выразить это представление в словах («никто не знает и не скажет, в чем тут красота»).

Обращает на себя внимание и многоцветие пейзажа, включая квазиоксюморонное сочетание «грязного» и «розового» (грязно-розовый): даже «грязь» превращается в необходимый компонент цельного образа красоты!

Очертания облаков — также подчеркнуто индивидуальные — придают картине оттенок таинственности и экзотики (турок в чалме). Соседство похожего на рыбу облака со стаей реальных диких уток способствует стиранию границ между «верхом» (небо) и «низом» (река), воображаемым и реальным.

Итак, уже на первых двух страницах рассказа перед нами два контрастных мира, воплощенных в двух типах облаков: с одной стороны, безликие «облака пыли», поглощающие пространство и время, с другой — многокрасочные «облака на горизонте», каждое из которых обладает неповторимым очертанием или цветом.

Есть, впрочем, в первой главке и третья разновидность облаков. Вот как они вводятся в повествование: «Из-под их (лошадиных. — *Р. Л.*) копыт ветер поднимал целые облака золотистой половы и уносил ее далеко через плетень» (7: 162). Предложение это — само по себе яркий пример поэтического мастерства Чехова. Соединение таких слов, как «облако» и «золотистый», с прозаической половой выглядит почти незаметным благодаря звуковому и ритмическому рисунку: «облака золотистой половы» звучит как написанная анапестом строчка, в которой «полова» ассимилируется двумя предшествующими словами.

Подчеркнем еще раз: полова появляется в виде облаков, продолжая развитие этого мотива, центрального для рассказа. С какими облаками она соотносится: с облаками «пыли» или теми, что «толпятся на горизонте»? Ответить на этот вопрос не так просто. С одной стороны, облака половы поднимаются «из-под копыт», что позволяет сблизить их с пылью. С другой стороны, цвет половы говорит о ее «небесной» природе: напомним, этот цвет уже возникал в описании неба и облаков. Характерно поэтому, что ветер, поднимающий «облака золотистой половы», уносит не *их* (облака), а *ее* (полову). Тонкий грамматический сдвиг свидетельствует о двойственности образа: есть просто «полова», которая может быть «унесена», и есть «целые облака», которые неподвластны ветру.

Такая двойственность позволяет увидеть первоначальное противопоставление «облаков пыли» и облаков «на горизонте» в новом свете, указывая на общий исток и тайное родство этих «антагонистов».

Вторая главка продолжает развитие мотива. Рассказчик здесь — уже студент, древняя бесконечная степь сменяется железнодорожной станцией, а закат, подробно описанный в первой главке, заслоняется зданием вокзала. Не случайно поэтому, что и новым воплощением облаков становятся «клубы дыма», выходящего из паровоза. Семантически «клубы дыма» родственны «облакам половы». В то же время окрашенный в «нежный розовый цвет» дым напоминает о «грязно-розовом» цвете облаков в описании заката. В финале рассказа изменение цвета дыма, который «черными клубами стлался по зеленой бархатной озими», возвращает, как бы замыкая круг, к первоначальным «облакам пыли».

С «волновой» точки зрения можно изобразить развитие этого поэтического образа так:

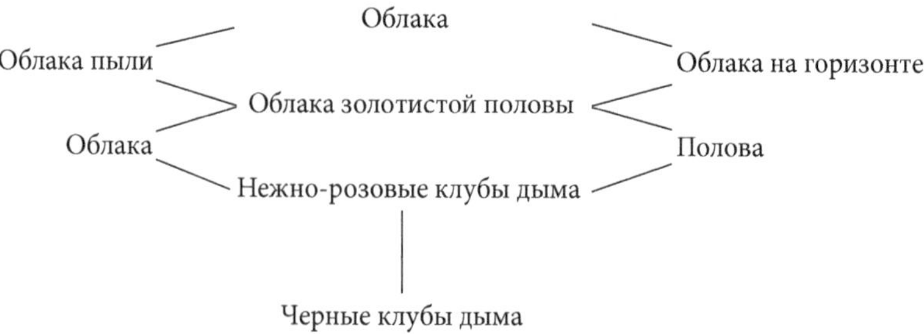

Недостаточно сказать, что мотив облаков проходит на протяжении рассказа через различные воплощения. Важно понять, что эти воплощения образуют единый поэтический контекст, придающий короткому рассказу, с одной стороны, характер лирического стихотворения, а с другой — эпический размах. Они охватывают полноту пространства (от неба до земли) и времени (от древности до современности). Смешивая реальное и воображаемое, мгновенное и вечное, они излучают целый спектр цветов — от белого до черного, включая багряный, оранжевый, золотой, лиловый, грязно-розовый. Кроме того, они порождают спектр перетекающих друг в друга значений (от жизнеутверждения до жизнеотрицания), ни одно из которых не может рассматриваться изолированно от всех других и считаться окончательным.

Сходной динамикой отличаются и вспомогательные мотивы, развивающиеся параллельно с центральным мотивом облаков. Как уже говорилось, ветру, который «гнал» облака пыли, отвечает ветер, который «сдунул» с души «все впечатления дня с их скукой и пылью». Оба лика этого поэтического образа соединяются в том ветре, что поднимал «облака золотистой половы».

Но и синтез не окончателен. В следующей главке при описании «мотыльковой» красоты второй девушки ветер предстает потенциальным разрушителем этой красоты: «...и, кажется, стоит только пробежать по платформе хорошему ветру или пойти дождю, чтобы хрупкое тело вдруг поблекло и капризная красота осыпалась, как цветочная пыль» (7: 165). Упоминаемая здесь «цветочная пыль», в свою очередь, отсылает к «облакам пыли» — контраст, обладающий, подобно практически всем контрастам и противопоставлениям у Чехова, потенциалом скрытого родства.

Сходная двойственность — в поэтическом образе солнца. На одной и той же странице есть «горячее солнце», которое «бьет» в окна, — и солнце освежающего (воображаемого) пейзажа, которое «прячется» за облаками.

Трансформация природных элементов тонко соотносится с образом красавицы. Чехов, разумеется, не сравнивает ее напрямую с «облаками на горизонте», что было бы псевдопоэтичным. Вместо этого девушка ассоциируется с «облаками золотистой половы»: «...красиво изгибаясь под тяжестью хлеба, она побежала через двор к гумну, шмыгнула через плетень и, окунувшись в облако золотистой половы, скрылась за арбами» (7: 163). «Окунувшись в облако золотистой половы» — еще один пример соединения поэзии и прозы, земного и возвышенного. Маша «шмыгнула» через плетень, но соотнесенность с облаком придает ее движениям вертикальную направленность, изменяя заданный образ мира.

Так же, как в целом у Чехова, изображение природных элементов (облака, ветер, солнце) в этом рассказе не позволяет рассматривать их только в качестве внешних, объективных сил, существующих независимо от человека. Не случайно поэтому, что появление Маши может привести к преображению пространственного мира, в частности к превращению «облаков пыли» в «облака на горизонте». Два образа-«антагониста» сливаются затем в образе «облаков золотистой половы». Эти промежуточные облака, одновременно заземленные и возвышенные, оказываются, в свою очередь, не только отходами производства, но и «божественной» аурой, окружающей красавицу.

Постоянный семантический обмен между поэтическими образами приводит к их непрекращающемуся развитию и переосмыслению. Круговое движение лошадей на дворе армянина показано как бессмысленное («Лошади, гнедые, белые и пегие, не понимая, зачем это заставляют их кружить на одном месте и мять пшеничную солому, бегали неохотно, точно через силу» (7: 162)), но именно этим движением создаются «облака золотистой половы». А раз так, то бессмысленность екклесиастического круговращения уже не кажется очевидной и безусловной.

Два мира — единый мир

Два мира, описанных в двух главках рассказа, существенно отличаются друг от друга. Действие первой главки происходит в степи, которая как будто не затронута современной жизнью и цивилизацией (вспомним такие вечные образы, как пыль и ветер, или разговор между 80-летним дедушкой и армянином «о попасе, о толоке, об овцах»). Вторая главка — по контрасту — начинается с упоминания железной дороги. Таким образом, переход от первой главки ко второй оказывается скачком из легендарного, патриархального времени в современность.

Поезд заменяет лошадей. На месте кучера оказываются кондуктор, телеграфист, офицер. Закономерно, что скачок во времени трансформирует и образ повествователя: он уже не гимназист пятого или шестого класса, который «ехал с дедушкой», а самостоятельно путешествующий студент, заводящий знакомство с артиллерийским офицером. Кроме того, «сухость» дневной жары сменяется «влажностью» и «свежестью» весеннего вечера. Заметнее всего, однако, контраст между двумя типами красоты: «классической» из первой главки и «мотыльковой» — из второй.

Итак, два мира противопоставлены друг другу по целому ряду признаков. Но поскольку это Чехов, в какой-то момент противопоставление усложняется скрытым родством (вспомним описанные в прошлой главе стадии семантического обмена). Проявление такого родства — сходная реакция на красоту в первой и второй главках:

> И чем чаще она со своей красотой мелькала у меня перед глазами, тем сильнее становилась моя грусть. Мне было жаль и себя, и ее, и хохла, грустно провожавшего ее взглядом всякий раз, когда она сквозь облако половы бегала к арбам (7: 163).
>
> Быть может, ему (офицеру — *Р. Л.*) было грустно и не хотелось уходить от красавицы и весеннего вечера в душный вагон, или, быть может, ему, как и мне, было безотчетно жаль и красавицы, и себя, и меня, и всех пассажиров, которые вяло и нехотя брели к вагонам (7: 165).

Расположенные рядом, два этих фрагмента показывают ощутимую трансформацию внешнего мира (на месте арб оказываются вагоны). Но в поэтической перспективе (словарь, интонация, звуковые повторы) перед нами скорее не различие, а родство, размывающее границу между мальчиком-рассказчиком из первой главки и офицером из второй, между древним миром степи и современностью. «Жалость» и «грусть» осознаются как универсальные категории, характеризующие мир в целом и существование отдельного человека, независимо от перемен, связанных с движением времени.

То же внутреннее родство проступает через контрастное изображение двух типов красоты. В конце концов, разве «мотыльковая» красота второй девушки — не материализация «недолговечности» красоты, осознанной рассказчиком при созерцании ее «классического» типа?

Присмотримся. Первая красавица ассоциируется или напрямую сравнивается с природными образами, находящимися в непрестанном движении: птица, ветер, молния. Простое перечисление глаголов, описывающих ее движения в границах одного абзаца, впечатляет: «пробежала», «полетела», «исчезла», «побежала», «шмыгнула», «скрылась», «мелькнула», «перескочила» (7: 162–163).

Между тем вторая красавица по большей части описывается «стоящей» у окна вагона. С точки зрения оппозиции «динамическое — статическое» контраст, казалось бы, очевидный. Но характерным для Чехова образом статичная поза второй девушки показана как динамический процесс, состоящий из множества движений (вспомним динамику статических состояний как предмет постоянного интереса Чехова), что, естественно, ставит оппозицию под вопрос:

> Стоя у окна и разговаривая, девушка, пожимаясь от вечерней сырости, то и дело оглядывалась на нас, то подбоченивалась, то поднимала к голове руки, чтобы поправить волосы, говорила, смеялась, изображала на своем лице то удивление, то ужас, и я не помню того мгновения, когда бы ее тело и лицо находились в покое (7: 165).

Соответствия между двумя мирами и двумя типами красоты выявляются также через использование сходных речевых конструкций. Сравним, к примеру, два описания, каждое из которых характеризует одну из девушек:

> ...вам кажется почему-то, что <...> ее черные кудрявые волосы и брови так же *идут* к нежному, белому цвету лба и щек, как зеленый камыш к тихой речке (7: 161).

> Это была красота мотыльковая, к которой так *идут* вальс, порханье по саду, смех, веселье... (7: 165).

Еще одна параллель между «категориально различными» образами. В первой главке лошади на постоялом дворе армянина бегали по кругу «неохотно, точно через силу», а во второй — пассажиры «вяло и нехотя брели к своим вагонам». Круговое, бессмысленное движение лошадей, не понимающих, «зачем это заставляют их кружить на одном месте», отбрасывает екклесиастическую тень на нежелание пассажиров возвращаться в «душный» вагон и продолжать путь. «Духота» современного вагона, в свою очередь, начинает восприниматься как проекция вечного зноя степи.

Таким образом, динамика отношений между двумя мирами, представленными в двух главках рассказа, может быть описана в соответствии со стадиями семантического обмена: есть стадия контраста, есть — скрытого родства, и наконец — конвергенции, когда два непохожих мира осознаются как единый. Ни одна из стадий не отменяет остальных, что ведет к постоянному усложнению общей картины мира.

Сходная динамическая сложность отличает развитие отдельных мотивов и лирического сюжета в целом, предопределяя изображение персонажей и абстрактных концепций, в том числе ключевой для рассказа концепции красоты. Например, как уже говорилось, появление первой красавицы знаменует собой пробуждение от душевной спячки. Следующая стадия, однако, снова погружает путешественников в дремотное состояние. Красота объединяюще, катарсически действует на людей, независимо от возраста, пола, социального статуса и культурного багажа. В финале, однако, она оставляет чувство разобщенности, взаимного раздражения и разочарования: «Ехали мы молча, точно сердились друг на друга» (7: 163). Красота — это что-то «важное и нужное для жизни» (7: 162), но в то же время она «случайна и не нужна» (7: 163). Красота сущностна — и «не долговечна»; она невинна — и лукава[2].

---

[2] «Детски-лукавая» улыбка второй красавицы предвосхищает образ черного монаха (из одноименного рассказа), который улыбался главному герою «ласково и в то же время лукаво» (8: 24).

Красота заполняет экзистенциальный пробел, но в итоге оставляет ни с чем. Она — обретение и знак невосполнимой утраты. Кажется близкой, но недосягаема. Отождествляется с конкретными людьми и в то же время существует как бы независимо от них. Грамматическая конструкция «и чем чаще она со своей красотой...» свидетельствует об этой «независимости». Характерно, что обе красавицы вызывают у повествователя такое же чувство грусти, как и все остальные люди, отчужденные от красоты. Список противоречий может быть продолжен.

Вероятно, главная их особенность — то, что обнаруживают себя эти противоречия не посредством прямого вторжения авторского голоса, не через споры между героями или развитие событий, в которые они вовлечены, а путем неустанного динамического взаимодействия образов и мотивов.

Противоречия распространяются и на возможный источник красоты. На протяжении рассказа она ассоциируется с природными образами (молния, река, ветер, облака) и, соответственно, сама обретает статус природной стихии. С другой стороны, прослеживается концепция красоты как произведения искусства: «красоту армяночки художник назвал бы классической и строгой», «белая шея Маши и ее молодая грудь слабо развиты, но чтобы суметь изваять их, вам кажется, нужно обладать громадным творческим талантом» (7: 161). Синтез обеих концепций (красота природная и красота сотворенная) — в образе природы, которая творит, как художник: «...природа не ошиблась ни на одну малейшую черту» (Там же).

Концепция красоты сотворенной оживает в описании второй красавицы: «...мало того, даже если бы девушке вместо ее вздернутого носа поставили другой, правильный и пластически непогрешимый, как у армяночки, то, кажется, от этого лицо ее утеряло бы всю прелесть» (7: 165). Это странное «поставили», неопределенно-личная форма — без указания на субъекта, осуществляющего действие, — одновременно окликает и пародирует концепцию красоты как произведения искусства. Фраза подозрительно близка к пожеланию Агафьи Тихоновны из гоголевской «Женитьбы»: «Если бы губы Никанора Ивановича да приставить к носу Ивана

Кузьмича...» [Гоголь 1977, 4: 125]. В самом рассказе она отсылает к комической детали в описании Машиного отца, чья голова «неумело приклеена» к «тощему горбатому туловищу».

Образ этого героя заслуживает отдельного разговора, поскольку связан с еще одним ликом красоты — как искусства манипуляции и даже колдовства.

Красавица и колдун

Может показаться, что Машин отец — комическая фигура.

Дополнительный свет на него отбрасывает сопоставление с гоголевским колдуном из «Страшной мести»:

> Когда же есаул поднял иконы, вдруг все лицо его переменилось: нос вырос и наклонился на сторону, вместо карих запрыгали зеленые очи, губы засинели, подбородок задрожал и заострился, как копье, изо рта выбежал клык, из-за головы поднялся горб, и стал козак — старик [Гоголь 1976, 1: 140].
>
> Представьте себе маленькую, стриженую головку с густыми низко нависшими бровями, с птичьим носом, с длинными седыми усами и с широким ртом, из которого торчит длинный черешневый чубук, головка эта неумело приклеена к тощему горбатому туловищу, одетому в фантастический костюм: в куцую красную куртку и в широкие ярко-голубые шаровары; ходила эта фигура, расставя ноги и шаркая туфлями, говорила, не вынимая изо рта чубука (7: 159).

Оба персонажа — горбуны с резко выделяющимися носами. «Торчащий» из широкого рта армянина чубук — смягченная форма клыка, который «выбежал» изо рта колдуна. Колдун, как замечает позднее его зять, — «угрюмый, суровый»; не улыбается и армянин, от которого исходит ощущение чего-то монструозного, «фантастического» и как бы не вполне человеческого. Объединяет обоих персонажей и контраст между их уродством и красотой дочерей.

С другой стороны, в отличие от колдуна из «Страшной мести», Машин отец не играет центральной роли в рассказе. И уж конечно, никак не назовешь его воплощением зла. Скорее забавный и нелепый, нежели пугающий, он лишен демонических черт. «Никогда в жизни я не видел ничего карикатурнее этого армянина», — говорит рассказчик. Машин отец и может быть увиден в качестве «карикатуры» на гоголевского колдуна, дружеской на него пародии со стороны младшего писателя. Чехов своего «колдуна» обезоруживает (чубук вместо клыка) и помещает в контекст реальной жизни.

Там и сям, однако, разбрасываются по тексту детали, сохраняющие связь с гоголевской магией и волшебством. Заметим, например, эпитет, характеризующий Машины черты: *обворожительные*. Нельзя ли прочитать его не только в переносном, но и в прямом смысле? Не прячется ли сходная возможность двойного прочтения в, казалось бы, невинном обращении работника к лошадям: «А чтоб вам пропасть, нечистая сила!»?

Не забудем, что эффект, произведенный красавицей на гостей, включая 80-летнего дедушку, описан в терминах волшебного заговора. Путешественники утрачивают самоконтроль и забывают о цели своего путешествия. В случае рассказчика речь идет также о частичной потере чувств (слух, вкус, зрение), связывающих его с миром: «Я уж не помнил о степной скуке, о пыли, не слышал жужжанья мух, не понимал вкуса чая и только чувствовал, что через стол от меня стоит красивая девушка» (7: 161). Рассказчик «только чувствовал» присутствие Маши, а не «видел» ее. Психологически достоверное объяснение: он не решался смотреть в сторону девушки. Но может быть, речь идет о волшебстве, в результате которого мальчик буквально ослеплен присутствием красавицы, что стало бы реализацией метафоры, использованной непосредственно перед этим: «...какой-то особый воздух, казалось мне, счастливый и гордый, отделял ее от меня и ревниво заслонял от моих взглядов» (7: 161)?

«Весь секрет и *волшебство* ее красоты...» — читаем мы о второй красавице, уже подготовленные к тому, чтобы воспринимать это волшебство не только в переносном смысле. Подчеркнем: *не только*. Реализм рассказа не «убивается» возможным присутствием волшебства, а скорее подпитывается им.

Соответственно, когда грусть, переживаемая повествователем, именуется «неопределенной, смутной, как сон», мы вправе воспринять такое сравнение в качестве еще одной подсказки. В конце концов, все, что предстоит увидеть ему в армянском селе, рассказчик воспринимает, «очнувшись от полусна».

Как бы далеко мы ни зашли в этом направлении, изображенная Чеховым картина, естественно, не умещается в рамку сна. Или в рамку волшебной сказки. Или в рамку миметического воспроизведения реальности. Скорее она состоит из нескольких накладывающихся друг на друга слоев.

Следующий пример хорошо иллюстрирует эту многослойность: «Она исчезла в темной двери, и вместо ее на пороге показалась старая, сгорбленная армянка с красным лицом и в зеленых шароварах» (7: 163). Можно проскочить это предложение как ничем не примечательное: своего рода сценическая ремарка, информирующая о перемещении персонажей. Но, как часто бывает у Чехова, непритязательная «ремарка» заряжена поэтическим содержанием, открывающим возможность дополнительных интерпретаций.

Образ «темной двери» перекликается с «черными клубами» дыма в финале (можно также вспомнить ассоциирующиеся со смертью «темные ворота» монастыря из рассказа «Володя большой и Володя маленький»). Еще более важен образ «старой» армянки, которая появляется *вместо* Маши. Вновь можно сказать, что предлог *вместо* обладает психологической убедительностью: внимание рассказчика поглощено Машей; он способен видеть ее одну, и любой другой человек для него — только досадная подмена. В то же время «сгорбленность» старухи отсылает к горбатому отцу Маши, потенциальному колдуну, а предельный контраст между сгорбленной старухой и юной красавицей подразумевает возможность мгновенного волшебного превращения (Царевна-лягушка, панночка из «Вия»). В таком случае «порог», упоминаемый в этом предложении, оказывается порогом, за которым находится другая реальность. Следующая же строка, однако, возвращает юную красавицу, рассеивая демоническое видéние. Но, как мы уже знаем, любое мимолетное впечатление у Чехова остается вписанным в поэтическую ткань повествования, изменяя «состав» и «строение» изображенного мира. Не случайно медитация о недолговечности красоты возникает вскоре после этого «превращения» красавицы в старуху.

Еще один пример многозначности, спрятанной в нюансах словоупотребления: «Около высоких свежих скирд копошились бабы с граблями и двигались арбы, а за скирдами в другом дворе бегала вокруг столба другая дюжина *таких же* лошадей и *такой же* хохол хлопал бичом и насмехался над лошадьми» (7: 162). «Такие же» можно прочитать как «похожие», а можно — как «те же самые». Первое прочтение удерживает картину в рамках жизнеподобия. Второе, менее очевидное, добавляет к ней фантастический элемент, изображая удвоенные образы — своего рода мираж.

Мотив удвоения возникает и во второй главке, но уже в качестве гипотетической ситуации: «...представьте, что этот телеграфист влюблен и в то же время женат и что жена у него *такая же* сутулая, лохматая и порядочная, как он сам» (7: 166). «Сутулость» телеграфиста — смягченная версия «горбатости» Машиного отца (и старухи). Так же, как Маша противопоставлена своему отцу, телеграфист противопоставлен второй красавице. Эпитет «полинявшее» в описании его лица только подчеркивает это противопоставление. Но на той же странице (вся вторая главка — меньше трех страниц) возникает микросюжет мотылька, чье «хрупкое тело вдруг поблекло» под действием ветра или дождя. Возникает ассоциативная цепочка: «полинявшее» лицо телеграфиста — «поблекшее» тело мотылька, который является двойником второй красавицы. Таким образом, телеграфист не просто противопоставлен красавице: «полинялость» его лица рассказывает читателю о ее будущем, пока что неведомом самой девушке.

Оттенки грусти

Мотив красоты как воспоминания и напоминания о прошлом, о чем-то драгоценном и невозвратно потерянном возникает в связи с образом кондуктора. Еще один двойник отца Маши, он описан со стилистической избыточностью и напором, которые нечасто встречаются у зрелого Чехова:

> Около нашего вагона, облокотившись о загородку площадки, стоял кондуктор и глядел в ту сторону, где стояла красавица, и его испитое, обрюзглое, неприятно сытое, утомленное бессонными ночами и вагонной качкой лицо выражало умиление и глубочайшую грусть, как будто в девушке он видел свою молодость, счастье, свою трезвость, чистоту, жену, детей, как будто он каялся и чувствовал всем своим существом, что девушка эта не его и что до обыкновенного человеческого пассажирского счастья ему с его преждевременной старостью, неуклюжестью и жирным лицом так же далеко, как до неба (7: 166).

Чехов, известный сдержанностью и словесной экономией, не жалеет ярких красок и убийственных определений. Почему? Чтобы показать универсальность воздействия красоты на людей, независимо от того, насколько они уклонились от «нормы»? Чтобы сделать контраст между красавицей и кондуктором еще более очевидным?

Но есть и другой, более существенный контраст, точнее даже — конфликт: между обычным выражением лица кондуктора и тем, каким оно становится в момент встречи с красотой, которая для этого персонажа оказывается встречей с его идеальным «я», осуществившейся — пусть только на мгновение — мечтой о себе самом. Последовательность глаголов, описывающих происходящее с кондуктором, составляет лирический микросюжет мгновенного духовного пробуждения: видеть — каяться — чувствовать всем своим существом. Звуковая же инструментовка обеспечивает плавность перехода от «нормального» состояния кондуктора к преображенному: об**рюзг**лое — **груст**ь; **утомлен**ное — **умилен**ие.

Как вырастает этот персонаж! Казалось бы, что общего между «испитым» кондуктором и трагическим протагонистом «Черного монаха»? Но попробуем сравнить:

> ...как будто в девушке он видел свою молодость, счастье, свою трезвость, чистоту, жену, детей, как будто он каялся и чувствовал всем своим существом... (Там же).

> Он звал Таню, звал большой сад с роскошными цветами, обрызганными росой, звал парк, сосны с мохнатыми корнями, ржаное поле, свою чудесную науку, свою молодость, смелость, радость, звал жизнь, которая была так прекрасна (8: 257).

В обоих случаях — проникновенный каталог утрат, соединение обреченности с озаренностью.

Характерным для Чехова образом, однако, подъем интонации тут же сменяется ее снижением, возвращением на землю. «Девушка эта не его» означает отчужденность не только от конкретной красавицы, но и от всего идеального (молодость, счастье, чистота), что она символически воплощала для кондуктора.

Таким образом, конфликт между идеальным и «нормальным» выражениями лица завершается в пользу последнего. В финале предложения читатель возвращается к избыточности негативных характеристик, связанных друг с другом через звук *ж*: пре**ж**девременная старость — неуклю**ж**есть — **ж**ирное лицо.

Образ «жирного лица» — как жирная точка в конце предложения. Но случайно ли, что прозаическая строфа завершается образом «неба»? С одной стороны, это небо — только часть фигуративного выражения (далеко, как до неба). С другой — появление неба подготовлено словами «умиление», «глубочайшая грусть», «каялся». В итоге — знакомая чеховская двойственность: до «неба» далеко, но не менее важно, что обозначено его присутствие в качестве ценностного ориентира.

Еще одно идиоматическое выражение, которое частично буквализируется контекстом, — «бог весть», «бог знает» — возникает дважды в первой главке. Первый случай, кажется, не идет дальше простого выражения неуверенности: «Это была именно та красота, созерцание которой, бог весть откуда, вселяет в вас уверенность...» (7: 161). Второй случай представляется более интересным, хотя бы в силу того, что появляется в сильной позиции — в самом конце длинного предложения, важного для понимания художественной философии рассказа. В этом предложении рассказчик пытается объяснить причины грусти, вызванной созерцанием красоты. Для удобства анализа разделим предложение на пять сегментов:

Была ли это у меня зависть к ее красоте, (1)
или я жалел, что эта девочка не моя
и никогда не будет моею
и что я для нее чужой, (2)
или смутно чувствовал я,
что ее редкая красота случайна,
не нужна и, как всё на земле, не долговечна, (3)
или, быть может,
моя грусть была тем особенным чувством,
которое возбуждается в человеке
созерцанием настоящей красоты, (4)
бог знает! (5) (7: 163).

Каждое из предложенных объяснений ведет читателя в своем направлении, не доставляя его к определенному пункту назначения, но и не теряя этот пункт из виду. Каждое по-своему убедительно — и ни одно не претендует на исключительность и не отменяет остальных. Множественность объяснений напоминает богатство форм облаков на закатном небе из воображаемого пейзажа. При близком рассмотрении, впрочем, различные версии оказываются взаимосвязанными.

Прежде всего, они объединены, что часто бывает у Чехова, интонацией сомнения, обеспечивающей плавный переход от одного сегмента к другому. Вначале это грусть как следствие зависти к чужой красоте (1), затем — как осознание «отчужденности» от источника красоты (2). Рассказчик сожалеет, что «эта девочка» не его. Вспомним: в следующей главке аналогичная жалоба будет озвучена голосом кондуктора — еще одно свидетельство цельного лирического потока, который размывает границу между отдельными персонажами. Затем — наиболее пессимистический и откровенно экзистенциальный сегмент с отголосками Екклесиаста (3). «Случайна, не нужна и, как всё на земле, не долговечна» — звучит приговором красоте. Следующий за этим сегмент и не оспаривает этого приговора, а только предлагает читателю новый взгляд на грусть, оказывающуюся неотделимой от «созерцания настоящей красоты» (4). Почему это важно? «Настоящая» значит подлинная, неподдельная, сущностная. Таким образом, красота восстанавливается в своих правах.

Пусть она «случайна» и «не нужна», но сам факт того, что красота «настоящая», противоречит жесткости этого утверждения. Между двумя позициями (красота «случайна, не нужна», и красота — «настоящая») возникает поле напряжения, невольный «спор», который получает разрешение в последнем сегменте, указывающем на неизбежную неполноту и приблизительность *любого* человеческого суждения: «...бог знает!» (5). Прочитать это «бог знает» можно двояко: в переносном (никто не знает) и прямом (с отсылкой к реальной верховной инстанции) смысле. Как часто у Чехова, две возможности не исключают, а дополняют и усложняют друг друга.

Динамика фрагмента — постепенное движение от частного к универсальному, от психологического наблюдения к философской медитации; иначе говоря: от «этой девочки» к судьбе красоты в целом и далее — к судьбе «всего на земле». Соответственно, мы видим движение от «смутного» чувства, испытанного конкретным человеком (рассказчиком), к «особенному» чувству, которое возбуждается в человеке (любом, всяком) при созерцании красоты. Другими словами, каждый из сегментов знаменует более высокий уровень обобщения, а в пространственной перспективе — более высокую точку зрения, вплоть до той, с которой «всё на земле» становится открытым и видимым. Это восхождение соотносится с ощутимым подъемом интонации. Каждый последующий сегмент длиннее предыдущего, каждый как бы повышает ставки и увеличивает напряжение, разрешающееся наконец в финальном, самом коротком сегменте: два слова, три слога, хрупкое равновесие между сомнением и верой, надеждой и безнадежностью.

Сходная двойственность отличает финал рассказа. Последняя форма облаков, как мы помним, — «черные клубы дыма». Можно, вслед за Н. Е. Разумовой, увидеть в этой форме «метафору надвигающегося небытия» [Разумова 2001: 96]. «Небытие», впрочем, не окончательно и не бесспорно. «Черные клубы дыма» — только одно из воплощений единого образа облаков (облака пыли — облака на горизонте — облака золотистой половы — нежно-розовые клубы дыма — черные клубы дыма). Разумеется, особая важность «черных клубов» подчеркнута их позицией в концовке рассказа. «Чернота», однако, немедленно смягчается образом «зеленой бархатной озими». Цвет озими окликает «зеленый камыш» из первой главки, который так же «идет» к тихой речке, как «черные кудрявые волосы и брови» Маши — к ее «нежному белому цвету лба и щек»: заметим, насколько гармонично дополняют здесь друг друга черный и белый цвета (7: 161). Что касается эпитета «бархатный», то, хотя он и не используется напрямую в описании девушек, его поэтический ореол тоже препровождает читателя от «бархатной озими» к их образам[3]. В итоге, как обычно у Чехова, перед нами не линейная последовательность автономных образов, а сеть разветвленных и причудливо переплетающихся взаимоотношений. «Образ входит в образ», так что любой из них перестает быть отдельным и отделенным от остальных. В поэтической перспективе «черные клубы дыма» теряют свою однотонность. Черный цвет здесь — это гамма цветов.

Сказанное относится и к общему настроению финала, окрашенному в сумрачные тона прощания: с конкретной красавицей и красотой в целом, со своим идеальным «я» и сверхличными ценностями. Драма этого прощания передана позой рассказчика в момент отправления поезда: «Высунувшись наружу и глядя назад...» (7: 166).

Рассказчик находится в вагоне, красавица «побежала в сад». Поезд движется в одном направлении, она — в противоположном. Глядя «назад», рассказчик пытается удержать распадающийся на глазах мир. В поэтической перспективе эта попытка не выглядит бессмысленной и тщетной. Короткое предпоследнее предложение подтверждает единство мира под знаком всепроникающей грусти, стирающей границу между природным и человеческим, открытым и замкнутым пространством, «верхом» и «низом»: «Было грустно и в весеннем воздухе, и на темневшем

---

[3] Ср. с описанием дочери колдуна из «Страшной мести»: «Дивилися гости белому лицу пани Катерины, черным, как немецкий бархат, бровям...» [Гоголь 1976, 1: 139].

небе, и в вагоне». Не забудем, что в контексте рассказа понятие грусти оказывается породненным, зарифмованным с понятием красоты, так что каждое из них немедленно окликает другое. Вот почему «было грустно» — не просто элегическая нота в финале, но и напоминание о неотменяемом присутствии красоты, словно бы оставленная ею подпись...

Подведем итоги. При чтении «Красавиц» мы обнаружили многочисленные примеры того, как чеховское слово колеблется между прямым и переносным значениями, как проступают сквозь повествовательную ткань лирические микросюжеты, примиряются оппозиции, возникают неожиданные сцепления, распадаются и перегруппировываются, проходя через стадии семантического обмена, поэтические образы. Внимание, однако, было сосредоточено на том, как Чехов создает единую языковую среду, которая неустанно генерирует названные процессы, делая их скорее будничными и неброскими, чем исключительными и подчеркнутыми. Это среда, где метафорическая «тяжесть» грусти соотносится с реальной «тяжестью» хлеба на плече красавицы, а ветер «пробегает» по душе с той же естественностью, с которой он «пробегает» по платформе; среда, порождающая дерзкие поэтические образы, непредсказуемые ассоциации, причудливые фантазии и сновидческие картины, не порывая при этом окончательно с миметическим изображением действительности.

Реальность в рассказе предстает сразу в двух планах. В одном из них — миметическом — сохраняется иллюзия правдоподобия, действуют индивидуальные персонажи (рассказчик, Маша, вторая девушка, офицер, кондуктор, телеграфист и т. д.). В другом — поэтически-сновидческом — граница между отдельными персонажами оказывается размытой, в результате чего создается разветвленная система мгновенных двойников (рассказчик — офицер — кондуктор; Машин отец — телеграфист — кондуктор; Маша — старая армянка; вторая красавица — телеграфист) и ощущение единого лирического потока. Мир Чехова, как подтверждает наш анализ, — наложение и взаимодействие двух этих планов, которые просвечивают друг сквозь друга в каждой точке повествования, пограничное пространство между сном и реальностью, таинственным и обыденным.

Пограничность и незавершенность (иначе говоря, промежуточность) образов рассказа подкрепляется глобальным контекстом творчества Чехова как единого текста[4]. Беглое упоминание «молодых оленей» в «Красавицах» («...с тою слабостью, которую мы так любим в детях, в птицах, в молодых оленях, в молодых деревьях» (7: 165)) предвосхищает «стадо оленей, необыкновенно красивых и грациозных» — один из ключевых образов-символов в «Палате № 6». Пейзаж с «облаками на горизонте» — предтеча финального пейзажа в «Гусеве», речь о котором пойдет в следующей главе, посвященной взаимодействию между микрокосмом (протагонист) и макрокосмом.

---

4 О мире Чехова как едином тексте см. [Сухих 2007: 103–120].

Глава 3

Между «океаном» и «небом»: пространственные рифмы

«Лирическое слово — больше самого себя. На этом и основана возможность поэтической индукции; она отправляется от частного и непременно находит выход в экзистенциальную тему» [Гинзбург 1982: 27]. Это общее наблюдение помогает понять, как слово у Чехова преобразует все уровни повествования, будь то герой, сюжет, хронотоп или общее изображение жизни, «какая она есть». «Выход в экзистенциальную тему» предполагает, что судьба отдельного человека становится у Чехова проекцией состояния мира и воплощением человеческого удела.

В поисках «смысла» и «жалости»: «Гусев»

Мы будем помнить и в летейской стуже,
Что десяти небес нам стоила земля.

Осип Мандельштам

Начнем с первого из послесахалинских произведений — рассказа «Гусев», который устанавливает парадигму динамических взаимоотношений между микрокосмом (протагонист) и макрокосмом. Пространство в «Гусеве» задано двумя противостоящими элементами: небом и океаном. Океан ассоциируется с «темнотой и беспорядком». Волны шумят неизвестно для чего, они неотличимы друг от друга, одинаково безобразны и свирепы: «На какую волну ни посмотришь, всякая старается подняться выше всех». Напротив, как это было в случае с «Красавицами», любое взятое отдельно облако или луч отличаются «необщим выраженьем». Облака по своим очертаниям не просто не похожи друг на друга, а подчеркнуто несопоставимы: триумфальная арка, лев, ножницы. Собственный неповторимый цвет и у каждого луча, что не мешает ему прекрасно уживаться рядом с другими. Миролюбие лучей (луч — выходит, протягивается, ложится) противопоставлено агрессивности волн (всякая волна — давит, гонит, налетает). При этом совокупность облаков и лучей образует единое гармоничное целое — «великолепное, очаровательное небо».

Знаменательна динамика взаимоотношений между океаном и небом. В четвертой главе рассказа, где обе этих стихии впервые напрямую представлены читателю, небо, едва обозначившись (ему уделено лишь неполное предложение), выпадает из поля зрения, уступая место океану. По-настоящему небо раскрывается только в финале, и теперь уже океан успокаивается под его влиянием:

> А наверху в это время, в той стороне, где заходит солнце, скучиваются облака; одно облако похоже на триумфальную арку, другое на льва, третье на ножницы... Из-за облаков выходит широкий зеленый луч и протягивается до самой середины неба; немного погодя рядом с этим ложится фиолетовый, рядом с ним золотой, потом розовый... Небо становится нежно-сиреневым. Глядя на это великолепное, очаровательное небо, океан сначала хмурится, но скоро сам приобретает цвета ласковые, радостные, страстные, какие на человеческом языке и назвать трудно (7: 339).

Бунин, по свидетельству Г. Н. Кузнецовой, называл конец рассказа «совершенно божественным» [Кузнецова 1973: 258]. Поэтический дизайн этого финала позволяет воспринять такое определение чуть ли не буквально. Сравним, например, чеховский пейзаж с имеющим характер религиозного откровения виде́нием из «Жития протопопа Аввакума»:

> Вижу: пловутъ стройно два корабля златы, и весла на них златы, и шесты златы, и все злато <...> А се потом вижу третей корабль, не златом украшенъ, но разными пестротами — красно, и бело, и сине, и черно, и пепелесо, — его же умъ человечь не вмести красоты его и доброты [Аввакум 1989: 356].

Характерно также то, что финал рассказа вызывает ассоциации с лирическими стихотворениями: «Брожу ли я вдоль улиц шумных...» Пушкина, «От жизни той, что бушевала здесь...» Тютчева [Сухих 2007: 278–279].

«Божественный» финал не отпускает исследователей. Неоднократно, в частности, ставился вопрос о том, что же все-таки происходит в этом финале. Каким образом океан, у которого нет «ни смысла, ни жалости», становится воплощением красоты и гармонии, как бы вторым небом? Одна группа интерпретаций объясняет эту метаморфозу «смещением точки зрения от Гусева к всеведущему повествователю» [Lantz 1978: 61], иначе говоря — прямым вмешательством авторского голоса. Катаев пишет:

> В конце рассказа горизонт повествования резко и неожиданно раздвигается. Умер Гусев, чей кругозор определял границы изображаемого. На минуту автор смотрит глазами двух матросов, зашивающих тело Гусева в парусину, потом глазами бессрочноотпускных и команды, которые следят, как сбрасывают тело Гусева в океан. А затем слово уже берет сам автор — но не для того, чтобы в декларативной форме подвести итог разговорам умерших героев или дать оценку каждому из них. Автору оказывается доступно то, чего не мог видеть ни один человек из его рассказа: и то, что делается в океане на глубине десяти сажен, и то, что в это время происходит наверху.
>
> В прямом авторском слове, которым заканчивается рассказ, две силы выступают на сцену — это равнодушие смерти и величие природы [Катаев 1974: 253].

Другая группа интерпретаций обращает внимание на соответствия между образностью финального пейзажа и миром главного героя: «Гусев погребен в морской пучине, но он как бы незримо присутствует в финальной картине высокого неба и прекрасной поверхности океана» [Бялый 1981: 72]; «...солдат Гусев не исчез без следа. Финальная картина памятлива и возвращает нас к началу, к тем фантастическим образам — надводным и подводным, что струились в сознании солдата Гусева» [Камянов 1989: 36][1].

В рассказе можно выделить различные смысловые и пространственные уровни. Вначале это судовой лазарет, в котором на пути с Дальнего Востока находятся четверо умирающих солдат и называющий себя «воплощенным протестом» Павел Иваныч. Воспоминания Гусева о родной деревне оказываются единственной альтернативой миру лазарета, противопоставляя замкнутому пространству открытое, духоте — освежающий холод, неподвижности — движение. Воображаемые пейзажи возникают в сознании бредящего героя трижды на протяжении первых четырех глав. Эти пейзажи создают альтернативную реальность, накладывающуюся на реальность лазарета:

> Рисуется ему громадный пруд, занесенный снегом... На одной стороне пруда фарфоровый завод кирпичного цвета, с высокой трубой и с облаками черного дыма; на другой стороне — деревня... Из двора, пятого с краю, едет в санях брат Алексей, позади него сидят сынишка Ванька, в больших валенках, и девчонка Акулька, тоже в валенках. Алексей выпивши, Ванька смеется, а Акулькина лица не видать — закуталась.
>
> «Не ровен час, детей поморозит...» — думает Гусев. — Пошли им, Господи, — шепчет он, — ума-разума, чтоб родителей почитали и умней отца-матери не были...
>
> — Тут нужны новые подметки, — бредит басом больной матрос. — Да, да!
>
> Мысли у Гусева обрываются, и вместо пруда вдруг ни к селу ни к городу показывается большая бычья голова без глаз, а лошадь и сани уж не едут, а кружатся в черном дыму. Но он все-таки рад, что повидал родных. Радость захватывает у него дыхание, бегает мурашками по телу, дрожит в пальцах.

---

[1] Среди других интерпретаций см. [Одесская 1998; Доманский 2001: 6–16; Разумова 2001: 253–256; Хаас 1999; Шалыгина 2008: 103–110; Ehre 1979; Pitcher 2010: 253–257].

> — Привел Господь повидаться! — бредит он, но тотчас же открывает глаза и ищет в потемках воду.
>
> Он пьет и ложится, и опять едут сани, потом опять бычья голова без глаз, дым, облака... (7: 328).

Как видно из этой развернутой цитаты, граница между автономными мирами, между реальным и воображаемым становится проницаемой. Голос больного матроса вписывается в картину деревенской жизни, придавая ей сюрреалистические черты. «Бычья голова без глаз» таинственно перекликается с бытовой деталью: «Акулькина лица не видать — закуталась». Характерно, что в одной из следующих сцен поднявшиеся на палубу персонажи пройдут мимо быков, которые стоят, «понурив головы». В поэтическом контексте эти реальные быки связаны с «бычьей головой без глаз». Не случайно, что они появляются в повествовании сразу после того, как мотив слепоты оживает в описании «заснувшего» часового:

> Темно. Нет огней ни на палубе, ни на мачтах, ни кругом на море. На самом носу стоит неподвижно, как статуя, часовой, но похоже на то, как будто и он спит. Кажется, что пароход предоставлен собственной воле и идет куда хочет (7: 336).

«Категориально различные образы-символы» складываются в ассоциативную цепочку: бычья голова без глаз — как бы заснувший часовой — пароход, который идет, куда хочет. Динамика повествования определяется динамикой поэтических образов. В этом смысле важно, что в самом конце гусевского бреда «черные облака дыма» распадаются на два компонента: дым и облака, подготавливая — в поэтической перспективе — к появлению облаков как части «великолепного, очаровательного неба». Все-таки в рамках лазарета трудно предвидеть «божественный» финал, прежде всего потому, что здесь еще не ощущается присутствие двух его главных участников — неба и океана.

Есть, впрочем, важное исключение в самом начале второй главы: это «синий кружок», который «обозначается» в потемках лазарета с наступлением нового дня. «Кружком», как немедленно узнаёт читатель, оказывается «круглое окошечко». Уменьшительные формы, ассоциирующиеся с детским языком (кружок, окошечко), подчеркивают беззащитность и уязвимость этого источника света. В то же время синий цвет указывает на присутствие океана и неба, являясь, по всей видимости, оптическим результатом их «встречи», наблюдаемой через «окошечко». Поскольку примирение океана и неба составляет сущность финала, появление «синего кружочка» может служить его предвестием.

В следующей главе «окошечко» предоставляет протагонисту непосредственный выход к океану (и косвенный — к небу):

> На прозрачной, нежно-бирюзовой воде, вся залитая ослепительным, горячим солнцем, качается лодка. В ней стоят голые китайцы, протягивают вверх клетки с канарейками и кричат:
> — Поет! Поет! (7: 334).

«Нежно-бирюзовая» вода напрямую предвосхищает «нежно-сиреневое» небо финала. Кроме того, голые китайцы «протягивают» клетки «вверх», обозначая новое для пространственного мира рассказа вертикальное измерение. Не забудем и то, что глагол *протянуться* возникнет в финальном пейзаже, где широкий зеленый луч «протягивается» до самой середины неба (напомним также ключевую роль, которую глагол *протянуть / протянуться* играет в «Студенте»).

Вид из окошечка знаменует собой присутствие иного мира за пределами лазарета. Но этот мир пока еще не сопрягается, не соотносится с миром Гусева, с лазаретом.

В границах лазарета воспроизводится история Гусева и других солдат. Сами они не смогли бы этого сделать. Даже после объяснений Павла Иваныча Гусев «не понимает», что его, как и других обитателей лазарета, отправили на смерть. Благодаря Павлу Иванычу воссоздается событийная канва, становится ясным: судьба Гусева — не частность, а следствие общего порядка жизни. Именно здесь впервые в повествование вводится мотив смысла и жалости (точнее говоря, их отсутствия), — правда, пока еще только по отношению к тем, кто находится на низших ступенях социальной лестницы: «Вырвать человека из родного гнезда, тащить пятнадцать тысяч верст, потом вогнать в чахотку и... и для чего все это, спрашивается?» (7: 330).

Но и сам Павел Иваныч — только один из обреченных. И так же, как они, не понимает этого, так же слеп перед своей судьбой, беспомощен и находится в том же замкнутом пространстве. «Наверх» его поднимают только после смерти, чтобы бросить в море. Отметим, что и «темный» солдат Степан (первая смерть), и «просвещенный» Павел Иваныч (вторая смерть) умирают одинаково неожиданно для самих себя. «Я сейчас, братцы», — последние слова Степана. «Гусев, твой командир крал?» — последнее, что произносит Павел Иваныч. Гусев — единственный — заранее узнаёт о том, что он «не жилец на этом свете». Ему — единственному — становится жутко, «и начинает его томить какое-то желание»: «Я пойду наверх. Сведите меня, ради Христа, наверх!» (7: 336).

Итак, выход повествования за пределы лазарета связан с образом Гусева. Здесь впервые пространство не просто размыкается, но расширяется до бесконечности, включая в себя океан и небо. Так возникает «символическая картина вселенной», состоящей из трех уровней, с человеком посередине [Ehre 1979: 82]. При этом между различными уровнями прослеживается очевидное подобие, которое я определяю как принцип пространственных соответствий, или рифм. Так, «низ» и «верх» корабля (душный лазарет и палуба) соотносятся, то есть рифмуются, с океаном и небом. Одновременно небо соотносится с родиной Гусева, а слепая ярость океана воскрешает в памяти бычью голову без глаз, постоянно наплывавшую в сознании бредящего героя на дорогие ему образы:

> Наверху глубокое небо, ясные звезды, покой и тишина — точь-в-точь как дома в деревне, внизу же — темнота и беспорядок. Неизвестно для чего, шумят высокие волны. На какую волну ни посмотришь, всякая старается подняться выше всех, и давит, и гонит другую; на нее с шумом, отсвечивая своей белой гривой, налетает третья, такая же свирепая и безобразная.

> У моря нет ни смысла, ни жалости. Будь пароход поменьше и сделан не из толстого железа, волны разбили бы его без всякого сожаления и сожрали бы всех людей, не разбирая святых и грешных (7: 337).

Звуковая цепочка (**жал**о**сти** — **жел**е**за** — **с**о**ж**а**л**ения — **с**о**ж**ра**ли**) передает противостояние жалости и «пожирающих» ее сил разрушения. До сих пор — в границах лазарета, на уровне Павла Иваныча — ситуация выглядела достаточно однозначной. Есть жертвы несправедливого и жестокого социального порядка (солдаты), и где-то, за пределами парохода, есть те, кто повинен в их страданиях. Перед лицом (или, точнее, безликостью) океана, предстающего в восприятии Гусева, социальный уровень трансформируется в экзистенциальный. На этом уровне одинаково беззащитны все без исключения: волны готовы сожрать «всех людей». По справедливому замечанию Бицилли, «в “Гусеве” это равнодушие к личности, к ее судьбе показано как одно из проявлений равнодушия, так сказать, космического» [Бицилли 2000: 315].

Казалось бы, защитой человеку должен служить пароход, сделанный из «толстого» железа. Но пароход — знак цивилизации — только безнадежно воспроизводит стихию:

> У парохода тоже бессмысленное и жестокое выражение. Это носатое чудовище прет вперед и режет на своем пути миллионы волн; оно не боится ни потемок, ни ветра, ни пространства, ни одиночества, ему всё нипочем, и если бы у океана были свои люди, то оно, чудовище, давило бы их, не разбирая тоже святых и грешных (7: 337)[2].

Человеческое, рукотворное здесь всего лишь копия, добросовестная имитация безличной и обезличивающей стихии. Пароход и океан изображены как два чудовища, противостояние которых

---

[2] Сходная соотнесенность между океаном и пароходом прослеживается в бунинском «Господине из Сан-Франциско» (1915).

складывается в картину всеобщего хаоса, отбрасывая повествование из современности в «темнейшую глубину времен»[3].

На таком фоне совершенно по-особому воспринимается диалог между Гусевым и солдатом с повязкой:

> — Где мы теперь? — спрашивает Гусев.
> — Не знаю. Должно, в океане.
> — Не видать земли.
> — Где ж! Говорят, только через семь дней увидим (Там же).

Вслушаемся: кто это говорит? Какому времени принадлежат эти голоса? «Это самое начало, — пишет Джексон. — Это еще время Ноя, дожидающегося на ковчеге конца потопа» [Jackson 1997: 425]. Действительно, двое солдат на палубе изображены как легендарные люди, которые еще только должны открыть непонятный, гибельный мир, научиться ориентироваться в нем. В таком контексте они говорят как бы от имени всех людей. Поэтому столь важно, что человеческий голос осмысливает, упорядочивает стихию, отводит ей определенное место и время. Оказывается, власть океана не беспредельна, она ограничена семью днями. Безбрежное вводится в берега, абсолютное — власть океана — начинает восприниматься как относительное.

Становится понятным, почему именно Гусев, а не Павел Иваныч, должен был подняться «наверх». Свойственная ему архаичная образность (судно, которое наехало на рыбину; ветер, который сорвался с цепи) — именно та, что необходима автору для того, чтобы изобразить «космическое» равнодушие к человеческой жизни. Мы видим стихию глазами Гусева, но не потому ли, что сам он сродни стихии? Гусев родственен океану и пароходу в том, что, как и они, «не боится ни потемок, ни ветра, ни пространства, ни одиночества». Он также родственен небу — волей к смыслу и жалости, которая противопоставляется океану. В сцене на па-

---

[3] Определение принадлежит Н. Я. Берковскому: «При всей связанности Чехова с современностью, со злобою дня, даже с модою дня, он делает иной раз отступления в темнейшую глубину времен» [Берковский 1985: 217–218].

лубе эта воля заявляет о себе словами героя: «А ничего нету страшного <...> Только жутко, словно в темном лесу сидишь, а ежели б, положим, спустили сейчас на воду шлюпку и офицер приказал ехать за сто верст в море рыбу ловить — поехал бы. Или, скажем, крещеный упал бы сейчас в воду — упал бы и я за им» (7: 337).

Важно, что воля к смыслу и жалости не является для Гусева результатом осознанного выбора, нравственного пробуждения. Она дана ему, а значит, и любому, всякому человеку (не случайно, что Гусев — «рядовой»), изначально. Она естественна, природна ничуть не в меньшей степени, чем неодухотворенная стихия.

В самом Гусеве, как уже говорилось, есть свое небо и свой океан. Небо Гусева — это его родина и родные, с которыми Господь «привел повидаться». Океан Гусева — «бычья голова без глаз». Последняя — не просто внешняя сила, но и темный лик самого героя. Он — на той ступени развития, где еще не осознана ценность любой человеческой жизни, независимо от вероисповедания или социального положения. «Порядок такой», — говорит Гусев, словно бы заранее соглашаясь на всё, что делают с ним и остальными. Слепая покорность соединяется в нем, как показывают воспоминания героя о службе, со вспышками агрессии и нетерпимости.

Итак, небо, океан и человек не существуют отдельно друг от друга. Силовые линии океана и неба проходят сквозь человека, поставленного в центр повествования. Вольно или невольно он участвует в их противостоянии и влияет на его исход. Ни в небе, ни в океане нет ничего такого, чего не было бы в самом человеке. Они взаимопроницаемы, иначе говоря — зарифмованы; между ними действует закон подобия большого и малого, макро- и микромира.

Эти подобие и взаимообусловленность не обязательно отменяют представления о «равнодушной» природе. Природа у Чехова равнодушна к «короткой жизни человека». Природа у Чехова восприимчива к человеческой потребности в смысле и жалости; более того, сама же и взывает к ним. Цель автора не в том, чтобы утвердить или опровергнуть одно из этих суждений и даже не в том, чтобы показать «возможность противоположных решений». Цель его — в том, чтобы создать между полюсами поле напряжения, поместив своего протагониста в центр противостояния.

Решение любого «общего» вопроса начинает, таким образом, зависеть от «отдельного» человека, от тех итогов, к которым он приходит в результате личных поисков. Как решается этот общий вопрос в «Гусеве»? На уровне «действительной жизни» смерть героя — выражение бесчеловечности и абсурдности существующего порядка, она лишена превышающего смысла. С поэтической (особенно с мифопоэтической[4]) точки зрения, однако, эта смерть может быть прочитана как жертвенная и, следовательно, полная высокого значения: прежде чем океан успокаивается в финале под воздействием неба, он преодолевается Гусевым в сцене на палубе, а смерть Гусева в океане — необходимая часть финального космического примирения. Сама поэтическая ткань рассказа — свидетельство того, что «действительная жизнь» не умещается в рамки привычных представлений о действительном.

Надо ли повторять, что две перспективы — миметическая и поэтическая — два слоя одной и той же картины, проглядывающие друг сквозь друга? Благодаря этому происходит приращение смысла, но также создается ощущение неразрешимого конфликта, мучительного и в то же время обнадеживающего несоответствия. Ранее говорилось о драме чеховского слова — разрывающегося между оттенками значений, прямым и переносным смыслами. Тот же разрыв прослеживается на уровне судьбы героя и общего смысла произведения.

Благодаря постоянному взаимодействию между различными перспективами, мотивами, образами ни одно утверждение или факт не может считаться окончательным, закрытым для дальнейшего переосмысления. Нельзя, казалось бы, поставить под сомнение факт смерти героя. Но мертвый Гусев описывается как

---

[4] См. различные мифопоэтические интерпретации рассказа в [Одесская 1998; Доманский 2001: 6–16; Шалыгина 2008: 103–110].

субъект действия, сохраняющий свое имя и способность реагировать на происходящее[5]:

> Вахтенный приподнимает конец доски, Гусев сползает с нее, летит вниз головой, потом перевертывается в воздухе и — бултых! Пена покрывает его, и мгновение кажется он окутанным в кружева, но прошло это мгновение — и он исчезает в волнах.
>
> Он быстро идет ко дну. Дойдет ли? До дна, говорят, четыре версты. Пройдя сажен восемь-девять, он начинает идти тише и тише, мерно покачивается, точно раздумывает, и, увлекаемый течением, уж несется в сторону быстрее, чем вниз.
>
> Но вот встречает он на пути стаю рыбок <...> (7: 338).

Затем следует вторая — куда более страшная, но вместе с тем и грандиозная — смерть в океане, синхронизированная с примирением между океаном и небом. Празднуя это примирение, читатель не может забыть о том, что происходит «в это время» на дне океана: «Поигравши телом, акула нехотя подставляет под него пасть <...>» Контраст? Разумеется. Но не только. Акула *нежится* в теплой, прозрачной воде. Корень глагола (*неж*) отсылает к «нежно-бирюзовому» цвету воды в третьей главе и подготавливает «нежно-сиреневый» цвет неба в последнем абзаце. Сложность, создаваемая взаимодействием поэтических образов и мотивов, сопротивляется любой однозначной интерпретации и непротиворечивому заключению.

Подведем итоги. Отношения между микро- и макрокосмом могут быть переданы с помощью следующей диаграммы:

---

5 См. [Shrayer 1999: 203].

По-другому эти элементы можно описать как триаду личного (герой) — социального (пароход, деревня) — экзистенциального (океан, небо). Каждый элемент данной пространственной модели окликает все остальные и заключает в свернутом виде поэтическое целое рассказа. Так, внутренний мир Гусева — микрокосм внешнего мира с его небом и океаном. Океан противостоит небу отсутствием смысла и жалости. Однако «нежно-бирюзовый» цвет воды в третьей главе не только предвосхищает финальное торжество неба, но и указывает на изначальное присутствие небесного — гармонизирующего и примиряющего — начала в самом океане. У парохода также есть свой «верх» и «низ» (палуба и лазарет), иначе говоря — свое небо и океан. Сходная двойственность прослеживается и в описании деревни с ее двумя сторонами, разделенными «громадным прудом»: на одной — фарфоровый завод «с высокой трубой и черными клубами дыма», на другой — сама деревня. Облака финального пейзажа составляют явный контраст с «черными клубами дыма». Но, как часто бывает у Чехова (вспомним хотя бы мотив облаков в «Красавицах»), это также развитие и трансформация единого образа, увиденного с «волновой» точки зрения.

На основе данного анализа можно выделить два дополнительных аспекта промежуточности. Прежде всего, это пространственная позиция чеховских протагонистов между океаном и небом, в эпицентре их противостояния, являющемся также эпицентром экзистенциального вопрошания: о смысле и жалости, правде и красоте, смерти, бессмертии... Поэтому же чеховский протагонист может быть увиден как своеобразный инструмент постижения мира, лирическое «я», воспринимающее и поэтически воспроизводящее мир в своем сознании. Вспомним еще раз «Страхи». Пугающий «красный глаз» колокольни — сконцентрированный взгляд ночной реальности. Но одновременно это и взгляд самого рассказчика, возвращаемый ему реальностью. Подобная двойственность (отсюда второй аспект промежуточности) показывает, что внешний мир — никак не статичный фон, на котором разворачивается жизнь героя. Микрокосм и макрокосм — это сеть развивающихся взаимоотношений, где человек и окружающий мир создают и предопределяют друг друга. Во многом благодаря названным аспектам промежуточности и осуществляется у Чехова «выход в экзистенциальную тему».

«Сквозь тысячи верст этой тьмы»: «Убийство»

Так же, как в «Гусеве», организация пространства в «Убийстве» (1895) определяется природной стихией, в данном случае метелью. Так же прослеживается принцип пространственных рифм между различными уровнями, микро- и макрокосмом.

В центре рассказа — религиозный конфликт между двоюродными братьями Яковом и Матвеем Тереховыми. Действие протекает на отдаленной станции и сопровождается «воем метели». Стихия безраздельно господствует в рассказе, пронизывая собой его пространство и время, предопределяя их особенности. Метель разыгралась «ни с того ни с сего», «несмотря на канун Благовещения», то есть как бы вопреки церковному и природному календарям, обозначая какое-то другое — докалендарное, внекалендарное — время, «темнейшую глубину времен», существующую параллельно современности и проглядывающую сквозь нее.

В «Гусеве» морю, у которого нет «ни смысла, ни жалости», противостоит в финале «великолепное, очаровательное небо». Пространственный мир «Убийства» не знает неба как самостоятельной субстанции. Этот мир един по вертикали и горизонтали; «верх» и «низ» здесь тождественны друг другу. С особенной выразительностью это проявляется в заключительной, сахалинской, главе, где символика рассказа получает законченное выражение: «Налево был едва виден высокий крутой берег, чрезвычайно мрачный, а направо была сплошная, беспросветная тьма, в которой стонало море, издавая протяжный, однообразный звук: “а... а... а... а...”» (9: 159). Метель в этой главе сменяется штормом, обе разновидности стихии поглощают пространство, делают его сплошным и неделимым. Хаос в «Убийстве» еще не разделен на «верх» и «низ», на землю и небо.

Образам стихии, однако, постоянно сопутствуют образы другого — исторического — времени: огни. Это огни церковной службы, станции и железнодорожной линии, поезда и парохода. Но со стихией они соотносятся как временное, зыбкое — с вечным и неизменным. Окончилась всенощная, и «стало опять темно и пусто». «Еле-еле» светятся в финале бледные огни парохода. Внешний, способный противостоять темноте источник света в рассказе так и не появляется. Более того: современная жизнь капитулирует перед стихией (метелью и штормом), принимает ее образ и подобие. Так, поезд — знак цивилизации — изображается как фантастическое чудовище: «Шел длинный товарный поезд, который тащили два локомотива, тяжело дыша и выбрасывая из поддувал снопы багрового огня» (9: 156). Своеобразный двойник поезда — пароход сахалинской главы: «На Дуэском рейде на Сахалине поздно вечером остановился иностранный пароход и потребовал угля» (9: 158). «Требование» парохода оборачивается приношением жертвы: ночью в рудник гонят партию арестантов. И поезд, и пароход описываются как самодостаточные существа, действующие, подобно пароходу из «Гусева», независимо от человеческой воли.

К образам света относятся также огонек трактира, брезжащий по ночам, восковые свечи, горящие во время службы, свеча, при которой Матвей читает книгу, лампочка, с которой Яков после убийства брата прошел к себе в комнату, — все, что связано с внутренним пространством дома. Но и дом Якова не противостоит стихии. Наоборот, в миниатюре он воспроизводит картину мира в целом (вспомним принцип пространственных рифм). Здесь тоже есть свой «верх» и «низ», и так же проявляет себя условность границы между ними. Нижний этаж — трактир, молельная, комнаты, кухня. Верхний этаж пустует, но там постоянно ощущается присутствие таинственной жизни, раздаются «какие-то неясные голоса, которые будто угрожали или предвещали дурное» (9: 137). Ирреальные голоса вверху и реальные голоса внизу существуют отдельно и неотделимо, постоянно перекликаются. Стихия становится одушевленной, а человеческая жизнь приобретает стихийный, неуправляемый характер.

Таким образом, религия, культура, цивилизация, связанные с образами света, последовательно обнаруживают свое бессилие. Они не в состоянии защитить главного героя, Якова Терехова, от внешней стихии и не способны предотвратить его превращение в «громадного, страшного зверя» (незадолго перед совершением убийства Якову кажется, что «это ходит не он, а какой-то зверь, громадный, страшный зверь»). Стихия — не только снаружи, она внутри человека, как и свет, позволяющий видеть «сквозь тысячи верст этой тьмы». Но возникает такой свет лишь в са́мом финале, на сахалинской каторге.

Мотив каторги позволяет рассматривать «Убийство» в контексте многолетних исканий русской литературы. Для нее, как показал Ю. М. Лотман в статье «Сюжетное пространство русского романа XIX века», плодотворна следующая мифологическая схема: дойдя до предела зла, герой должен пережить умирание и воскресение, спуститься в ад и выйти оттуда другим. В широком круге русских сюжетов, продолжает ученый, триада «смерть — ад — воскресение» подменяется иной: преступление — ссылка в Сибирь — воскресение [Лотман 1988: 338]. При этом, кроме доминирующего в русской литературе XIX века мотива воскресения, возрождения (Гоголь, Достоевский, Толстой), Лотман выделяет мотив «абсолютного конца — смерти» (Тургенев) [Там же: 341]. В первом случае — «высокая трагедия смысла», во втором — «безнадежная трагедия бессмыслицы». Какое место занимает в этой традиции Чехов? С какой из двух «трагедий» «Убийство» соотносится?

Не удивительно, что в критических откликах на рассказ отыскиваются взаимоисключающие ответы на приведенные вопросы. «Философия этого рассказа ясна. Лучше никакой веры, чем такое бессмыслие веры <...> это дьяволово неистовство с пролитием братней крови из-за постного масла» [Измайлов 1916: 547]. Первый биограф Чехова А. А. Измайлов, которому принадлежит процитированное высказывание, будто не замечает новой веры Якова и происшедшей с ним на каторге перемены. Ни о каком воскресении при таком прочтении не может быть и речи. Прозаик (и один из последующих биографов Чехова) Б. К. Зайцев, напротив, полагает, что «странным образом» Чехов в этом рассказе пошел «даже дальше Достоевского»: «Раскольников после каторги только продолжал стоять на пороге. Яков же Иваныч окончательно всё решил, каторга всё ему открыла» [Зайцев 1991: 323].

Действительно, «новая вера» героя как будто вписывается в контекст воскресения. Она обретается Яковом после того, как он дошел «до предела зла» (убийство брата), «в самой неприглядной и суровой из всех сахалинских тюрем» (отсылка к аду). В отличие от его предыдущих верований, «новая вера» не обособляет героя от других людей, а связывает с ними, рождается из соприкосновения с их страданиями:

> С тех пор, как он пожил в одной тюрьме вместе с людьми, пригнанными сюда с разных концов, — с русскими, хохлами, татарами, грузинами, китайцами, чухной, цыганами, евреями, и с тех пор, как прислушался к их разговорам, нагляделся на их страдания, он опять стал возноситься к Богу, и ему казалось, что он, наконец, узнал настоящую веру, ту самую, которой так жаждал и так долго искал и не находил весь его род, начиная с бабки Авдотьи (9: 160).

Еще более важно, что трансформация заданного пространственного мира («сплошная, беспросветная тьма») напрямую связана с образом протагониста:

> Он вглядывался напряженно в потемки, и ему казалось, что сквозь тысячи верст этой тьмы он видит родину, видит родную губернию, свой уезд, Прогонную, видит темноту, дикость, бессердечие и тупое, суровое, скотское равнодушие людей, которых он там покинул; зрение его туманилось от слез, но он все смотрел вдаль, где еле-еле светились бледные огни парохода, и сердце щемило от тоски по родине, и хотелось жить, вернуться домой, рассказать там про свою новую веру и спасти от погибели хотя бы одного человека и прожить без страданий хотя бы один день (Там же).

Следуя за взглядом героя, несложно заметить, что этот взгляд движется как бы сверху вниз, постепенно различая всё более конкретные подробности земного ландшафта: родная губерния, уезд, Прогонная (используя современную аналогию, можно сравнить это со взглядом из идущего на посадку самолета). Таким образом, благодаря герою в пространственном мире рассказа появляются вертикальное измерение и новая точка отсчета — взгляд с высоты неба. Именно человеческое зрение, которое «туманилось от слез», становится в повествовании единственно подлинным, пронизывающим и преодолевающим темноту источником света. Кроме того, как происходит обычно на стадии конвергенции, взгляд героя сводит воедино разрозненные пространственные и темпоральные миры: каторга и родина; прошлое, настоящее и гипотетическое будущее. Само по себе речевое оформление этого фрагмента с его «скорбным накалом», ритмом и звукописью — косвенный признак того, что голос героя поддерживается авторским.

Стихии в лице Якова противостоит воля к смыслу и жалости. Трансформация протагониста, а соответственно, и изображенного мира — реальна. Но как раз поэтому внутренний монолог Якова должен быть перебит командой надзирателя «Назад!.. Смирно!», являющейся отрезвляющим голосом само́й реальности. В жизни Якова никогда не будет такого «одного дня», он никогда не вернется на родину, не сможет передать свой опыт другим людям, следующим поколениям, обреченным, как все Тереховы, проходить тот же путь с самого начала. Но тогда это уже не путь, а екклесиастическое движение по кругу, вечное возвращение к исходной точке. Более того, убедительность и прочность «новой веры» поставлены под вопрос не только извне, но и «изнутри», то есть голосом самого героя:

> ...почему жребий людей так различен, почему эта простая вера, которую другие получают от Бога даром вместе с жизнью, досталась ему так дорого, что от всех этих ужасов и страданий, которые, очевидно, будут без перерыва продолжаться до самой его смерти, у него трясутся, как у пьяницы, руки и ноги? (9: 160).

Эти вопросы, возможно, предвосхищают будущие «колебания» и сомнения героя (см. [Катаев 1978: 183]). Вопрошание и убежденность, сила и беспомощность, величие и подавленность неразличимо соединяются в образе Якова, в его «новой вере». «Высокая трагедия смысла» и «безнадежная трагедия бессмыслицы» составляют у Чехова парадоксальное единство, где противоположности не отменяют, а скорее предопределяют друг друга, складываясь в просветляюще-безысходную картину мира[6].

«Жить» и «не жить»: «В родном углу»

> С кем протекли его боренья?
> С самим собой, с самим собой.
>
> *Борис Пастернак*

Две противоположных субстанции — океан и небо — нередко оказываются ликами единого образа: вспомним облака из «Красавиц», сад из «Черного монаха», степь из одноименной повести. Сказанное относится и к образу степи из рассказа «В родном углу».

Рассказ этот начинается не совсем по-чеховски: с вступительного абзаца-пролога, в котором описывается прибытие анонимного пассажира на «невеселую» станцию в степи. Здесь используется редкий тип повествования во втором лице и не представлен ни один из «реальных» персонажей. Детали, картины, настроения, которые в этом прологе возникают в сфере путешественника («Степь, степь — и больше ничего», «...о прошлом не хочется думать»), переносятся затем почти без изменения в сферу героини («Вера тоже поддалась обаянию степи, забыла о прошлом», «Степь, степь...»).

«По-моему, написав рассказ, следует вычеркивать его начало и конец. Тут мы, беллетристы, больше всего врем», — приводит Бунин чеховский совет, данный младшему писателю в самом начале их знакомства [Бунин 1988: 155]. Не посоветовал бы сам Чехов «вычеркнуть» этот вступительный абзац и начать рассказ

---

[6] По-другому рассказ и его интертекстуальные связи прочитываются в [Durkin 2005].

прямо со второго: «За Верой Ивановной Кардиной выехали на тройке»?[7]

Есть и еще одна особенность у этого пролога, связанная с его трудноуловимым тоном. Как отмечает в своем классическом разборе В. В. Виноградов, «изображение делается с точки зрения неопределенного, множественного, любого субъекта, без заметной примеси авторской экспрессии. Оценочные определения и характеристики выражают общее впечатление» [Виноградов 1959: 148]. Действительно, авторская экспрессия как будто отсутствует в этом прологе. Интонация кажется сознательно приглушенной, сдержанной, бесстрастной. В этом смысле описание отличается от гармонических пейзажей, которые часто приписываются голосу автора. Открытая эмоциональность, свойственная этим пейзажам, сюда не допускается. И все-таки за внешней бесстрастностью можно расслышать лирическое начало:

> Донецкая дорога.
> Невеселая станция,
> одиноко белеющая в степи,
> тихая, со стенами,
> горячими от зноя,
> без одной тени
> и, похоже, без людей.
> Поезд уже ушел,
> покинув вас здесь,
> и шум его слышится чуть-чуть
> и замирает наконец (9: 313).

При разбивке на «строки» заметней становятся многочисленные звуковые цепочки (До**нец**кая — ста**нц**ия — **на**ко**нец**; **Дон**ец-кая — **ст**а**н**ция — **од**и**н**око — **сте**н**ами — о**дн**ой; **ст**анция — **сте**-

[7] Ср. начало написанного в то же время рассказа «Печенег» (1897), который сразу же представляет протагониста: «Жмухин, Иван Абрамыч, отставной казачий офицер, служивший когда-то на Кавказе, а теперь проживающий у себя на хуторе, бывший когда-то молодым, здоровым, сильным, а теперь старый, сухой и сутулый, с мохнатыми бровями и с седыми, зеленоватыми усами, — как-то в жаркий летний день возвращался из города к себе на хутор» (9: 325).

пи — **ст**енами — пое**зд** — **здесь** — **з**амирае**т**) и неточные рифмы (дорога — одиноко; стенами — тени; здесь — наконец). Заметим также эмоционально окрашенное *покинув* вместо более нейтрального *оставив.* «Покинутость», «брошенность» нередко осознаются как экзистенциальные характеристики в прозе и письмах Чехова[8]. «Покинутые» могло бы стать общим определением чеховских героев — не имеющих точки опоры, живущих «под молчаливыми небесами» (Сухих).

Благодаря подспудному поэтическому началу обыденные детали вырастают до символов и оживляют свои смысловые потенциалы. Особенно интересно сочетание «одинокости» и белого цвета в «одиноко белеющей» станции, окликающее лермонтовский «Парус», о котором, по воспоминаниям Бунина, Чехов говорил «восторженно» [Бунин 1988: 206][9].

Оба «одиноких» — мятежный парус и невеселая станция — помещены в бесконечное и необжитое пространство, соответственно в море и степь[10]. Лермонтовский парус, однако, исключительный «персонаж», бросающий в одиночку вызов природной стихии. У Чехова, как обычно, мы встречаем целый ряд микропротагонистов, передающих друг другу эстафету одиночества: одиноко белеющая станция, прибывший на нее одинокий пассажир, единственные лошади («нет других лошадей, кроме ваших»), птицы, которые летают «в одиночку», другие степные образы в единственном числе — старый курган, ветряк. Одиночество здесь не является уделом исключительного героя; оно растворе-

---

[8] Вспомним Якова из «Убийства», который сквозь «тысячи верст этой тьмы» «видит родную губернию, свой уезд, Прогонную, видит темноту, дикость, бессердечие и тупое, суровое, скотское равнодушие людей, которых он там *покинул*», или письмо Д. В. Григоровичу, где Чехов пересказывает свой сон: «...в унынии и в тоске, точно заблудившийся или *покинутый*, я гляжу на камни и чувствую почему-то неизбежность перехода через глубокую реку» (П 2: 30).

[9] Неточная цитата из «Паруса» приводится Соленым в «Трех сестрах».

[10] Родство этих пространственных миров, в том числе на примере «Степи», продемонстрировано В. Н. Топоровым [Топоров 1995: 580–582, 602–606].

но в воздухе, так что можно говорить о «волне» одиночества, проходящей через разные воплощения. Даже присутствие другого человека — кучера, который рассказывает «что-то длинное и ненужное», — не нарушает атмосферу изоляции. Реального общения в прологе так и не возникает; в этом мире оно не кажется возможным и даже необходимым.

Кроме того, парус олицетворяет идею движения, пафос преодоления пространства, в то время как станция парадоксально ассоциируется с концом движения. Это место, куда можно приехать, но откуда нельзя никуда отправиться. Поезд (знак цивилизации, линейного времени) ушел, «покинув вас здесь». Пересаживаясь в коляску, «покинутый» человек отдается на волю степи, находится под властью застывшего времени и как бы статичного движения («Прошел час-другой, а всё степь, степь, и всё курган вдали»). Однако, в отличие от других произведений Чехова, это круговое движение, состояние душевной апатии и разрыва с прошлым, о котором «не хочется думать», как будто не вызывают протеста и отторжения. Наоборот: кажется, что они приветствуются путешественником.

Так возникает наиболее ощутимый контраст с лермонтовским стихотворением. «Парус» отрицает любую форму успокоенности и примирения: «А он, мятежный, просит бури, / Как будто в бурях есть покой!» [Лермонтов 1983: 272]. Станция же — «тихая», да и путешественник совсем не бунтарь. Он ищет не шторма, а «спокойствия». Представляется, что весь пролог написан с перспективы, в которой «спокойствие» уже достигнуто — ценой отказа от всякого движения, от всего личного. Этим и объясняется изображение с точки зрения «неопределенного, множественного, любого субъекта».

Что означает это овладевающее душой спокойствие? Чтобы ответить на этот вопрос, нужно проследить развитие мотива покоя. Вначале, как мы помним, он возникает в сфере путешественника: «...душой овладевает спокойствие». Затем мотив переходит в сферу протагонистки: «...а на душе *покойно*, сладко». Далее он соотносится с образом степи в восприятии героини: «...этот простор, это красивое *спокойствие* степи». Наконец, степь переосмысливается Верой как «*спокойное* зеленое чудовище», которое «поглотит ее жизнь, обратит в ничто» (9: 316). Не случайно, что и финальная капитуляция героини сопровождается тем же мотивом: «...и это решение (выйти замуж за доктора Нещапова, то есть отказаться от своих надежд, устремлений, а в конечном счете и от своего «я». — *Р. Л.*) *успокоило* ее» (9: 323). «Успокоение» здесь означает облегчение боли, освобождение от тяжести неразрешимых вопросов и бремени прошлого (личного и исторического). Но достигается такое «успокоение» через жертву индивидуальности, иначе говоря — через слияние со степью. Это слияние уже было намечено в прологе — в перспективе путешественника. В финале оно становится судьбой героини.

Что можно сказать о протагонистке рассказа, Вере Кардиной? Путешественник лишен индивидуальных черт. Он воплощает состояние души, настроение. Иное дело — героиня, у которой есть имя, предыстория, индивидуальность. В то же время, подобно другим протагонистам Чехова, Вера не столько лицо, сколько знак лица, воля к своей, неповторимой, жизни, к смыслу и жалости[11].

Предыстория героини — вполне гамлетовская. После окончания института она возвращается на родину, в степную усадьбу. Несколько месяцев назад умер ее отец, она — законная хозяйка усадьбы, часть которой принадлежит тете Даше. Последняя называет Веру «настоящей хозяйкой» и «нашей королевой», а себя — «послушной рабой», хотя на деле узурпировала власть. Характер тети подан через метонимическую деталь: «маленькие, крепкие, деспотические руки». Управляя имением, она проявляет жестокость, грубость и лицемерие по отношению к тем, кто зависит от нее. Вера, чеховский степной Гамлет, хотела бы бросить ей вызов, но выказывает сомнение и роковую нерешительность («Что делать?», «С чего начать?» — рефреном повторяются вопросы, которые задает себе героиня) и таким образом постоянно откладывает реальные действия.

С другой стороны, определение степи как «спокойного зеленого чудовища», «поглощающего» жизни (иначе говоря, требующе-

---

[11] См. [Лапушин 1998: 30–44].

го жертвоприношений), открывает возможность для мифопоэтического прочтения. В этом контексте социальная несправедливость — проекция мифа в современную жизнь. Не случайно пугающий и в то же время комичный образ дедушки, убежденного крепостника, воспринимается как пародия на каннибалистический аспект степи: «За обедом и за ужином он ел ужасно много; ему подавали и сегодняшнее, и вчерашнее, и холодный пирог, оставшийся с воскресенья, и людскую солонину, и он всё съедал с жадностью, и от каждого обеда у Веры оставалось такое впечатление, что когда потом она видела, как гнали овец или везли с мельницы муку, то думала: "Это дедушка съест"» (9: 317). Таким образом, Вере противостоит не просто социальный порядок, представленный тетей и дедушкой, но и природный, воплощенный в «зеленом чудовище», океане-степи:

> Она негодовала, ненавидела тетю <...> Но что делать? Оборвать ее на слове? Нагрубить ей? Но какая польза? Положим, бороться с ней, устранить ее, сделать безвредной, сделать так, чтобы дедушка не замахивался палкой, но — какая польза? Это все равно что в степи, которой конца не видно, убить одну мышь или одну змею (9: 322).

Характерная для Чехова коллизия: Вера побеждена не внешними силами, то есть не другими людьми (тетя Даша, дедушка), но осознанием того, что сама она — неотделимая часть того зла, которое пытается устранить. Когда в кульминационной сцене Вера начинает кричать на прислугу «не своим голосом» («Вон! Розог! Бейте ее!»), мы понимаем, чей это голос: дедушки, воплощающего, с одной стороны, крепостничество, а с другой — каннибалистический аспект степи.

Образ степи, однако, не может быть сведен к лику «чудовища». С самого начала степь также воплощает свободу, простор, красоту, то есть не только океан, но и небо. Двойственность сохраняется и в, казалось бы, не оставляющем надежды финале рассказа:

> И идя, куда глаза глядят, она решила, что, выйдя замуж, она будет заниматься хозяйством, лечить, учить, будет делать все, что делают другие женщины ее круга; а это постоянное недо-

> вольство и собой, и людьми, этот ряд грубых ошибок, которые горой вырастают перед тобою, едва оглянешься на свою жизнь, она будет считать своею настоящею жизнью, которая суждена ей, и не будет ждать лучшей... Ведь лучшей и не бывает! Прекрасная природа, грезы, музыка говорят одно, а действительная жизнь другое. Очевидно, счастье и правда существуют где-то вне жизни... Надо не жить, надо слиться в одно с этой роскошной степью, безграничной и равнодушной, как вечность, с ее цветами, курганами и далью, и тогда будет хорошо...
>
> Через месяц Вера жила уже на заводе (9: 324).

Чей это голос? «В конце рассказа образ степи выступает уже как символ сломившей Веру стихии, и тут как будто экспрессия внутренней речи самой Веры совсем поглощает стиль авторского повествования», — говорит Виноградов [Виноградов 1958: 150]. Характерна оговорка: *как будто* поглощает. Как бывает у Чехова в ключевые для интерпретации моменты, голоса героини и близкого автору повествователя образуют сложное и противоречивое единство, оставаясь при этом разными голосами.

В перспективе героини происходящее в финале выглядит несомненным поражением, капитуляцией перед силами океана-степи. В перспективе повествователя, вбирающей в себя голос одинокого путешественника из пролога, дела обстоят сложней. Вслушаемся в скорбную и в то же время странно обнадеживающую интонацию: «Надо не жить, надо слиться <...> и тогда будет хорошо».

«Не жить» — «и тогда будет хорошо»?

Замечательно, с какой настойчивостью нанизываются друг на друга в пространстве нескольких строчек однокоренные слова: жизнь — жизнью — жизнь — вне жизни — не жить. Цепочка однокоренных слов образует собственный микросюжет, который начинается с «жизни», а заканчивается отказом от нее. Следующее за этим в финальном предложении «жила на заводе» не просветляет картины. «Жить» на заводе — в контексте рассказа — означает скорее «не жить», чем «жить». С другой стороны, экзистенциальный пессимизм («Очевидно, счастье и правда существуют где-то вне жизни») также не безусловен: в конце концов, счастье и правда *существуют*...

Любое обобщение, как мы знаем, имеет у Чехова контекстуальный, промежуточный характер, оставаясь открытым для дальнейшего переосмысления. Не случайно поэтому, что в резонантном пространстве чеховского мира, рассматриваемого в качестве единого текста, есть не только «Надо не жить» из финала «В родном углу», но и «Надо жить» из финалов «Дяди Вани» и «Трех сестер». Прав Чудаков: Чехов «как бы допускает возможность двух противоположных решений» [Чудаков 1988: 360]. Но и каждое из таких решений не монолитно. Движение от одного полюса оппозиции к другому, как было показано при чтении прозаических строф, становится еще и движением *вглубь*, выявлением внутреннего потенциала определенной концепции, образа, фразы, даже отдельного слова. При более глубоком рассмотрении взаимоисключающие суждения у Чехова оспариваются не только извне, но и, что наиболее важно, изнутри.

«Очевидно, счастье и правда...» За несколько лет до рассказа «В родном углу» протагонист из рассказа «Студент» пришел к заключению, близкому по тону, но прямо противоположному по духу:

> А когда он переправлялся на пароме через реку и потом, поднимаясь на гору, глядел на свою родную деревню и на запад, где узкою полосой светилась холодная багровая заря, то думал о том, что правда и красота, направлявшие человеческую жизнь там, в саду и во дворе первосвященника, продолжались непрерывно до сего дня и, по-видимому, всегда составляли главное в человеческой жизни и вообще на земле... (8: 309).

Итак, два обобщения, поддерживаемые авторским голосом, помещенные в сильной позиции финала. Можно ли сказать, что одно из них более авторитетно, чем другое, или что они знаменуют собой эволюцию чеховского мировоззрения?

> Правда и красота <...> *по-видимому*, всегда составляли главное в человеческой жизни и вообще на земле...
>
> *Очевидно*, счастье и правда существуют где-то вне жизни...

Что общего у этих двух заключений? Прежде всего — интонация, в обоих случаях некатегоричная, выражающая сомнение, ставящая смысл сказанного под вопрос. Параллельное использование модальных слов с одинаковым корнем (*по-видимому*, *очевидно*) выдает внутреннюю уязвимость и неполноту каждого из суждений, рассматриваемого в отрыве от другого. Оба они, таким образом, изначально включают в себя противоположную точку зрения, не столько отрицают, сколько дополняют и предопределяют друг друга. В одном случае — жизнеутверждение, граничащее с жизнеотрицанием («Студент»), а в другом — жизнеотрицание, граничащее с жизнеутверждением («В родном углу»). Та же динамика относится к «Надо не жить» и «Надо жить»: в соответствии с концепцией промежуточности, каждый из полюсов оказывается не точкой, но «целым громадным полем» между двумя полюсами.

Вместо заключения

Разговор на другой планете

> Чехов преодолел иерархию предметов, преодолел различие между «прозой жизни» и ее «поэзией»...
>
> *Борис Эйхенбаум. О Чехове. 1944*

В записных книжках Чехова есть загадочный фрагмент: «Разговор на другой планете о земле через 1 000 лет: помнишь ли ты то белое дерево... (березу)?» (17: 78). Запись осталась невостребованной: Чехов не использовал ее ни в одном рассказе или пьесе. Но есть в этой записи то, что ощущается «за кадром» многих произведений: дар двойного присутствия, поле напряжения между «здесь» и «там», настоящим и будущим, березой и «белым деревом».

Человек у Чехова существует на пересечении поэтической и миметической перспектив. Он отбрасывает не одну, а сразу несколько теней, часто не похожих друг на друга. Человек — это веер образов человека. Мир — это веер образов мира, где изображения на соседних створках могут и не состыковываться друг с другом.

Соединение прозрачности и неуловимости («роса на траве»), меняющийся, как в калейдоскопе, рисунок реальности заложены в основах чеховского мира — в его слове.

Слово у Чехова колеблется между прямым и переносным значениями. Укорененное в своем контексте, оно остается мобильным и несвязанным, как бы кочующим по тексту, порождая при этом новые смыслы, непредсказуемые ассоциации и аллюзии. В каждой точке повествования чеховское слово оказывается на перекрестке смыслов, в положении промежуточности, откуда — для читателя, интерпретатора — открывается возможность путей в разных, иногда противоположных направлениях. Вот почему, сколько бы мы ни перечитывали Чехова, мы всегда будем читать его в первый раз.

«Лирическое слово — больше самого себя», — повторим еще раз вслед за Лидией Гинзбург [Гинзбург 1982: 27]. У Чехова это слово преображает все уровни повествования. Оно добавляет вертикальное измерение и вневременной аспект («отражение чего-то неземного, вечного») будничному и, на первый взгляд, бессобытийному существованию персонажей; выявляет присутствие глубинного (символического, мифопоэтического) плана изображения с его множественностью потенциальных значений, ни одно из которых не безусловно и не реализовано полностью; наводит фокус на мириады микропротагонистов, среди которых не только люди, но и растения, животные, птицы, предметы, облака, тени, клочки тумана, обретающие, пусть только на мгновение, субъектность и свое собственное существование; набрасывает покрывало таинственного и сновидческого на изображение действительной жизни.

Определяющие признаки чеховского мировоззрения и поэтики (адогматизм, неиерархическое ви́дение, равнораспределенность в конфликтах) вплетены в художественную ткань его повествования. Как таковые они могут быть обнаружены в малом контексте прозаической строфы или предложения, в которых все виды границ — стилистических, семантических, пространственных — ставятся под вопрос, а движение от одного полюса оппозиции к другому оказывается движением вглубь, выявлением внутреннего потенциала, скрытого до времени. В этом свете любое чеховское предложение — программное и выражает сущность его художественной системы.

Слово Чехова «больше самого себя» и в том смысле, что приводит во взаимодействие разнородные и, казалось бы, несоединимые образы, которые начинают отсвечивать друг другом. Вспомним еще раз «бесцветного» поручика Рябовича из «Поцелуя» в тот момент, когда он решил поделиться своей историей с товарищами: «Он стал рассказывать очень подробно историю с поцелуем и через минуту умолк... В эту минуту он рассказал всё, и его страшно удивило, что для рассказа понадобилось так мало времени. Ему казалось, что о поцелуе можно рассказывать до самого утра» (6: 420). В отличие от героя, автору понадобилось почти 20 страниц, чтобы поведать «историю с поцелуем», — нешуточное, по чеховским меркам, пространство! Почему такая разница?

Для Рябовича, как можно предположить, «история» свелась к короткому и изолированному эпизоду. Для автора она неотделима от связи между «сиреневой барышней» и запахом сирени, от микросюжетов о «храбром» соловье и тусклом огоньке на другом берегу — огоньке, который, казалось герою, «улыбался и подмигивал ему с таким видом, как будто знал о поцелуе». Действующие лица в этой истории — звезды, красная луна и маленькие волны, что «бежали по ее отражению». В перспективе автора «маленькое приключение» соотносится с круговым движением воды в планетарном масштабе и с необратимым движением времени. Иными словами, чеховский рассказ отличается от рассказа героя наличием комплексной и разветвленной системы переплетающихся образов, мотивов, микросюжетов, а также «выходом в экзистенциальную тему».

В такой перспективе уже нельзя говорить об отдельных и отделенных друг от друга образах — перед нами сеть динамических взаимоотношений. Соответственно, в таком мире не остается места и для событий, локализованных в пространстве и времени.

Принципиально важно, что подобное ви́дение Чехов применяет к изображению обыденной жизни и что способностью к нему он наделяет самых обыкновенных, «бесцветных» протагонистов. Насыщенная и в то же время неброская поэтическая ткань чеховской прозы и драматургии — словесный эквивалент поэтического начала, присущего жизни, «какая она есть», и людям, «какие они есть».

В недавней книге о Чехове американская писательница и журналистка Джанет Малколм предложила интригующую метафору «прозаической коры», внутрь которой Чехов помещает «поэтическую сердцевину» своего творчества, «как если бы такая защита была необходима для ее выживания» [Malcolm 2002: 21]. Об этой «поэтической сердцевине» и написана «Роса на траве». Но, как должно быть уже понятно читателю, концепция промежуточности не допускает разделения между защитной «корой» прозаического и оберегаемой «сердцевиной» поэтического.

Поэтическое у Чехова — поле напряжения между поэтическим и обыденным. Обыденное здесь изначально заряжено поэтическим, бытовое — бытийным, сиюминутное — вечным.

...Разговор на другой планете через тысячу лет:

> — Роса на траве, — сказала Анна Сергеевна после молчания.
> — Да. Пора домой.

Приложения

«Ветрище дует неистовый»: поэзия писем[1]

1

Тезис о принципиальном родстве эпистолярной и художественной прозы Чехова не должен вызывать удивления. Заканчивая посвященное этому предмету исследование, Чудаков пишет: «Художник не может отрешиться от своего ви́дения. “Безыскусственность” фиксации оказывается фикцией, “непосредственность” — изначально подчиненной могучей организующей художественной воле, в основаниях своих единой в эпистолярной, художественной, научной прозе, во всех порожденных писателем текстах» [Чудаков 1992: 132][2]. Наша задача — обратить внимание на поэтическую природу чеховских писем, свойство, которое почтовая проза писателя делит с его беллетристикой и драмой[3]. Прежде чем начать, необходимо сделать оговорку, касающуюся специфики эпистолярного жанра. Как отмечает М. М. Бахтин: «Письму свойственно острое ощущение собеседника, адресата, к которому оно обращено. Письмо, как и реплика диалога, обращено к определенному человеку, учитывает его возможные реакции, его возможный ответ» [Бахтин 2002: 229]. Сказанное, конечно, относится и к Чехову: очевидно, что письма, адресован-

---

1 Впервые опубликовано в [Журавлева, Катаев 2015: 404–419].

2 Библиография основных русскоязычных работ, посвященных письмам Чехова, содержится в [Горячева 2011]. См. недавно изданный сборник, специально посвященный этой теме [Apollonio, Lapushin 2018].

3 О связи между драматургией и эпистолярием Чехова см. [Полоцкая 2000].

ные Суворину, отличаются по «тону» и «духу» от писем к брату Александру, а письма к Лике Мизиновой — от писем к Лидии Авиловой. В рамках данного анализа, однако, эпистолярный корпус Чехова рассматривается как органическое целое, единство которого во многом и обеспечивается присутствием поэтического начала.

У поэтического много аспектов. Один из наиболее ощутимых — особая звуковая, ритмическая организация текста. Чудаков прав: «Художник не может отрешиться от своего ви́дения». Так же трудно ему отрешиться от «музыкальности» своего слуха. Простейший пример — перечисления, которыми богаты письма Чехова. Нетрудно заметить, что, независимо от их тона и духа, эти перечисления нередко строятся по «мелодическому принципу»: «вечное чтение, штудировка, воля» (П 1: 225), «все мои Верочки, Ведьмы, Агафьи» (П 2: 39), «много вихря, визга и стука» (П 3: 169), «дикая природа, дичь, физические мучительства» (П 4: 101), «нервность, вежливость, остроумие» (П 5: 283).

«Мелодический принцип» ощущается и в том, как подобраны друг к другу прилагательные и наречия, которые являются однородными членами предложения: «чертовски, анафемски, идольски» (П 1: 194), «сурово, уныло и сыро» (П 2: 30), «нервны и ревнивы» (П 2: 188), «глуп, глух, бессердечен» (П 3: 19), «дымчатые, мечтательные» (П 4: 106), «рыхлое, кислое, скучное» (П 5: 133), «робок, кроток и мещански чист» (П 5: 205), «нудные, мутные, тусклые» (П 5: 283), «честный и чистый» (П 11: 33).

При соединении различных частей предложения звуковые повторы становятся еще более отчетливыми: «тяжелые, как булыжник» (П 2: 199), «будучи деревянными, бездарными и бледными бездельниками» (П 3: 19), «Вы излишне вылизываете» (П 3: 39), «нужна возмужалость» (П 3: 132), «каторжного напряжения» (П 3: 138), «берегись изысканного языка» (П 3: 210), «галки с большими головами» (П 4: 65), «Хорош Божий свет» (П 4: 140), «скучаю без тебя отчаянно» (П 11: 37).

Важно подчеркнуть, что поэтическая звукопись не ограничивается традиционно лирическими темами или описаниями природы. С этой точки зрения «впрочем, вру: будь у меня на руках деньги...» (П 2: 195) не менее поэтично, чем «в зелени завелся соловей» (П 5: 295)[4]. Соответственно, упомянутый соловей не более лиричен, чем, скажем, сараи, которые описываются так: «Вид моих сараев весьма наивен» (П 5: 30).

Как и в чеховской прозе, звуковые повторы преодолевают границы между отдельными предложениями (частями сложного предложения): «Невыносимая жизнь! А лестница ужасная. Я ее видел: темная, грязная...» (П 2: 230), «Сколько раков! Если не приедете, то мы враги» (П 2: 309), «Псел величественно ласков, тоны неба и дали теплы» (П 3: 201), «Вернувшись из домов терпимости. Противно» (П 4: 94), «Солнце светит вовсю. Пахнет весной. Но пахнет не в носу...» (П 5: 164), «У меня руки чешутся. Я по уши ушел в чернильницу, прирос к литературе, как шишка» (П 5: 203).

Хорошо известный прием в чеховских письмах: важная, серьезная мысль перебивается ироническим снижением. Здесь звуковые повторы могут служить спайкой и как бы нейтрализуют контраст. В письме Суворину от 3 ноября 1888 года Чехов спорит с Мережковским, который «величает» его героев «неудачниками». Заканчивается рассуждение так: «Надо быть Богом, чтобы уметь отличать удачников от неудачников и не ошибаться... Иду на бал» (П 3: 55). Не связанное с рассуждением об удачниках и неудачниках упоминание о бале вырастает из него на звуковом уровне: удачников — неудачников — иду; Богом — ошибаться — бал.

Многие из наиболее часто цитируемых чеховских высказываний как раз и отличаются поэтической — звуковой, ритмической — выразительностью, которая придает этим экспромтам отточенность формул и делает легкими для запоминания: «Не зализывай, не шлифуй, а будь неуклюж и дерзок. Краткость — сестра таланта» (П 3: 188). Другой известный афоризм — «Про Сократа легче писать, чем про барышню или кухарку» (П 5: 258) — столь же тщательно выверен со звуковой точки зрения. Фраза построена на

---

4 Выражение «Впрочем, вру» встречается в письмах Чехова не единожды (см. П 4: 69).

ударных *а*, при этом сократовское *ра* зеркально превращается в *ар* барышни и кухарки. Тщательность звуковой отделки чувствуется и в формулировках, относящихся к личным темам: «в крови, текущей изо рта, есть что-то зловещее, как в зареве» (П 3: 28)[5], «очевидно, и здоровье я прозевал так же, как Вас» (П 5: 318).

Аналогично обстоит дело, если рассматривать более развернутые высказывания. Приведем лишь один хрестоматийный пример из письма Суворину от 30 августа 1891 года: «У меня в сарае холодно. Я бы хотел теперь ковров, камина, бронзы и ученых разговоров. Увы, никогда я не буду толстовцем! В женщинах я прежде всего люблю красоту, а в истории человечества — культуру, выражающуюся в коврах, рессорных экипажах и остроте мысли» (П 4: 267). *Красота — культура — ковры* связываются между собой через звуковой повтор *к* и *р*. Слово *ковры* благодаря двукратному повторению приобретает особую нагрузку. В первом случае ковры — часть предметной обстановки и домашнего комфорта; во втором их статус заметно повышается: ковры теперь выступают как одно из «выражений» культуры. Ударное *о*, возникающее в большинстве случаев в связке со звуком *р*, прокладывает дорогу от *холода* и *ковров* к *бронзе*, ученым *разговорам*, присоединяя к этому ряду в следующих предложениях *толстовца*, *историю* человечества и *рессорные* экипажи. Последние, в свою очередь, соотносятся на звуковом уровне с *остротой* мысли. Концептуально, таким образом, Чехов дерзко соединяет — и этим ценностно уравнивает — заведомо неоднородные понятия. На звуковом же (иначе говоря, поэтическом) уровне упомянутые понятия изначально родственны и в буквальном смысле слова созвучны друг другу, что делает переход от культуры к коврам или, например, от рессорных экипажей к остроте мысли непринужденным и бесконфликтным. Читатель одновременно поражается смелости неожиданных сближений и принимает эти сближения как что-то естественное.

---

[5] Вскоре после этого письма «зловещее зарево» возникнет в «Скучной истории»: «...но душу мою гнетет такой ужас, как будто я вдруг увидел громадное зловещее зарево» (7: 300).

2

«Мелодический принцип», которому Чехов следует в своей прозе (художественной и почтовой), имеет важные семантические последствия, прежде всего то, что на языке Тынянова можно определить как тесноту ряда. Благодаря тесноте ряда в слове оживают второстепенные, мерцающие признаки; слово начинает колебаться между прямым и переносным значениями, становится многозначным и многовекторным. Рассмотрим для примера известный фрагмент из письма Григоровичу от 5 февраля 1888 года:

> Вся энергия художника должна быть обращена на две силы: человек и природа. С одной стороны, физическая слабость, нервность, ранняя половая зрелость, страстная жажда жизни и правды, мечты о широкой, как степь, деятельности, беспокойный анализ, бедность знаний рядом с широким полетом мысли; с другой — необъятная равнина, суровый климат, серый, суровый народ со своей тяжелой, холодной историей, татарщина, чиновничество, бедность, невежество, сырость столиц, славянская апатия и проч. ... Русская жизнь бьет русского человека так, что мокрого места не остается, бьет на манер тысячепудового камня (П 2: 190).

На первый взгляд, четкое разделение двух сил не вызывает сомнений: логично предположить, что «с одной стороны» относится к человеку, «с другой» — к природе. Внимательное чтение, впрочем, расшатывает оппозицию и ставит ее под вопрос. Начнем с того, что звуковые цепочки / мотивы связывают «далековатые идеи» и свободно преодолевают барьеры не только между отдельными понятиями (слабость — нервность — зрелость; ранняя — страстная — правды), но и между противопоставленными друг другу частями (ранняя — равнина). Кроме того, природный образ степи возникает — пусть только в качестве элемента сравнения — уже в первой части («широкая, как степь, деятельность»). Рядом с «широкой, как степь, деятельностью» «широкий полет мысли» становится не только метафорой, но и зрительным образом. Являясь завершающим компонентом в «человеческом» ряду, широкий полет мысли также подготавливает плавный переход к первому компоненту ряда «природного»: «широкая, как степь, деятельность» — «широкий полет мысли» — «необъятная равнина».

Одновременно, наряду с природными элементами (ландшафт, климат), вторая часть содержит то, что скорее можно отнести к «человеческому» ряду: русская история, татарщина, чиновничество, бедность. Означает ли это, что Чехов воспринимает перечисленные качества как природные, то есть неотъемлемо присущие русской жизни? Такая постановка вопроса кажется законной, тем более что «серый, суровый народ» как бы вырастает из «сурового климата»[6]. Любопытно, что «бедность знаний» находится в первой части, в то время как просто «бедность» — во второй, да еще по соседству с «невежеством» — понятием, родственным «бедности знаний». Очевидно, что, устанавливая четкую бинарную оппозицию («с одной стороны...», «с другой...»), Чехов вместе с тем подтачивает ее изнутри.

Обратим еще раз внимание на характерное для чеховского слова колебание между прямым и переносным значениями, усложняющее смысл приведенного фрагмента: выражение «тяжелая история» обретает пугающую конкретность рядом с образом «тысячепудового камня», которым «русская жизнь» бьет «русского человека», тогда как понятие «русская жизнь» благодаря этому соседству преодолевает границы современности, то есть получается, что русского человека бьет не просто современная жизнь, а вся «тяжесть» русской истории. По такому же принципу метафора «мокрого места» материализуется благодаря тому,

---

[6] Именно в этом ключе будет написано первоначальное — екклесиастическое по своему духу — размышление Ивана Великопольского из рассказа «Студент», которое как бы материализует концепцию «тяжелой» и «холодной» истории: «И теперь, пожимаясь от холода, студент думал о том, что точно такой же ветер дул и при Рюрике, и при Иоанне Грозном, и при Петре, и что при них была точно такая же лютая бедность, голод, такие же дырявые соломенные крыши, невежество, тоска, такая же пустыня кругом, мрак, чувство гнета, — все эти ужасы были, есть и будут, и оттого, что пройдет еще тысяча лет, жизнь не станет лучше» (8: 306).

что рядом с ней упоминается «сырость столиц», а сама эта «сырость», соответственно, становится чем-то бóльшим, чем климатическая / природная характеристика, и обретает зловещие коннотации («сырость» как результат того, что русская жизнь не оставляет от русского человека «мокрого места»).

Таким образом, с одной стороны, Чехов совершенно четко и недвусмысленно определяет две силы, на которые должна быть «обращена» энергия художника. С другой — тут же «обращает» собственную художественную энергию на то, чтобы продемонстрировать: никаких отдельных двух сил, в сущности, нет, настолько они взаимопроницаемы и взаимозависимы.

3

Приращение и усложнение смысла может осуществляться не только в непосредственном контексте конкретного высказывания, но и в более широком контексте (письмо в целом). Приведем для иллюстрации еще один хрестоматийный пример: «Черт бы побрал философию великих мира сего! Все великие мудрецы деспотичны, как генералы, и невежливы и неделикатны, как генералы, потому что уверены в безнаказанности» (П 4: 270). Письмо Суворину от 8 сентября 1891 года, из которого взята цитата, начинается с сообщения о переезде в Москву и «безвыходном» сидении дома: «Семья хлопочет о перемене квартиры, а я молчу, ибо лень повернуться». Следующий абзац посвящен названию неопубликованной повести («Дуэль»). Чехов отвергает предложенный Сувориным вариант — «Ложь». Мотивация Чехова выражена в афористичной форме: «Бессознательная ложь есть не ложь, а ошибка». За афоризмом следует: «То, что мы имеем деньги и едим мясо, Толстой называет ложью — это слишком». Отметим ощутимые звуковые повторы, особенно неточную рифму *ошибка — слишком*: помещенные в конец соответствующих предложений, эти слова в еще большей степени могут восприниматься как рифмующиеся. Благодаря звукописи два предложения предстают цельным высказыванием, хотя смысловая связь между ними не кажется очевидной.

Второе предложение важно тем, что вводит центральную для письма тему Толстого как «одного из великих мира сего»[7]. Прежде чем развить эту тему, однако, Чехов посвящает короткий абзац одному из «малых» мира сего — московскому журналисту А. Д. Курепину: «Вчера меня известили, что Курепин болен безнадежно. У него рак на шее. Прежде чем умрет, рак съест ему половину головы и замучает невралгиями». Не случайно поэтому, что новый абзац — тот самый, что содержит знаменитую цитату, — открывается темой смерти: «Смерть подбирает людей понемножку. Знает свое дело». Вступительное предложение, как видим (точнее, как слышим), — четырехстопный дактиль[8]. Поэтическая отделка этого предложения только подчеркивает важность темы смерти, под знаком которой разворачивается абзац. Ответом на вызов смерти могло бы стать бессмертие, представленное гипотетическим сюжетом о старом химике, который изобрел эликсир бессмертия, но «разбил склянку с эликсиром из страха, что будут вечно жить такие стервецы, как он сам и его жена». Микросюжет о химике, имеющий самостоятельную ценность, важен и в качестве повода снова заговорить о Толстом, который «отказывает человечеству в бессмертии»: тема «отказа человечеству в бессмертии» в прямом (старый химик) и переносном (Толстой) значениях, по-видимому, и служит связующим звеном между двумя этими фигурами. Интересно, что в обоих случаях причина отказа — личные мотивы (о Толстом прямо говорится: «Боже мой, сколько тут личного!»).

Ощутимая звукопись вновь набирает силу в рассуждении о толстовском «Послесловии» (к «Крейцеровой сонате»): «Убейте меня, но это глупее и душнее, чем “Письма к губернаторше”, которые я презираю!» Именно после такого эмоционального всплеска следует то, что можно было бы назвать «бунтом» Чехова: «Черт бы побрал философию великих мира сего!» Подчеркивая универсальность своего бунта, Чехов вводит еще одного

---

[7] О взглядах Толстого и Чехова на бессмертие см. [Лакшин 1975: 59–69].

[8] См. еще одну дактилическую формулу из письма Суворину от 11 марта 1889 года: «Странно, что люди боятся свободы» (П 3: 178).

толстовского двойника — Диогена, который «плевал в бороды, зная, что ему за это ничего не будет». Вводится также значимое противопоставление «великих» мудрецов, к которым у Чехова нет почтения, и «великих» вопросов, с которыми «невежничает» Толстой. В первом случае «великие» звучит иронично, во втором — то же слово лишено снижающей окраски. При этом как раз упоминание «великих вопросов» перебрасывает мостик к заключающему повтору: «Итак, к черту философию великих мира сего!»

На этой нигилистической ноте, однако, Чехов не останавливается. Последнее предложение абзаца предлагает в качестве противовеса «философии великих мира сего» кобылку из «Холстомера». Здесь, конечно, противопоставление Толстого-художника Толстому-проповеднику. Но не только. Оценим вполне чеховскую по духу иронию: спасение приходит не извне, а от одного из «великих», чья философия только что посылалась «к черту». Впрочем, «кобылка» под пером Чехова перерастает своего создателя (Толстого) и обретает самостоятельное существование. С одной стороны, «великие мира сего» с их философией, с другой — кобылка. Перевешивает кобылка: прекрасный пример неиерархичности и адогматизма чеховского мышления!

Заключительный образ письма возникает в следующем абзаце — пожелание, которое Чехов передает через Суворина своему гимназическому товарищу, звучит так: «Желаю, чтобы ему приснилась голая испанка с гитарой». Очевидно, что данный образ, на первый взгляд не связанный с предыдущим разговором, продолжает этот разговор, отсылая к толстовскому «Послесловию», а значит, и к «философии великих мира сего». Получается, Чехов оспаривает эту философию не просто с помощью аргументов («деспотизм», «невежливость», «неделикатность» «великих мира сего»), но самой художественной тканью своего письма с его духом свободной импровизации и принципиальной незавершенности, с непредсказуемыми и словно бы невольными переходами — от прозы к поэзии, от домашнего к философскому, от трагического к фривольному, от Античности к современности или, например, от вымышленного старого химика к реальному Толстому, а от последнего — к кобылке. Сквозь эту художественную ткань, таким образом, проглядывают очертания собственной философии Чехова как альтернативы «философии великих мира сего».

4

Внимание к поэтическому аспекту чеховских писем особенно важно там, где писатель затрагивает личностные аспекты своей жизни (любовь, болезнь, одиночество). Сопоставляя письма Чехова и Д. Г. Лоуренса, касающиеся их болезни (оба писателя умерли от туберкулеза в возрасте 44 лет), Кэтрин О'Коннор приходит к следующему выводу: Лоуренс в своих письмах рассказывает о том, что он чувствует, в то время как Чехов хочет, чтобы мы почувствовали то, чего он не может и не хочет сказать [O'Connor 2018a: 233].

Вспомним уже процитированное «в крови, текущей изо рта, есть что-то зловещее, как в зареве» из письма Суворину от 14 октября 1888 года, где Чехов подробно описывает историю своей болезни. Этот звуковой и зрительный образ — нечаянная вспышка поэтического вдохновения посреди развернутой аргументации в пользу того, что его болезнь не чахотка и что он не угрожает русской литературе «еще одной потерей». Но именно художественный аргумент обладает силой внушения и «заразительности», недоступной аргументам медицинским и логическим. Обратим также внимание на то, как естественно в этом образе внутреннее (кровь, текущая изо рта) проецируется на внешний, природный мир (зарево) и становится частью объективной реальности. Поэтому чеховская интенция в данном письме и кажется такой неуловимой, провоцируя принципиально неразрешимые вопросы: успокаивает он своего адресата или себя самого? верит ли сам в то, что говорит? хочет ли, чтобы верили ему?[9]

За несколько дней до этого в коротком письме Плещееву — та же тема, два скупых предложения: «Я в плохом настроении: у меня кровохарканье. Вероятно, пустяки, но все-таки неприятно»

---

[9] См. анализ этого письма в [O'Connor 2018a: 222–224].

(П 3: 22). Возможная болезнь, как видим, даже не названа по имени. Действительно ли не названа? В предшествующем абзаце речь идет о делах сугубо литературных и житейских, никакого отношения к этой болезни не имеющих. Чехов просит Плещеева прислать корректуру: «Я ничего не прибавлю, но кое-что, быть может, исправлю и вычеркну. Во-вторых, не замолвите ли Вы словечко, чтобы мне поскорее выслали гонорарий? Чахну!» Случайно ли, что именно это шутливое восклицание (как известно, название болезни — чахотка — происходит от глагола «чахать / чахнуть») служит переходом к теме болезни, которую, таким образом, уже и не требуется называть по имени?

Следующий за упоминанием о кровохарканье короткий абзац тоже вроде бы не связан с темой болезни: «Сегодня на Кузнецком в присутствии сестры обвалилась высокая кирпичная стена, упала через улицу и подавила много людей». На более глубоком (символическом, ассоциативном) уровне, однако, связь, как проницательно указал Финк, устанавливается через мотив внезапной смерти в результате катастрофы [Finke 2005: 197]. Действительно, обвалившаяся «высокая кирпичная стена» может прочитываться и в качестве метафоры болезни (ср. с упоминавшимся выше «заревом»). Таким образом, три не связанных друг с другом абзаца демонстрируют не только тематическое единство, но и развитие: от трагической клоунады («Чахну!») к сдержанной констатации факта («у меня кровохарканье»), значение которого сознательно преуменьшается («вероятно, пустяки») и в то же время осознается во всей своей катастрофичности через метафорически-сновидческое переосмысление.

Поэтический контекст (и отдельного письма, и эпистолярного корпуса в целом) преобразует, насыщает смысловым богатством и, на первый взгляд, совершенно будничные, непритязательные детали. Приведем фрагмент из письма к Авиловой от 14 февраля 1904 года (последнее письмо, посланное этому адресату, своего рода прощание): «Простите, я замерз, только что вернулся из Царицына (ехал на извозчике, так как не идут поезда, что-то там сошло с рельсов), руки плохо пишут, да и укладываться нужно. Всего Вам хорошего, главное — будьте веселы, смотрите на жизнь не так замысловато; вероятно, на самом деле она гораздо проще» (П 12: 34–35).

Скупая констатация фактов, пожелания «всего хорошего». Вряд ли это письмо привлекло бы наше внимание, если бы не следующее предложение, где автор как бы отрывается от конкретного адресата и выходит на уровень философского обобщения: «Да и заслуживает ли она, жизнь, которой мы не знаем, всех мучительных размышлений, на которых изнашиваются наши российские умы, — это еще вопрос». Характерно, что здесь на поверхность выходит поэтическая организация текста, прежде всего ощутимая оркестровка на *ж/ш*: заслуживает — жизнь — размышлений — изнашиваются — наши. «Изнашиваются» — самое длинное в предложении слово — также выделяется благодаря насыщенности звуковых связей с другими словами; вначале это *не знаем — изнашиваются*, затем то, что можно назвать неравносложной рифмой: *изнашиваются — наши*. Особенно важным кажется то, что и ключевое для всего размышления понятие «жизнь» как бы прячется внутри глагола «изнашиваются». Грамматически «изнашиваются» умы, на уровне звуковых ассоциаций «изнашивается» жизнь. В таком случае перед нами не просто общее рассуждение. Хотя в предложении отсутствует первое лицо единственного числа, а есть только «мы», «наши», оно передает и внутреннее состояние Чехова — «изношенность» его собственной жизни. Еще раз подчеркнем, что достигается это не прямыми, а опосредованными (поэтическими) средствами.

В свете приведенного предложения по-новому прочитываются и предыдущие, например упоминание о том, что «что-то там сошло с рельсов». Мы, наверное, никогда не узнаем, что именно скрывалось за неопределенным местоимением «что-то». Можно, однако, вспомнить: образ поезда, сошедшего с рельсов, уже возникал в переписке Чехова — в соотнесении с его личной судьбой и по соседству с ключевым для чеховского мира образом «струны». Речь, конечно, идет о письме А. С. Лазареву (Грузинскому) от 20 октября 1888 года (месяц, отмеченный получением Пушкинской премии и кровохарканьем, о котором Чехов рассказывал в процитированных выше письмах Суворину и Плещееву): «Во-первых, я "счастья баловень безродный", в литературе я Потемкин, высочивший из недр “Развлечения” и “Волны”, я мещанин во дворянстве, а такие люди недолго выдерживают, как не выдерживает струна, которую торопятся натянуть. Во-вторых, наибольшему риску сойти с рельсов подвержен тот поезд, который идет ежедневно, без остановок, невзирая ни на погоду, ни на количество топлива» (П 3: 38–39). Не важно, помнил ли сам Чехов это давнее письмо. Для читателя, имеющего дело с полным корпусом чеховских писем, они единое — и единственное в своем роде — произведение, цельное резонантное пространство, внутри которого, говоря словами чеховского рассказа, «все полно одной общей мысли, все имеет одну душу, одну цель» (10: 99)[10].

Трудно забыть короткое предложение из письма к сестре, отправленного совсем незадолго до смерти: «Меня неистово тянет в Италию» (П 12: 124)[11]. Слово «неистово» в устах умирающего человека само по себе обретает трагические коннотации. Дело, однако, не в отдельном слове, а в строе предложения в целом. Тяготеющее к амфибрахию, оно буквально пульсирует созвучиями (меня — тянет, неистово — Италию, тянет — Италию), отличаясь, кроме того, симметрией в расположении четырех значимых слов: в первом и третьем по два слога, во втором и четвертом — по четыре. Каждое слово, хочется сказать, каждый слог и звук в этом «одностишии» — на единственно возможном месте.

Любопытно, что слово «неистовый», хотя и могло бы показаться не чеховским, неоднократно встречается в других письмах, например в письме к О. Л. Книппер от 17 декабря 1902 года, где тоже участвует в создании поэтического контекста: «Ветрище дует *неистовый*. Не могу работать! Погода *истомила* меня, я готов лечь и *укусить* подушку» (П 11: 94). Затем, с нового абзаца — короткие предложения, как бы в телеграфном стиле: «Сломались трубы в водопроводе, воды нет. Починяют. Идет дождь. Холодно. И в комнатах не тепло. Скучаю по тебе *неистово*. Я уже стал стар, не могу спать один, часто просыпаюсь». Повторение оборачивается приращением смысла. «Неистовый» ветер, погода, которая

---

[10] О резонантном пространстве см. примеч. 19 к Введению.

[11] Ср. сходную конструкцию «тянет к морю адски» из письма Суворину от 28 июля 1893 года (П 5: 218).

«истомила», оказываются выражениями внутреннего состояния. Характерно, что и в других письмах к Книппер это слово (неистовый / неистово) возникает в двух главных контекстах, которые могут быть определены как «внутренний» и «внешний». С одной стороны, состояние здоровья: «кашлял неистово» (см., например: П 9: 128, 218; П 11: 30, 36). С другой — природный мир: «неистовый» ветер или дождь (П 9: 132; П 10: 18, 135, 137; П 12: 83). Сходное словоупотребление, которое так же преодолевает границу между внутренним и внешним, встречается и в других письмах тому же адресату: «Скучаю по тебе жестоко» (П 11: 76), «Ветрище дует жестокий» (П 11: 91).

Границы между внутренним и внешним (природным) мирами снова оказываются преодоленными. Так, как это происходит в лирической поэзии. И так, как это обычно происходит в чеховской прозе, художественной и «почтовой». Ветер, который «неистово» дует в ялтинских письмах Чехова, сродни тем ветрам, которые наполняют поэзию XX века:

> Я кончился, а ты жива.
> И ветер, жалуясь и плача,
> Раскачивает лес и дачу.
> Не каждую сосну отдельно,
> А полностью все дерева
> Со всею далью беспредельной...
> [Пастернак 2003: 383].

«Слушаю, как стучит по гробам мой Иртыш»: экзистенциальное и сновидческое в письмах[12]

1

Как читать письма Чехова? Короткий ответ: обращая первостепенное внимание на целостный контекст и художественную ткань повествования. Формулировка Джексона о том, что проза Чехова «глубоко поэтична по своей природе» и читать ее поэто-

---

[12] Впервые опубликовано в [Собенников 2016: 165–175].

му необходимо, «отыскивая смысл в сложных взаимоотношениях между языком, образностью, структурой и поэтическими приемами» [Jackson 1993: 3], должна быть распространена и на «почтовую» прозу. Подобный подход не только подтвердит тезис о принципиальном единстве написанного Чеховым [Чудаков 1992], но и позволит выявить комплекс символов и мотивов, определяющих, поверх жанровых барьеров, своеобразие художественно-философской позиции Чехова.

Так же, как в художественном творчестве, экзистенциальное в письмах Чехова невольно просвечивает сквозь будничное и бытовое. И так же, как в рассказах (см., например, сцену в Ореанде из «Дамы с собачкой» или сцену на кладбище из «Ионыча»), оно проступает наиболее отчетливо там, где герой оказывается вырванным из привычной среды и обстановки, один перед лицом природных сил и «непостигаемого бытия».

Именно так обстоит дело в письме к М. В. Киселевой от 7 мая 1890 года[13]. В первых же строчках четко обозначается место действия: «Пишу Вам теперь, сидя в избе на берегу Иртыша». Затем следует подробный рассказ о том, как Чехов оказался в этом месте, красноречиво свидетельствующий о тяжести испытаний, которые писателю пришлось перенести:

> Боже мой, никогда в жизни не испытывал ничего подобного! Резкий ветер, холод, отвратительный дождь, а ты изволь вылезать из тарантаса (не крытого) и держать лошадей: на каждом мостике можно проводить лошадей только поодиночке... Куда я попал? Где я? Кругом пустыня, тоска; виден голый, угрюмый берег Иртыша... Въезжаем в самое большое озеро; теперь уж охотно бы вернулся, да трудно... Едем по длинной, узкой полоске земли... Полоска кончается, и мы бултых! Потом опять полоска, опять бултых... Руки закоченели... А дикие утки точно смеются и огромными стаями носятся над головой... Темнеет... Ямщик молчит — растерялся... Но вот, наконец, выезжаем к последней полоске, отделяющей озера от Иртыша... Отлогий берег Иртыша на аршин

---

[13] М. В. Киселева — писательница и владелица имения Бабкино, где Чеховы снимали на лето дачу в 1885–1887 годах. См. переписку Чехова и Киселевой в [Переписка Чехова 1996, 1: 250–286].

> выше уровня; он глинист, гол, изгрызен, склизок на вид... Мутная вода... Белые волны хлещут по глине, а сам Иртыш не ревет и не шумит, а издает какой-то странный звук, похожий на то, как будто под водой стучат по гробам... Тот берег — сплошная, безотрадная пустыня... Вам снился часто Божаровский омут; так мне теперь будет сниться Иртыш... (П 4: 75–76).

Повествование ведется по следам событий, с почти документальной точностью. И все же можно обнаружить, как оно постепенно перерастает рамки путевых заметок. Увидеть это помогает сопоставление данного описания с начальным пейзажем «Студента». Чехов передвигается по «длинной, узкой полоске земли» посреди озер, герой «Студента», Иван Великопольский, — «заливным лугом по тропинке» (8: 306). Время действия в обоих текстах связано с наступлением темноты. «Кругом пустыня» — сказано в письме. «Кругом было пустынно» — в рассказе. «Руки закоченели», — говорит о себе Чехов. «У него закоченели пальцы» — сказано о герое «Студента». Знаменательно, что в обоих текстах мотив «пустыни» выступает в связке с мотивом тоски («кругом пустыня, тоска», «тоска, такая же пустыня кругом»). Бросается в глаза тотальность «безотрадности», с одной стороны, и погруженности в темноту / холод, с другой: «сплошная, безотрадная пустыня» (письмо), «все сплошь утопало в холодной вечерней мгле» («Студент»).

Отсюда и общее для письма и рассказа ощущение экзистенциального тупика, невозможности отыскать смысл (речь, напомним, идет не о рассказе в целом, а о его начале). «Куда я попал? Где я?» — спрашивает себя автор письма. Подобные вопросы мог бы задать и Иван Великопольский. Хотя, в отличие от «Студента», в письме отсутствуют широкие исторические обобщения, в нем есть общее с рассказом ощущение ловушки. В рассказе это ловушка во времени: «...оттого, что пройдет еще тысяча лет, жизнь не станет лучше» (8: 306). В письме — ловушка пространственная: герой должен попасть на другой берег, но «тот берег — сплошная, безотрадная пустыня». Иными словами, «пустыня», ведущая к Иртышу, сменяется еще одной «пустыней», что заранее ставит под сомнение осмысленность дальнейшего пути.

Хотя следующий короткий абзац дает реалистическую мотивировку невозможности «переправляться на ту сторону» («Выходит из избы мужик и, пожимаясь от дождя, говорит, что паромом плыть нельзя теперь, так как слишком ветрено...»), в поэтическом контексте заложено и дополнительное объяснение: плыть «нельзя», поскольку, в сущности, некуда. Впрочем, и упоминание «ветреной» погоды в словах «пожимающегося от дождя» мужика словно предвосхищает отсылку к «екклесиастическому» ветру в мыслях «пожимающегося от холода» героя «Студента», который «думал о том, что точно такой же ветер дул и при Рюрике, и при Иоанне Грозном, и при Петре...» (8: 306).

Самый запоминающийся образ в письме, несомненно, Иртыш, который «стучит по гробам». Несколько дней спустя Чехов вернется к этому образу в письме к родным:

> Мутная вода с белыми гребнями хлещет по нем и со злобой отскакивает назад, точно ей гадко прикасаться к неуклюжему, осклизлому берегу, на котором, как кажется, могут жить одни только жабы да души убийц... Иртыш не шумит, не ревет, а сдается, как будто он у себя на дне стучит по гробам... (П 4: 86).

Отзываясь на посмертную публикацию чеховских писем из Сибири, Дмитрий Мережковский прокомментировал это описание Иртыша так: «восемь строк, за которые можно отдать все новейшие "стилизации" природы в стихах и прозе» [Мережковский 1991: 211]. И все же первенство должно быть отдано письму к Киселевой, где образ Иртыша, стучащего по гробам, получает развитие, благодаря которому экзистенциальная напряженность пейзажа и вопросов, задаваемых автором, становится еще более очевидной:

> И вот я сижу ночью в избе, стоящей в озере на самом берегу Иртыша, чувствую во всем теле промозглую сырость, а на душе одиночество, слушаю, как стучит по гробам мой Иртыш, как ревет ветер, и спрашиваю себя: где я? зачем я здесь?[14]

---

14 В комментариях к рассказу «В ссылке» (1892) в академическом собрании сочинений Чудаков указал на связь между этими вопросами и чувствами главного героя рассказа, татарина: «...зачем он здесь в темноте и в сырости...» (8: 440).

Как всегда у Чехова, повторение оборачивается приращением смысла. «Иртыш» превращается в «мой Иртыш», интонация становится личной, интроспективной. Важное изменение: первоначально Иртыш издавал звук, «похожий на то, как будто под водой стучат по гробам», то есть описание находилось в рамках поэтического сравнения, не претендуя на статус объективной реальности. Но затем, словно сам автор начинает верить в подлинность созданного им образа, метафора реализуется: «...слушаю, как стучит по гробам мой Иртыш».

В отличие от адресата письма, Киселевой, современный читатель, который имеет дело с «полным собранием» чеховских писем, может вспомнить, что вопросы, подобные этим, уже задавались писателем — в контексте, далеком (юг, а не север) и вместе с тем родственном: на пароходе «Дир», плывущем от Сухуми до Поти. Имеется в виду письмо Михаилу Чехову от 28 июля 1888 года[15]:

> После некоторого молчания заводим разговор (с капитаном «Дира». — *Р. Л.*) о «Весте», которая столкнулась с двумя пароходами и погибла. Под влиянием этого разговора море, ночь, ветер начинают казаться отвратительными, созданными на погибель человека, и, глядя на толстенького капитана, я чувствую жалость... Мне что-то шепчет, что этот бедняк рано или поздно тоже пойдет ко дну и захлебнется соленой водой...
>
> Иду к себе в каютку... Душно и воняет кухней... Мой спутник Суворин-фис уже спит... Раздеваюсь донага и ложусь... Темнота колеблется, кровать словно дышит... Бум, бум, бум... Обливаясь потом, задыхаясь и чувствуя во всем теле тяжесть от качки, я спрашиваю себя: «Зачем я здесь?» (П 2: 305–306).

Очевидно, что в обоих письмах именно ощутимое присутствие смерти («погибели») усиливает остроту вопрошания и придает ему экзистенциальный характер. В этом отношении вопросы, которые задает Чехов, родственны тем, что, в тщетной попытке утвердить смысл существования перед лицом неизбежной для всего живого участи, ранее задавал царь Соломон из фрагмента ненаписанной пьесы: «К чему это утро? К чему из-за храма вы-

---

[15] См. блестящий разбор этого письма как чеховского «ответа» Лермонтову [O'Connor 2018b].

ходит солнце и золотит пальму? К чему красота жен? И куда торопится эта птица, какой смысл в ее полете, если она сама, ее птенцы и то место, куда она спешит, подобно мне должны стать прахом?» (17: 194)[16].

С другой стороны, можно заметить, что эти вопросы ведут к сцене на палубе из первого послесахалинского рассказа — «Гусев». Море, у которого нет «ни смысла, ни жалости», готовое «сожрать» всех людей, «не разбирая святых и грешных» (вспомним «созданное на погибель человека» море из письма Михаилу). Пароход, у которого тоже «бессмысленное и жестокое выражение». И возникающий на этом фоне диалог двух солдат, один из которых (главный герой рассказа) только что узнал, что он «не жилец на этом свете»:

> — Где мы теперь? — спрашивает Гусев.
> — Не знаю. Должно, в океане.
> — Не видать земли...
> — Где ж! Говорят, только через семь дней увидим (7: 337).

Человеческий голос осмысливает, упорядочивает стихию, отводит ей определенное место и время. Оказывается, власть океана не беспредельна, она ограничивается семью днями. Безбрежное вводится в берега, абсолютное — власть океана — начинает восприниматься как относительное[17]. Сознательно, подобно царю Соломону, или бессознательно, подобно рядовому Гусеву, протагонисты Чехова вовлечены в экзистенциальный поиск «смысла» и «жалости» — свойство, которое, как показывают чеховские письма, они разделяют со своим автором.

2

Важность отмеченной выше трансформации («как будто под водой стучат по гробам» — «стучит по гробам мой Иртыш») еще и в том, что благодаря ей описание приобретает откровенно сновидческий характер. Не случайно Чехов говорит: «Мне теперь

---

16 Об екклесиастических мотивах у Чехова см. примеч. 1 к главе 2 части II.

17 Подробнее об этой сцене и рассказе в целом см. главу 3 части II.

будет сниться Иртыш». В свете этого признания описание Иртыша воспринимается как запись будущих сновидений.

Впрочем, отсылает это описание и к прошлым снам, насколько они известны из писем Чехова. Речь идет прежде всего о письме Григоровичу от 12 февраля 1887 года, в котором, отзываясь на публикацию написанного Григоровичем «Сна Карелина», Чехов рассказывает собственный сон, связанный с чувством холода. А. П. Кузичева проницательно отметила, что этот сон «словно воплотился в увиденном на берегу Иртыша» [Кузичева 2011: 215]. Действительно, в описании данного сна Чехов как будто предугадывает детали пейзажа, с которым ему еще только предстоит столкнуться несколько лет спустя:

> Когда ночью спадает с меня одеяло, я начинаю видеть во сне громадные склизкие камни, холодную осеннюю воду, голые берега — все это неясно, в тумане, без клочка голубого неба; в унынии и в тоске, точно заблудившийся или покинутый, я гляжу на камни и чувствую почему-то неизбежность перехода через глубокую реку; вижу я в это время маленькие буксирные пароходики, которые тащат громадные барки, плавающие бревна, плоты и проч. Всё до бесконечности сурово, уныло и сыро (П 2: 30).

В свете этого письма по-другому начинают восприниматься некоторые поэтические детали из сибирского пейзажа, например такая: «А дикие утки точно смеются и огромными стаями носятся над головой». Письмо Григоровичу обращает внимание на «характерный симптом карелинского кошмара» — «смех в окнах вагона»: «Когда во сне ощущаешь давление злой воли, неминуемую погибель от этой воли, то всегда приходится видеть что-нибудь вроде подобного смеха» (Там же). Таким образом, характерный чеховский антропоморфизм (утки, которые «точно смеются») приобретает угрожающие коннотации и подспудно вводит тему «неминуемой гибели»[18].

---

[18] В четвертом очерке «Из Сибири» — схожее описание: «...а утки и чайки носятся над нами и точно смеются» (14–15: 19). Ср. со сценой из повести «В овраге», где Липа возвращается из больницы с мертвым ребенком: «...и кричала все та же кукушка, уже осипшим голосом, со смехом, точно дразнила: ой, гляди, собьешься с дороги!» (10: 173).

Увязывается эта тема и с мотивом холода. То, что в сибирских письмах Чехова холод как фактор климата упоминается неоднократно, — конечно, не удивительно[19]. Но чувствуется в них и присутствие другого, «кошмарного» холода, описанного в письме Григоровичу, того, что «немыслим наяву и ощущается только спящими», а кроме того, устойчиво ассоциируется со смертью (Чехов неспроста ссылается на место в «Сне Карелина», где говорится о «холоде и одиночестве могилы»). Опять-таки, обращаясь к эпистолярию Чехова в целом, можно сказать, что традиционная связь между холодом / сыростью и смертью получила у него индивидуальную разработку. Достаточно перечитать посвященное смерти брата, Николая, письмо Плещееву от 26 июня 1889 года:

> В наказание за то, что я уехал, всю дорогу дул такой холодный ветер и небо было такое хмурое, что хоть тундрам впору. На половине дороги полил дождь. Приехали к Смагиным ночью, мокрые, холодные, легли спать в холодные постели, уснули под шум холодного дождя. Утром была все та же возмутительная вологодская погода; во всю жизнь не забыть мне ни грязной дороги, ни серого неба, ни слез на деревьях; говорю — не забыть, потому что утром приехал из Миргорода мужичонко и привез мокрую телеграмму: «Коля скончался» (П 3: 227).

«Легли спать в холодные постели» в этом контексте звучит так, как будто Чехов и его спутники сами приобщаются к смерти. Смерть вырастает из состояния холода и становится неизбежным следствием этого состояния. Кажется, что будь погода иной, Николай бы не умер. Обратим также внимание на связку («мокрые» путники — слезы на деревьях — «мокрая» телеграмма), которая стирает границу между человеческим и природным, внутренним и внешним.

Символизм холода становится более отчетливым при описании обратной дороги: «В Ромнах ждал я с 7 часов вечера до 2 ч<асов> ночи. От скуки пошел шататься по городу. Помню, сижу в саду;

---

[19] См., например: «Если бы не холод, отнимающий у Сибири лето, и если бы не чиновники, развращающие крестьян и ссыльных, то Сибирь была бы богатейшей и счастливейшей землей» (П 4: 82).

темно, холодище страшный, скука аспидская, а за бурой стеною, около которой я сижу, актеры репетируют какую-то мелодраму» (Там же). Используя формулировку Ю. И. Айхенвальда из статьи, посвященной чеховскому эпистолярию, приведенный фрагмент можно назвать «законченным художественным произведением в нескольких строках» [Айхенвальд 1915: 28]. Подобно любому чеховскому произведению, оно сопротивляется однозначной интерпретации. С одной стороны, очевидный контраст между переживаемой в реальной жизни трагедией и «какой-то мелодрамой», которую в это время репетируют за «бурой» стеной. С другой — описание обстановки («темно, холодище страшный, скука аспидская») придает изображаемому непреходящий, универсальный и вместе с тем зловещий характер (не забудем, что скука — аспидская). На таком фоне человеческая жизнь в целом — не более чем «какая-то мелодрама», разыгрываемая провинциальным театром.

«Бурая» стена»... Помимо мотивов холода, темноты и скуки[20], тема смерти Николая (смерти как таковой) присутствует в письме к Киселевой и благодаря этому цвету, который неоднократно упоминается в описании берега Иртыша. Вначале — подобная ступенчатость характерна для Чехова — перед нами нейтральная и вполне объективная констатация: «Надо заметить, что весны в Сибири еще нет: земля бурая, деревья голые, и, куда ни взглянешь, всюду белеют полосы снега» (П 4: 75). Далее, в том же абзаце, «бурый» цвет окрашивается эмоционально и приобретает символические тона: «Тяжелые свинцовые облака, бурая земля, грязь, дождь, ветер... брррр!» (связь между цветом и холодом устанавливается на звуковом уровне: бурая — бррр). «Бурый» цвет приобретает мрачные тона и в четвертом очерке «Из Сибири», написанном в то же время (вновь обратим внимание на звуковую оркестровку): «Вдали за озером тянется высокий берег Иртыша, бурый и угрюмый, а над ним нависли тяжелые, серые облака» (14–15: 18). Интересно, что в письмах Чехова разных лет этот цвет

---

[20] Мотив скуки в письме к Киселевой возникает в следующем описании: «Возвращаться назад мешает отчасти упрямство, отчасти желание скорее выбраться из этих скучных мест» (П 4: 75).

устойчиво ассоциируется со скукой, монотонностью, унынием, нездоровьем: «Утром в 5 часов изволил прибыть в Феодосию — серовато-бурый, унылый и скучный на вид городишко» (П 2: 296); «Журю их обоих (литераторов Н. М. Ежова и Лазарева (Грузинского). — *Р. Л.*) за мещанский тон их разговорного языка и за однообразно-бурый колорит описаний» (П 3: 280); «Ну, будьте здоровы, веселы, счастливы, не забывайте ваших бурых северных компатриотов, страдающих несварением и дурным расположением духа» (П 12: 10); «Читаю все газеты, даже "Правительственный вестник", и от этого становлюсь бурым» (П 12: 82)[21].

Тема смерти буквально пронизывает иртышское письмо, придавая дополнительный смысл, казалось бы, невинным выражениям. Скажем, в самом начале Чехов говорит: «Хотел я написать Вам прощальное письмо из Москвы, да не успел; пришлось отложить на неопределенное время» (П 4: 75). Таким образом, данное письмо — замена и эквивалент «прощального». «Прощального» в том смысле, что Чехов собирался написать его перед отъездом на Сахалин? Или речь идет о прощании в более широком смысле? Возможность подобного прочтения подтверждается строками из известного письма редактору «Русской мысли» В. М. Лаврову, написанного непосредственно перед отъездом на Сахалин: «...на днях я надолго уезжаю из России, быть может, никогда уж не вернусь...» (П 4: 56).

Не случайно, конечно, и то, что сразу после пассажа о гробах, по которым стучит Иртыш, идет короткий абзац, проигрывающий тему смерти в рамках криминального сюжета: «В соседней комнате спят мужики-перевозчики и мой ямщик. Люди добрые.

---

[21] Сходное восприятие бурого цвета прослеживается и в чеховской прозе: «Путники давно уже идут, но никак не могут сойти с небольшого клочка земли. Впереди них сажен пять грязной, черно-бурой дороги, позади столько же, а дальше, куда ни взглянешь, непроглядная стена белого тумана. <...> А там опять туман, грязь, бурая трава по краям дороги. На траве виснут тусклые, недобрые слезы» («Мечты» (5: 396)); «Дни, когда в окна стучит холодный дождь и рано наступают сумерки, и стены домов и церквей принимают бурый, печальный цвет, и когда, выходя на улицу, не знаешь, что надеть, — такие дни приятно возбуждали их» («Три года» (9: 71)).

А будь они злые, меня можно было бы отлично ограбить и утопить в Иртыше. Изба — солистка на берегу, свидетелей нет...» (П 4: 76). Тотчас же за этой, гипотетической, ситуацией следует воспоминание о случившемся незадолго до того реальном эпизоде, которое начинается так: «Но меня все-таки чуть было не убили». Далее описывается дорожное происшествие — столкновение троек: «...лошади мешаются в черную массу, мой тарантас становится на дыбы, и я валюсь на землю, а на меня все мои чемоданы и узлы... Вскакиваю и вижу — несется третья тройка... Должно быть, накануне за меня молилась мать. Если бы я спал или если бы третья тройка ехала тотчас же за второй, то я был бы изломан насмерть или изувечен» (П 4: 77). Казалось бы, рассказчик, который только что спасся от смерти, должен испытывать радость или, по крайней мере, чувство облегчения. Но описание заканчивается на неожиданной ноте: «Ах, как ругаются ямщики! Ночью, в этой ругающейся, буйной орде я чувствую такое круглое одиночество, какого раньше никогда не знал...»

Именно одиночество, «какого раньше никогда не знал», а не спасение от смерти становится смысловым итогом и кульминацией письма[22]. Когда через несколько дней этот эпизод будет рассказан в письме к родным, то тема одиночества зазвучит с новой силой:

> Вы не можете себе представить, какое одиночество чувствуешь среди этой дикой, ругающейся орды, среди поля, перед рассветом, в виду близких и далеких огней, пожирающих траву, но ни на каплю не согревающих холодный ночной воздух! Ах, как тяжко на душе! Слушаешь ругань, глядишь на изломанные оглобли и на свой истерзанный багаж, и кажется тебе, что ты брошен в другой мир, что тебя сейчас затопчут... (П 4: 84)[23].

---

22 Стоит упомянуть, что мотив одиночества в письме не ограничивается образом повествователя: лошадей на каждом мостике можно проводить только «поодиночке», а изба, в которой ночует Чехов, — «солистка на берегу».

23 Данный эпизод получает также отражение во втором очерке «Из Сибири» (14–15: 11–13). Можно заметить и то, что мотив «брошенности» («...и кажется тебе, что ты брошен в другой мир...») отсылает к описанию сна из цитировавшегося письма Григоровичу, где автор характеризует свое состояние так: «...в унынии и в тоске, точно заблудившийся или покинутый...» (П 2: 30).

Здесь перед нами тот же, знакомый по началу «Студента», екклесиастический мир, в котором оказываются недействительными исторический прогресс и цивилизация (отсылка к «буйной» и «дикой» орде). Одновременно это особый, «другой», сновидческий мир, куда человек «брошен» помимо своей воли и где ему не на кого и не на что опереться, кроме собственного одиночества.

Данные описания напрямую предвосхищают — интонационно и тематически — сразу несколько ключевых эпизодов из будущих произведений Чехова, таких, например, как «Моя жизнь» и «В овраге»:

> В темноте, под дождем, я почувствовал себя безнадежно одиноким, брошенным на произвол судьбы, почувствовал, как в сравнении с этим моим одиночеством, в сравнении со страданием, настоящим и с тем, которое мне еще предстояло в жизни, мелки все мои дела, желания и все то, что я до сих пор думал, говорил. Увы, дела и мысли живых существ далеко не так значительны, как их скорби! (9: 240).
>
> О, как одиноко в поле ночью, среди этого пения, когда сам не можешь петь, среди непрерывных криков радости, когда сам не можешь радоваться, когда с неба смотрит месяц, тоже одинокий, которому все равно — весна теперь или зима, живы люди или мертвы... (10: 173).

Подобно самому писателю на пути к Сахалину, чеховские герои оказываются в этих сценах один на один с «непостигаемым бытием»...

Мотивируя необходимость поездки на Сахалин, Чехов назвал каторжный остров «местом невыносимых страданий, на какие только бывает способен человек вольный и подневольный» (П 4: 32). Ниже в том же письме он пишет: «Из книг, которые я прочел и читаю, видно, что мы сгноили в тюрьмах *миллионы* людей, сгноили зря, без рассуждения, варварски» (Там же; курсив Чехова). Гробы, по которым стучит под водой Иртыш, можно рассматривать в качестве аллюзии к *миллионам* загубленных людей. Но как показывает контекстное чтение иртышского письма, эта поездка оказывается еще и внутренним путешествием по другую сторону сна, к полюсу «круглого» одиночества и экзистенциального самоопределения, месту, где вопросы о смысле (или бессмысленности) жизни начинают звучать с необычной остротой и силой, а метафоры реализуются. Обе эти мотивации — гражданская и поэтическая — соединяются в образе Иртыша, который «стучит по гробам»[24].

Ключи от сгоревшего дома, или Чехов в Северной Каролине[25]

Свете

1

Небольшая аудитория кажется переполненной.

Переступить ее порог, поздороваться, назвать, улыбнувшись, свое имя, звучащее странно для англоязычного слуха.

Первый день чеховского класса. Первой, заготовленной, фразы у меня никогда нет. Почувствовать аудиторию, всю, целиком, как накатывающую на тебя волну, уйти от которой уже невозможно. Остается — нырнуть.

Студенты приглядываются, примериваются: к преподавателю и курсу. Оценивают объем нагрузки и степень интереса. Решают: остаться или уйти?

Независимо от специализации, им необходимо прослушать определенное количество гуманитарных курсов. Каких — решать им самим. В большом университете — большой выбор. И — конкуренция. За студентов идет борьба: Чехов состязается с Кафкой, Достоевский — с Шекспиром. Все вместе они из последних сил удерживают неумолимо сужающийся плацдарм, над которым развевается простреленное знамя «серьезной» литературы.

---

[24] О путешествии Чехова на Сахалин как «сошествии в ад» см. [Finke 2005: 155–169]. Об эпистолярном отражении этого путешествия см. [Apollonio 2018; Jackson 2018; Rylkova 2018].

[25] Впервые опубликовано в: Нева. 2009. № 12. С. 117–121.

Впрочем, на карте гуманитарного образования границы между автономными территориями уже почти неразличимы. Политика, литература, кинематограф, массовая культура, гендер, раса, секс, мелко нарезанные, перемешиваются и подаются как одно блюдо. Названия академических курсов соблазняют и гипнотизируют.

На этом фоне курсы по русской литературе, которые ведут в Университете Северной Каролины в Чапел-Хилле несколько моих коллег по кафедре и я, звучат по-домашнему негромко: Гоголь... Толстой... Достоевский... Чехов...

Те же, да не те... Может даже показаться, что только их однофамильцы, двойники. Чехов и Chekhov, Толстой и Tolstoy. Попрежнему великие, но уже не святые. Сведенные с пьедестала и вырванные из родного языка. Уплотненные многонациональными соседями по литературному общежитию.

А главное — если и знакомые, то понаслышке.

Что знает о Чехове мой «среднестатистический» 20-летний студент, записавшийся на курс под названием «Чехов»? Немногое... Русский писатель. Короткие рассказы, пьесы. Умер от туберкулеза. Кто-то (редкость!) «проходил» в школе «Вишневый сад» или «Даму с собачкой». Кто-то путает Чехова с Достоевским или считает его автором «Превращения».

Не хочу сказать, что этот условный студент знает мало. Скорее — знает другое. Мэдисон, например, увлекся рассказами «американского Чехова», как называют Раймонда Карвера (1938–1988). Американский Чехов взял его за руку и привел к просто Чехову.

Луизе Чехов напомнит «На последнем дыхании» Годара. Она прочитывает Чехова в контексте французской новой волны, отказавшейся от условностей классического Голливуда во имя натурального освещения, реальной обстановки, будничной жизни.

Пэрис, чья специализация — философия, замечает, что Чехов предвосхитил психологические открытия XX века, такие как «текучесть» индивидуальности: при всех сложностях, связанных с пониманием других людей, гораздо сложнее нам оказывается понять себя самих.

Есть и те, кто оказался на чеховском курсе вполне случайно: по совету друзей, за компанию с соседом по общежитию или просто потому, что подходит по расписанию.

Контекст, в котором они читают Чехова, не обязательно литературный и по большей части не русский. В отличие от «профессиональных» студентов-филологов из моей прошлой жизни, которые шли по лестнице русской литературы, одолевая этаж за этажом, сидящие передо мной юноши и девушки в большинстве своем поднялись к Чехову на лифте, без промежуточных остановок. Прежде чем сказать им, что «Смерть чиновника» вышла из гоголевской «Шинели», нужно объяснить, кто такой Гоголь и что такое «Шинель».

В их детстве не было Каштанки, они не плакали над отданным в ученье Ванькой и не хохотали над неудачно чихнувшим Червяковым. Но и над обличением «футлярности» им не пришлось помучиться. И под вывешенным в актовом зале транспарантом «В человеке все должно быть прекрасно» у них не сводило от скуки скулы. В их отношении к русской литературе, и Чехову в частности, нет благоговейного трепета. Зато, за редким исключением, нет и предубеждений, заученных формулировок, готовых ответов. Они раскрепощены и открыты к разговору о (с) ней.

Именно — разговору. Лекция-монолог, обращенная к притихшей аудитории, головы, склонившиеся над конспектами, скоропись ручек, не поспевающих за лектором («Повторите, пожалуйста, последнее предложение!»), кажутся уже сном, а не собственным прошлым. Жанр свободного обсуждения согнал профессоров с возвышения кафедр и вытеснил лекцию-монолог из студенческой аудитории.

Умаляет ли это роль преподавателя?

Не обязательно. Если авторское слово у Чехова не проявляет себя в форме прямых и развернутых отступлений, становится ли присутствие автора менее ощутимым и значимым?

Попробую другую аналогию: джаз. Вначале задается тема. Знакомая всем (тексты и отобранная критическая литература перед обсуждением должны быть усвоены), она переходит от одного солиста к другому. Варьируясь и разветвляясь. Не уставая удивлять.

Как и положено в джазе, потенциальным солистом является каждый. Сам я не дирижер (какой в джазе дирижер?), а скорее ритм-секция: пульсирующий темп, незримая опора.

Чувствуя, что тема исчерпана, перехожу к другой.

2

Весенний семестр начинается в январе. Каким был январь 2008 года, отмеченный «Тоской» и «Тифом», «Поцелуем» и странствием по «Степи»?

Точно не помню, но наверняка не зимним. Снег, к огорчению моего сына, идет в Северной Каролине очень редко: хорошо, если раз в году.

Снег — это событие. Школы по случаю снега закрыты (о, как завидует школьник во мне!). Дворы превращаются в мастерские. Половина запасов снега уходит на снеговиков (снежных баб не бывает в английском) — этих неуклюжих бабочек-однодневок нашей мимолетной зимы.

Пусть хотя бы так. По снежному следу можно уйти далеко. Новый год. Целлофановый шелест. Тени веток хрустят под ногами. Очередь за мандаринами — их «дают» перед овощным магазином — уже почти подошла.

Обживая чужие пространства, и прошлое начинаю воспринимать как пространство, доступное, вполне достижимое. Стоит только снова перелететь через океан, оказаться в апрельской Ялте по случаю Чеховских чтений — и навстречу выйдет Александр Палыч. Мы делим с Чудаковым комнату в Доме творчества. Дегустация вин, многолюдные посиделки с открытым в звездную бездну балконом. Утром с трудом отрываю голову от подушки, а он уже обливается холодной водой из крана (в комнате была раковина), объясняет, почему так важно принимать по утрам контрастный душ, — собираясь еще искупаться в море перед началом конференции.

Недавно он приснился мне. Был в «ялтинском» джинсовом костюме. Удивлялся — с чуть лукавой улыбкой, — как легко все поверили, что его уже нет.

Верю ли я, что нет Лизы (Анны Лизы) Кроун, старшего друга, профессора, ангела-хранителя, измотанного 15-летней войной с болезнью? Уйдет она — и к поезду, которым приезжаю в Гайд-парк (здесь она живет по соседству с Чикагским университетом), больше не выбегут тени Розанова и Державина, Ахматовой и Мандельштама, прирученные ее голосом.

Садится, отставляя бокал с вином, за пианино, раскрывает ноты, которые тоже становятся ее голосом (кажется, Гендель).

В последней статье — о Чехове и Мережковском — у нее уже не будет сил на несколько последних сносок. Попросит меня отыскать их.

Только что вернулся из Чикаго, с ее похорон. Белая, тонкая сигарета, которую она закуривает в нашем продолжающемся разговоре, еще не стала пеплом.

3

Люблю эти волшебные, заблудившиеся во времени места, связанные с джазом, когда в полумраке клуба несколько человек — признанные среди знатоков звёзды, мало кому на этой земле различимые, — выходят на сцену, почти не возвышаясь над разговорами рассевшихся за столиками людей.

Помню один из таких концертов. В весеннем Чикаго шел дождь. Я слонялся по городу, не ехал домой, чтобы послушать вечером сумасшедшего трубача. Сумасшествие — не метафора. Страдая шизофренией, в течение многих лет принимает сильные лекарства с множеством побочных эффектов (об этом говорится открыто, да и не спрячешь). Послушать его набралось человек 15. Мой случайный сосед, музыкант-любитель, чей прадедушка, по семейным преданиям, когда-то бежал от погромов, заметил, что все собравшиеся — тоже трубачи. Он видит это по их губам.

И вот появился «виновник торжества»: по-донкихотски высокий, но согнутый пугливой сутулостью. Седые волосы до плеч, седая (хочется сказать, что лесная какая-то) борода; черная, наглухо застегнутая куртка из кожи, черные штроксовые брюки, черные, очень аккуратно — и кажется, что не им самим, — зашнурованные ботинки. Губы с сине-фиолетовым налетом тяжело ворочаются, что-то как будто перемалывают или проговаривают в разговоре с самим собой.

Такого можно представить живущим подслеповато и выходящим на люди только для того, чтобы прикупить спичек и соли. Посмешищем пыльного городка, собирающим пустые бутылки.

Интересно, что, представляя, как принято, игравших с ним музыкантов, назвал и отсутствующего в этот вечер саксофониста. А может быть, для него он был все это время рядом?

Кто знает...

Когда не играл, его гримасы, ужимки и уморительные, если забыть о болезни, жесты (выйдя на самый центр, зачем-то доставал флакончик с водой, сосредоточенно капал на дрожащую руку и судорожно проводил ею по волосам) могли бы показаться клоунадой и пародией на лиризм его музыки — прозрачный и упругий.

Когда он играл — в сумеречном воздухе звуки оставляли «огненную дорожку».

4

Хочу объяснить название, его первую часть.

В Чикаго у нас был пожар. Мы снимали квартиру в разветвленном трехэтажном доме. Поехали забирать сына из детского сада. Было около четырех часов, последний день августа. Было очень жарко.

Когда вернулись, дом уже был оцеплен пожарными и полицейскими машинами. Пламя перескакивало с одного крыла на другое (что-то случилось с проводкой).

Наша квартира была угловой. Мы видели, как из нее вырывался наружу огонь. Поздно было думать о том, чтобы спасти хоть что-нибудь. Не нужно было выбирать между любимым и необходимым.

К счастью, поскольку все это случилось днем, люди успели выйти.

Ключи от сгоревшего дома я еще долго не решался выбросить.

5

Одна из памятных «Чаек» случилась в чикагском парке. Театр назывался «Красная луна».

Площадка, распахнутая навстречу облакам и прохожим. Никакой защиты от внешнего мира, посторонних звуков и голосов.

Бабочка, сложив крылья, опустилась на плечо Нины.

Пролетает над парком самолет — актеры запрокидывают головы, превращая его в часть представления.

Располагаются неподалеку темпераментные латиноамериканские музыканты — значит, так это и нужно для «Чайки».

Декорация — несколько укрупненных скворечников, в каждом из которых живет кто-нибудь из одиноких героев, поднимаясь туда по деревянной лесенке.

Спектакль — смесь пантомимы, цирка и театра марионеток. Текста почти нет. «Я — чайка» произносится не словами, а волнообразным трепетом рук и тщетным напряжением тела, пытающегося оторваться от земли. «Жизнь, как подстреленная птица...»

Зрители приходят семьями, включая маленьких детей и больших собак.

Никому не скучно.

6

Петер Этвёш, автор оперы «Три сестры», где партии сестер исполняются контратенорами, признаётся, что в ресторане всегда выбирает столик не в середине зала, а в углу. И — наблюдает. Этвёш называет это «чеховским отношением».

Читаю об этом, отхлебывая свой чай в кафетерии магазина «Бордерс» (книги и музыка). Эти магазины — блуждающие по Америке острова со своим микроклиматом. В каждом, независимо от ландшафта за окном, будет Чехов. И — Гендель. И, скорее всего, сумасшедший трубач. И такой кафетерий. Был у меня свой «Бордерс» в Чикаго. Есть в Северной Каролине. Тот редкий случай, когда унификация радует[26].

Столик мой, как и у Этвёша, в углу, возле окна. Так, чтобы, не отрываясь от печатных строчек, можно было «наблюдать» — тех, кто внутри, жизнь снаружи.

Освещение: сумерки. Зажигаются, просеиваясь сквозь стекло, фонари. Улица входит в магазин, а книжные полки оказываются посреди мостовой. Сквозь них, не сбавляя скорости, проезжают машины. Ни одна книга не падает со своего места.

Зачитаешься — и наплывают друг на друга миры. Извилистая тропинка за окном, если пойти по ней, приведет на Немигу. Кажется, что откуда-то знаю расположившихся за соседними столиками людей. Нужно только вспомнить, где я их видел, окликнуть. Но как? На каком языке?

Перекроив чеховскую пьесу вдоль и поперек, Этвёш для премьеры оперы во Франции оставил неприкосновенным язык оригинала. Потому что это Чехов. Потому что русский — очень «концентрированный» язык, в котором гласные обладают певучестью, а согласные — ярко выраженной индивидуальностью.

Парочка напротив меня оживленно воркует. В ноутбуке, который только что открыл, начинают высвечиваться отклики моих студентов на «Скучную историю». Вечером накануне семинара они посылают их по электронной почте: друг другу и мне.

Есть у Этвёша и сочинение для фортепиано, продолжительностью две минуты, которое называется так: «Такси дожидается Чехова, но он предпочитает ходить пешком». Композитор чувствовал себя настолько близким Чехову, что мог вообразить случайную встречу с ним, ожидающим такси или идущим по улице.

Как раз подъехало такси. Кто-то расплачивается: слышно, как хлопает дверь, а лица не могу разглядеть... Только легкий силуэт проскользнул, не задержавшись возле полки со своими книгами.

---

[26] Магазинов этих давно нет: «вышли из бизнеса». — *Примеч. 2020 года.*

Никогда не пытался его представить: как он разговаривал, улыбался, пользовался ножом и вилкой, выходил из дома, останавливал извозчика.

«Близким» Чехову себя не чувствовал. Но знал, что он близко.

В том, как поднял воротник, защищаясь от ветра, случайный прохожий, и вся его жизнь собралась в этом жесте,

в сощурившихся просветах между листьями,

в паузах между словами,

в шуме дождя, который, не зная об этом, накладывается на разговор сидящей напротив пары,

в том, как меняются те, кого любишь, и не понимаешь, что изменился ты сам,

в том, как живо проступают на экране компьютера — один за другим — отклики моих студентов на «Скучную историю»,

«в этом облачном небе, в этом холодном весеннем ветре».

Библиография

Аввакум 1989 — Житие Аввакума // Памятники литературы Древней Руси. XVII век. Кн. 2 / сост. и общ. ред. Л. А. Дмитриева и Д. С. Лихачева. М.: Художественная литература, 1989. С. 351–397.

Айхенвальд 1915 — *Айхенвальд Ю. И.* Письма Чехова. М.: Космос, 1915.

Анненский 1979 — *Анненский И. Ф.* Книги отражений. М.: Наука, 1979.

Архипов 2001 — *Архипов А.* Видения и галлюцинации в рассказах Чехова // Молодые исследователи Чехова. IV: мат-лы междунар. науч. конф. (Москва, 14–18 мая 2001 г.) / отв. ред. В. Б. Катаев. М.: Изд-во МГУ, 2001. С. 161–171.

Бахтин 2002 — *Бахтин М. М.* Проблемы поэтики Достоевского // Бахтин М. М. Собр. соч.: в 7 т. М.: Русские словари; Языки славянской культуры, 2002. Т. 6. С. 7–300.

Берковский 1985 — *Берковский Н. Я.* Чехов — повествователь и драматург // Берковский Н. Я. О русской литературе. Л.: Художественная литература, 1985.

Бицилли 2000 — *Бицилли П. М.* Творчество Чехова. Опыт стилистического анализа // Бицилли П. М. Трагедия русской культуры: исследования, статьи, рецензии. М.: Русский путь, 2000. С. 204–358.

Блок 1965 — *Блок А. А.* Записные книжки. 1901–1920. М.: Художественная литература, 1965.

Бунин 1988 — *Бунин И. А.* О Чехове // Бунин И. А. Собр. соч.: в 6 т. М.: Художественная литература, 1988. Т. 6. С. 146–221.

Бялый 1981 — *Бялый Г. А.* Чехов и русский реализм. Л.: Советский писатель, 1981.

Виноградов 1958 — *Виноградов В. В.* О языке художественной литературы. М.: Художественная литература, 1958.

Гаспаров 1993 — *Гаспаров М. Л.* Русские стихи 1890-х — 1925-го годов в комментариях. М.: Высшая школа, 1993.

Гинзбург 1982 — *Гинзбург Л. Я.* Частное и общее в лирическом стихотворении // Гинзбург Л. Я. О старом и новом. Л.: Советский писатель, 1982. С. 15–42.

Гиршман 2002 — *Гиршман М. М.* Стилевой синтез — дисгармония — гармония («Студент», «Черный монах») // Гиршман М. М. Литературное произведение: теория художественной целостности. М.: Языки славянской культуры, 2002. С. 350–382.

Гоголь 1976–1979 — *Гоголь Н. В.* Собр. соч.: в 7 т. М.: Художественная литература, 1976–1979.

Горячева 2011 — *Горячева М. О.* Письма Чехова // Чеховская энциклопедия / сост. и науч. ред. В. Б. Катаев. М.: Просвещение, 2011. С. 255–265.

Громов 1989 — *Громов М. П.* Книга о Чехове. М.: Современник, 1989.

Дерман 1959 — *Дерман А. Б.* О мастерстве Чехова. М.: Советский писатель, 1959.

Дерман 2010 — *Дерман А. Б.* Творческий портрет Чехова <Главы из книги> // А. П. Чехов: pro et contra. Личность и творчество Чехова в русской мысли XX века (1914–1960): антология. Т. 2 / сост., предисл., общ. ред. И. Н. Сухих. СПб.: Изд-во РХГА, 2010. С. 225–283.

Долженков 1998 — *Долженков П. Н.* Чехов и позитивизм. М.: Диалог-МГУ, 1998.

Долженков 2009 — *Долженков П. Н.* Образ царя Соломона в повести «Огни» // Диалог с Чеховым: сб. науч. тр. в честь 70-летия В. Б. Катаева / отв. ред. П. Н. Долженков. М.: Изд-во МГУ, 2009. С. 239–248.

Доманский 2001 — *Доманский Ю. В.* Статьи о Чехове. Тверь: Тверской гос. ун-т, 2001.

Жирмунский 1975 — *Жирмунский В. М.* Теория стиха. Л.: Советский писатель, 1975.

Журавлева, Катаев 2015 — Чеховская карта мира: мат-лы междунар. науч. конф. Мелихово, 3–7 июня 2014 г. / ред. А. А. Журавлева и В. Б. Катаев. М.: Мелихово, 2015.

Зайцев 1991 — *Зайцев Б. К.* Чехов // Зайцев Б. К. Далекое. М.: Советский писатель, 1991. С. 277–396.

Замятин 2010 — *Замятин Е. И.* Чехов <Черновые записи> // А. П. Чехов: pro et contra. Личность и творчество Чехова в русской мысли

XX века (1914–1960): антология. Т. 2 / сост., предисл., общ. ред. И. Н. Сухих. СПб.: Изд-во РХГА, 2010. С. 129–142.

Измайлов 1916 — *Измайлов А. А.* Чехов. 1860–1904: биографический набросок. М.: Тип. Т-ва И. Д. Сытина, 1916.

Камянов 1989 — *Камянов В. И.* Время против безвременья: Чехов и современность. М.: Советский писатель, 1989.

Капустин 1993 — *Капустин Н. В.* О библейских цитатах и реминисценциях в прозе Чехова конца 1880-х — 1890-х годов // Чеховиана: Чехов в культуре XX века: статьи, публикации, эссе / отв. ред. В. Я. Лакшин. М.: Наука, 1993. С. 17–26.

Катаев 1974 — *Катаев В. Б.* Автор в «Острове Сахалине» и в рассказе «Гусев» // В творческой лаборатории Чехова / редкол.: Л. Д. Опульская и др. М.: Наука, 1974. С. 232–253.

Катаев 1979 — *Катаев В. Б.* Проза Чехова: проблемы интерпретации. М.: Изд-во МГУ, 1979.

Катаев 1989 — *Катаев В. Б.* Литературные связи Чехова. М.: Изд-во МГУ, 1989.

Катаев 2002 — *Катаев В. Б.* Буревестник Соленый и драматические рифмы в «Трех сестрах» // Чеховиана: «Три сестры» — 100 лет / отв. ред. А. П. Чудаков. М.: Наука, 2002. С. 120–129.

Катаев 2011 — *Катаев В. Б.* «Степь» // Чеховская энциклопедия / сост. и науч. ред. В. Б. Катаев. М.: Просвещение, 2011. С. 178–181.

Кожевникова 2011 — *Кожевникова Н. А.* Стиль Чехова. М.: Азбуковник, 2011.

Кузичева 2011 — *Кузичева А. П.* Чехов. Жизнь «отдельного человека». СПб.: Балтийские сезоны, 2011.

Кузнецова 1973 — *Кузнецова Г. Н.* Из «Грасского дневника» // Литературное наследство. Т. 84: Иван Бунин. Кн. 2 / ред. А. Н. Дубовиков и С. А. Макашин при участии Т. Г. Динесман. М.: Наука, 1973. С. 251–299.

Лакшин 1975 — *Лакшин В. Я.* Толстой и Чехов. М.: Советский писатель, 1975.

Лапушин 1998 — *Лапушин Р. Е.* Не постигаемое бытие: опыт прочтения А. П. Чехова. Минск: Европейский гос. ун-т; Пропилеи, 1998.

Лермонтов 1983 — *Лермонтов М. Ю.* Собр. соч.: в 4 т. М.: Художественная литература, 1983. Т. 1.

Липкин 1995 — *Липкин С. И.* Несколько страничек о Н. А. Заболоцком // Заболоцкий Н. А. «Огонь, мерцающий в сосуде...»: Стихотворения и поэмы. Переводы. Письма и статьи. Жизнеописание. Воспоминания современников. Анализ творчества. М.: Педагогика-пресс, 1995. С. 624–630.

Лотман 1988 — *Лотман Ю. М.* Сюжетное пространство русского романа XIX столетия // Лотман Ю. М. В школе поэтического слова: Пушкин, Лермонтов, Гоголь: кн. для учителя. М.: Высшая школа, 1988. С. 325–349.

Лотман 1994 — *Лотман Ю. М.* Лекции по структуральной поэтике // Ю. М. Лотман и тартуско-московская семиотическая школа / сост. А. Д. Кошелев. М.: Гнозис, 1994. С. 11–258.

Мандельштам 1993–1999 — *Мандельштам О. Э.* Собр. соч.: в 4 т. М.: Арт-Бизнес-Центр, 1993–1999.

Маяковский — *Маяковский В. В.* Два Чехова // А. П. Чехов: pro et contra. Творчество Чехова в русской мысли конца XIX — начала XX в. (1887–1914): антология / сост., предисл., общ. ред. И. Н. Сухих. СПб.: Изд-во РХГИ, 2002. С. 969–975.

Мережковский 1991 — *Мережковский Д. С.* Акрополь: избр. литературно-критические статьи. М.: Книжная палата, 1991.

Мирский 1992 — *Мирский Д. С.* История русской литературы с древнейших времен по 1925 год / пер. с англ. Р. Зерновой. London: Overseas Publications Interchange, 1992. URL: studfile.net/preview/5787425/page:58 (дата обращения: 20.10.2020).

Михайловский 2002 — *Михайловский Н. К.* Об отцах и детях и о г-не Чехове // А. П. Чехов: pro et contra. Творчество Чехова в русской мысли конца XIX — начала XX в. (1887–1914): антология / сост., предисл., общ. ред. И. Н. Сухих. СПб.: Изд-во РХГИ, 2002. С. 80–92.

Набоков 1996 — *Набоков В. В.* Лекции по русской литературе / пер. с англ. М.: Независимая газета, 1996.

Набоков 1999–2000 — *Набоков В. В.* Собр. соч. русского периода: в 5 т. СПб.: Симпозиум, 1999–2000.

Набоков 2018 — *Набоков В. В.* Строгие суждения. М.: КоЛибри, 2018.

Одесская 1998 — *Одесская М. М.* «Лети, корабль, неси меня к пределам дальним» (Море в поэтике А. С. Пушкина и А. П. Чехова) // Чеховиана: Чехов и Пушкин / отв. ред. В. Б. Катаев. М.: Наука, 1998. С. 102–106.

Паперный 1976 — *Паперный З. С.* Записные книжки Чехова. М.: Советский писатель, 1976.

Паперный 1982 — *Паперный З. С.* «Вопреки всем правилам...»: пьесы и водевили Чехова. М.: Искусство, 1982.

Паперный 1986 — *Паперный З. С.* Стрелка искусства. М.: Современник, 1986.

Паперный 1997 — *Паперный З. С.* Между небом и землей (Рассказ «В овраге») // Anton P. Čechov. Philosophische und religiöse Dimensionen im Leben und im Werk. Vorträge des Zweiten Internationalen Čechov-Symposiums, Badenweiler, 20.–24. Oktober 1994 / hrsg. von V. B. Kataev, R.-D. Kluge und R. Nohejl. München: Sagner, 1997. S. 273–278.

Пастернак 2003 — *Пастернак Б. Л.* Полн. собр. стихотворений и поэм. СПб.: Академический проект, 2003.

Переписка Чехова 1996 — Переписка А. П. Чехова: в 3 т. 2-е изд., испр. и доп. М.: специализир. изд.-торговое предприятие «Наследие», 1996.

Полоцкая 2000 — *Полоцкая Э. А.* Письма и талант драматурга // Полоцкая Э. А. О поэтике Чехова. М.: Наследие, 2000.

Пушкин 1977–1979 — *Пушкин А. С.* Собр. соч.: в 10 т. Л.: Наука, 1977–1979.

Разумова 2001 — *Разумова Н. Е.* Творчество А. П. Чехова в аспекте пространства. Томск: Томский гос. ун-т, 2001.

Самойлов 1982 — *Самойлов Д. С.* Книга о русской рифме. М.: Художественная литература, 1982.

Сендерович 1994 — *Сендерович С. Я.* Чехов — с глазу на глаз: история одной одержимости А. П. Чехова. Опыт феноменологии творчества. СПб.: Дмитрий Буланин, 1994.

Собенников 1997 — *Собенников А. С.* «Между “есть Бог” и “нет Бога”...» (о религиозно-философских традициях в творчестве А. П. Чехова). Иркутск: Изд-во Иркутского гос. ун-та, 1997.

Собенников 2016 — Философия А. П. Чехова: мат-лы Третьей междунар. конф. / ред. А. С. Собенников. Иркутск: Изд-во Иркутского гос. ун-та, 2016.

Соболев 1930 — *Соболев Ю.* Чехов. Статьи. Материалы. Библиография. М.: Федерация, 1930.

Сорока 2016 — *Сорока О. П.* Как Чехов писал стихи // А. П. Чехов: pro et contra. Личность и творчество А. П. Чехова в русской мысли XX–XXI веков (1960–2010): антология. Т. 3 / сост., вступ. ст., коммент. И. Н. Сухих. СПб.: Изд-во РХГА, 2016. С. 761–768.

Степанов 2005 — *Степанов А. Д.* Проблемы коммуникации у Чехова. М.: Языки славянской культуры, 2005.

Сухих 2007 — *Сухих И. Н.* Проблемы поэтики Чехова. 2-е изд., доп. СПб.: Филол. ф-т СПбГУ, 2007.

Сухих 2015 — *Сухих И. Н.* Агенты и пациенты доктора Чехова // Сухих И. Н. От... и до...: этюды о русской словесности. СПб.: Родник, 2015. С. 465–487.

Тихомиров 2002 — *Тихомиров С. В.* Творчество как исповедь бессознательного: Чехов и другие. Ярославль: Ремдер, 2002.

Топоров 1995 — *Топоров В. Н.* О «поэтическом» комплексе моря и его психологических основах // Топоров В. Н. Миф. Ритуал. Символ. Образ: исследования в области мифопоэтического. Избранное. М.: Прогресс, 1995. С. 575–622.

Топоров 1998 — *Топоров В. Н.* Об одном индивидуальном варианте «автоинтертекстуальности»: случай Пастернака // Пастернаковские чтения. Вып. 2. М.: Наследие, 1998. С. 4–38.

Тынянов 1924 — *Тынянов Ю.* Проблема стихотворного языка. Л.: Academia, 1924.

Тынянов 1977 — *Тынянов Ю. Н.* Промежуток // Тынянов Ю. Н. Поэтика. История литературы. Кино. М.: Наука, 1977. С. 168–195.

Тюпа 1989 — *Тюпа В. И.* Художественность чеховского рассказа. М.: Высшая школа, 1989.

Фортунатов 1971 — *Фортунатов Н. М.* Музыкальность чеховской прозы // Филологические науки. 1971. № 3. С. 14–25.

Фортунатов 1975 — *Фортунатов Н. М.* Архитектоника чеховской новеллы. Горький: Горьковский гос. ун-т им. Н. И. Лобачевского, 1975.

Хаас 1999 — *Хаас Д.* «Гусев» — светлый рассказ о мрачной истории // Чеховский сб. / отв. ред. А. П. Чудаков. М.: Изд-во Лит. ин-та им. А. М. Горького, 1999. С. 78–100.

Чудаков 1971 — *Чудаков А. П.* Поэтика Чехова. М.: Наука, 1971.

Чудаков 1973 — *Чудаков А. П.* Проблемы целостного анализа художественной системы // Славянские литературы: VII Междунар. съезд славистов. М.: Наука, 1973. С. 79–98.

Чудаков 1986 — *Чудаков А. П.* Мир Чехова: возникновение и утверждение. М.: Советский писатель, 1986.

Чудаков 1992 — *Чудаков А. П.* Чехов: единство видения // Чудаков А. П. Слово — вещь — мир: от Пушкина до Толстого. М.: Современный писатель, 1992. С. 105–132.

Чудаков 2004 — *Чудаков А. П.* Реформа жанра // Век после Чехова: междунар. науч. конф.: тез. докл. / отв. ред. В. Б. Катаев. М.: Изд-во МГУ, 2004. С. 231–235.

Чудаков 2016 — *Чудаков А. П.* «Между “есть Бог” и “нет Бога” лежит целое громадное поле...»: Чехов и вера // А. П. Чехов: pro et contra. Личность и творчество А. П. Чехова в русской мысли XX–XXI веков (1960–2010): антология. Т. 3 / сост., вступ. ст., коммент. И. Н. Сухих. СПб.: Изд-во РХГА, 2016. С. 649–658.

Чуковский 1967 — *Чуковский К. И.* О Чехове. М.: Художественная литература, 1967.

Шалыгина 2008 — *Шалыгина О. В.* Проблема композиции поэтической прозы (А. П. Чехов — А. Белый — Б. Л. Пастернак). М.: Образование 3000, 2008.

Шкловский 1961 — *Шкловский В. Б.* Художественная проза. Размышления и разборы. М.: Советский писатель, 1961.

Шмид 1998 — *Шмид В.* Проза как поэзия: Пушкин, Достоевский, Чехов, авангард. 2-е изд., испр. и расшир. СПб.: ИНАПРЕСС, 1998.

Apollonio 2018 — *Apollonio C.* Why not Stay Here, So Long as It’s not Boring? (to family, from Siberia, 23–26 June 1890) // Chekhov’s Letters: Biography, Context, Poetics / Ed. by C. Apollonio and R. Lapushin. Lanham: Lexington Books, 2018. P. 276–279.

Apollonio, Lapushin 2018 — Chekhov’s Letters: Biography, Context, Poetics / ed. by C. Apollonio and R. Lapushin. Lanham: Lexington Books, 2018.

Axelrod 1993 — *Axelrod W. C.* Passage from Great Saturday to Easter Day in “Holy Night” // Reading Chekhov’s Text / ed. by R. L. Jackson. Evanston: Northwestern University Press, 1993. P. 96–102.

Bartlett 2006 — *Bartlett R.* “Notes in a Musical Score”: The Point of Chekhov’s Punctuation // Essays in Poetics. Vol. 2: Chekhov and Others / ed. by J. Andrew and R. Reid. Keele: Keele University, 2006. P. 43–66.

Durkin 1985 — *Durkin A. R.* Chekhov’s Narrative Technique // A Chekhov Companion / ed. by T. W. Clyman. Westport: Greenwood Press, 1985. P. 123–132.

Durkin 2005 — *Durkin A. R.* Transgression and Sakhalin: Dostoevskian Subtext in Chekhov’s *Murder* // Siberia and the Russian Far East in the 21st Century: Partners in the “Community of Asia”. Vol. 2: Chekhov and Sakhalin /

ed. by T. Mochizuki. Sapporo: Slavic Research Center of Hokkaido University, 2005. P. 33–54.

Ehre 1979 — *Ehre M.* The Symbolic Structure of Chekhov's "Gusev" // Ulbandus Review. 1979. Vol. 2. № 1. P. 76–85.

Eng 1978 — *Eng J. van der.* On Descriptive Narrative Poetics // Eng J. van der, Meijer J. M., Schmid H. On the Theory of Descriptive Poetics: Anton P. Chekhov as Story-Teller and Playwright. Lisse: The Peter de Ridder Press, 1978. P. 9–94.

Finke 1995 — *Finke M. C.* Metapoesis: The Russian Tradition from Pushkin to Chekhov. Durham; London: Duke University Press, 1995.

Finke 2005 — *Finke M. C.* Seeing Chekhov: Life and Art. Ithaca; London: Cornell University Press, 2005.

Flath 1999 — *Flath C. A.* Art and Idleness: Chekhov's "The House with a Mezzanine" // Russian Review. 1999. Vol. 58. № 3. P. 456–466.

Ginzburg 2002 — *Ginzburg E.* Музыка снов между вспышками лампады в рассказе А. П. Чехова «Спать хочется»: формы синтеза и синестезия формы // Russian Literature. 2002. Vol. 52. № 4. P. 379–418.

Jackson 1987a — *Jackson R. L.* "The Betrothed": Chekhov's Last Testament // Anton Chekhov Rediscovered: A Collection of New Studies with a Comprehensive Bibliography / ed. by S. Senderovich and M. Sendich. East Lansing: Russian Language Journal, 1987. P. 51–62.

Jackson 1987b — *Jackson R. L.* "If I Forget Thee, O Jerusalem": An Essay on Chekhov's "Rothschild's Fiddle" // Ibid. P. 35–49.

Jackson 1991 — *Jackson R. L.* Space and the Journey. A Metaphor for All Times // Russian Literature. 1991. Vol. 29. № 4. P. 427–438.

Jackson 1993 — *Jackson R. L.* Introduction // Reading Chekhov's Text / ed. by R. L. Jackson. Evanston: Northwestern University Press, 1993. P. 1–16.

Jackson 1994 — *Jackson R. L.* Dantesque and Dostoevskian Motifs in Chekhov's "In Exile" // Russian Literature. 1994. Vol. 35. № 2. P. 181–193.

Jackson 1997 — *Jackson R. L.* Библейские и литературные аллюзии в рассказе «Гусев» // Anton P. Čechov. Philosophische und religiöse Dimensionen im Leben und im Werk. Vorträge des Zweiten Internationalen Čechov-Symposiums, Badenweiler, 20.–24. Oktober 1994 / hrsg. von V. B. Kataev, R.-D. Kluge und R. Nohejl. München: Sagner, 1997. S. 419–426.

Jackson 2018 — *Jackson R. L.* A Fragment from the Aggregate: Sinai and Sakhalin in Chekhov's Letters to Suvorin (to Alexei Suvorin, 9 March 1890;

9 December 1890; 17 December 1890) // Chekhov's Letters: Biography, Context, Poetics / ed. by C. Apollonio and R. Lapushin. Lanham: Lexington Books, 2018. P. 271–275.

Kramer 1970 — *Kramer K. D.* The Chameleon and the Dream: The Image of Reality in Čexov's Stories. The Hague: Mouton, 1970.

Lantz 1978 — *Lantz K. A.* Chekhov's "Gusev": A Study // Studies in Short Fiction. 1978. Vol. 15. № 1. P. 55–61.

Malcolm 2002 — *Malcolm J.* Reading Chekhov: A Critical Journey. New York: Random House, 2002.

Mathewson 1968 — *Mathewson R. W.* Intimations of Mortality in Four Chekhov's Stories // American Contributions to the Sixth International Congress of Slavists, Prague, 1968, August 7–13. Vol. 2: Literary Contributions / ed. by W. E. Harkins. The Hague: Mouton, 1968. P. 261–283.

Maxwell 1973 — *Maxwell D.* A System of Symbolic Gesture in Čexov's "Step'" // Slavic and East European Journal. 1973. Vol. 17. № 3. P. 146–154.

Meijer 1978 — *Meijer J. M.* Čechov's Word // Eng J. van der, Meijer J. M., Schmid H. On the Theory of Descriptive Poetics: Anton P. Chekhov as Story-Teller and Playwright. Lisse: The Peter de Ridder Press, 1978. P. 99–143.

Nilsson 1968 — *Nilsson N. Å.* Studies in Čekhov's Narrative Technique: "The Steppe" and "The Bishop". Stockholm: Almqvist & Wiksell, 1968.

Nilsson 1982 — *Nilsson N. Å.* Tolstoj — Čechov — Babel: "Shortness" and "Syntax" in the Russian Short Story // Scando-Slavica. 1982. Vol. 28. № 1. P. 91–107.

O'Connor 2018a — *O'Connor K. T.* Anton Chekhov and D. H. Lawrence: The Art of Letters and the Discourse of Mortality // Chekhov's Letters: Biography, Context, Poetics / ed. by C. Apollonio and R. Lapushin. Lanham: Lexington Books, 2018. P. 220–235.

O'Connor 2018b — *O'Connor K. T.* Chekhov's Letter to Lermontov (to Mikhail Chekhov, from the ship *Dir*, 28 July 1888) // Ibid. P. 252–258.

Pitcher 2010 — *Pitcher H.* Responding to Chekhov: The Journey of a Lifetime. Cromer: Swallow House Books, 2010.

Rayfield 1999 — *Rayfield D.* Understanding Chekhov: A Critical Study of Chekhov's Prose and Drama. Madison: The University of Wisconsin Press, 1999.

Remnick 2005 — *Remnick D.* Onward and Upward with the Arts: The Translation Wars // The New Yorker. 2005. 7 November. P. 98–125.

Rossbacher 1968 — *Rossbacher P.* Čexov's Fragment "Solomon" // Slavic and East European Journal. 1968. Vol. 12. № 1. P. 27–34.

Rylkova 2018 — *Rylkova G.* Homo Sachaliensis // Chekhov's Letters: Biography, Context, Poetics / ed. by C. Apollonio and R. Lapushin. Lanham: Lexington Books, 2018. P. 161–172.

Sadetsky 1997 — *Sadetsky A.* Polysemy/Homonymy: Interpreting the Centrifugally Directed Wholeness of the Chekhovian Word // Chekhov Then and Now: The Reception of Chekhov in World Culture / ed. by J. D. Clayton. New York: Peter Lang, 1997. P. 225–235.

Scherr 1986 — *Scherr B. P.* Russian Poetry: Meter, Rhythm, and Rhyme. Berkeley: University of California Press, 1986.

M. Senderovich 1977 — *Senderovich M.* The Symbolic Structure of Chekhov's Story "An Attack of Nerves" // Chekhov's Art of Writing / ed. by P. Debreczeny and T. Eekman. Columbus: Slavica, 1977. P. 11–26.

M. Senderovich 1987 — *Senderovich M.* Chekhov's Existential Trilogy // Anton Chekhov Rediscovered: A Collection of New Studies with a Comprehensive Bibliography / ed. by S. Senderovich and M. Sendich. East Lansing: Russian Language Journal, 1987. P. 77–91.

S. Senderovich 1987 — *Senderovich S.* Towards Chekhov's Deeper Reaches // Ibid. P. 1–8.

S. Senderovich 1989 — *Senderovich S.* A Fragment of Semiotic Theory of Poetic Prose (The Chekhovian Type) // Essays in Poetics. 1989. Vol. 14. № 2. P. 43–64.

de Sherbinin 1997 — *Sherbinin J. de.* Chekhov and Russian Religious Culture: The Poetics of the Marian Paradigm. Evanston: Northwestern University Press, 1997.

de Sherbinin 2006 — *Sherbinin J. de.* Chekhov and the Middle: Revisiting "The Lady with the Little Dog" // Anton Pavlovich Chekhov: Poetics — Hermeneutics — Thematics / ed. by J. D. Clayton. Ottawa: The Slavic Research Group at the University of Ottawa, 2006. P. 179–191.

Shrayer 1999 — *Shrayer M. D.* The World of Nabokov's Stories. Austin: University of Texas Press, 1999. P. 91–137.

Smolin 2000 — *Smolin L.* Three Roads to Quantum Gravity. New York: Basic Books, 2001.

Struve 1961 — *Struve G.* On Chekhov's Craftsmanship: The Anatomy of a Story // Slavic Review. 1961. Vol. 20. № 3. P. 465–476.

Swift 2004 — *Swift M. S.* Biblical Subtexts and Religious Themes in Works of Anton Chekhov. New York: Peter Lang, 2004.

Winner 1966 — *Winner T.* Chekhov and His Prose. New York: Holt, Rinehart and Winston, 1966.

Winner 1984 — *Winner T.* The Poetry of Chekhov's Prose: Lyrical Structures in "The Lady with the Pet Dog" // Language and Literary Theory / ed. by B. Stolz, I. R. Titunik and L. Dolezel. Ann Arbor: University of Michigan, 1984. P. 609–622.

Zubarev 1997 — *Zubarev V.* A System Approach to Literature: Mythopoetics of Chekhov's Four Major Plays. Westport: Greenwood Press, 1997.

Указатель имен и произведений

Содержание

Научное издание

Радислав Лапушин

РОСА НА ТРАВЕ
Слово у Чехова

Директор издательства *И. В. Немировский*
Заведующий редакцией *К. Тверьянович*

Ответственный редактор *И. Знаешева*
Дизайн *И. Граве*
Редактор *А. Бауман*
Корректоры *А. Бауман, А. Нотик*
Верстка *Е. Падалки*

Подписано в печать 27.01.2021.
Формат издания 60 × 90 $^{1}/_{16}$. Усл. печ. л. 16.
Тираж 500 экз.

Academic Studies Press
1577 Beacon Street, Brookline, MA 02446 USA
https://www.academicstudiespress.com

ООО «Библиороссика».
190005, Санкт-Петербург, 7-я Красноармейская ул., д. 25а

Эксклюзивные дистрибьюторы:
ООО «Караван»
ООО «КНИЖНЫЙ КЛУБ 36.6»
http://www.club366.ru
Тел./факс: 8(495)9264544
email: club366@club366.ru

Знак информационной продукции согласно Федеральному закону от 29.12.2010 № 436-ФЗ

www.ingramcontent.com/pod-product-compliance
Lightning Source LLC
Chambersburg PA
CBHW060626310726
48982CB00003B/689

* 9 7 8 1 6 4 4 6 9 5 5 3 1 *